本质
定价、定时、

010 神盘
价格、速度，双料是神盘

011 相地
大账算清，相地成功

012 定性
一个没有定性的项目，犹如没有航向的船

013 推盘
营销和开发必须无缝对接、彼此托底

乘积
定生死，执
成败，两者
法关系

023 竞品
锁定核心竞品

024 板块
脱离板块的项目定位是住宅开发的高危领域

025 故实
讲故事不如看“故实”

026 示范
品质参照的锚点

整体
产品一整体
一整体价值

036 任务
把成交目标分解到每名置业顾问

037 体验
无体验，不样板

038 价值
价值是讲出来的

039 优势
绝对优势的瞬间释放和相对优势的持续保持

地图
地图是重要
盘工具

051 活动
暖场活动常态化，优质活动固定化

052 造场
要卖货，先造场

053 锁客
锁住客户，占得先机

054 认筹
解筹模式决定认筹模式

销控
就是控节奏

066 盘客
更精准地把握客户

067 人文
带来额外价值

068 销冠
本质是信心营销

069 感动
无感动，无品牌；无感动，无信赖

士气
气，有信心，
皆有可能

081 软文
项目推广的利器之一

082 造势
为项目制造影响力

争荣
玉身，多戴高帽

094 联动
联动推广，事半功倍

095 正名
案名即定位，案名即广告，案名即战略

复盘
盘才能
路

107 大招
大招该放就得放

108 乙方
乙方卖经验，甲方买经验

明明是
108 个关键词

为什么要说成
100 个？

这就是营销策略

004 **人口** 短期看政策，中期看政策，长期看人口	005 **活法** 大公司要标准化，小公司要个性化	006 **趋势** 市场反应永远是量在价先	007 **营销** 营销是永远的变局	008 **尖盘** 小体量分子，大规模分母	009 定位、定量
017 **定位** 把对的产品卖给对的人	018 **差异** 差异化生存	019 **景观** 景观是体现楼盘溢价能力的关键	020 **户型** 瞄准首置、首改、首投	021 **参照** 标杆楼盘的核心价值是去化参照	022 策略 行定 是乘
030 **客户** 先深耕，再扩容	031 **分盘** 执行不力会把项目做死	032 **总价** 总价即定位	033 **标题** 标题不给力，没人看进去	034 **交好** 广结善缘，广纳善言	035 整体 成本
045 **调价** 调价如冲锋，要互相掩护往前跑	046 **降价** 三要素：早、准、狠	047 **楼王** 楼王是锚品	048 **自拓** 自建渠道团队，自行拓客	049 **展点** 展点价值日益突出	050 客户 的操
060 **声势** 用人气制造人气	061 **节奏** 小货量、快蓄客、快推盘	062 **节点** 操盘即决策，决策看节点	063 **窗口** 窗口期工作：抓成交一稳客户一促成交	064 **转化** 转化率体现销售水平	065 销控
075 **渠道** 阶段性冲量和淡季上客的必要选择	076 **捞客** 客户打捞计划	077 **用券** 巧妙用券作用大	078 **促销** 限时、限量、限价、限人	079 **车贴** 车贴营销方法多	080 有士 一切
088 **话术** 销售靠话术	089 **贴牌** 品牌借力是房地产领域的贴牌模式	090 **代言** 获取注意力的不二法宝	091 **大题** 城市综合体就是一道综合题	092 **业主** 老业主是宝藏	093 誉不
101 **沟通** 持续不断地向客户传递信心	102 **盘货** 夹带非主流产品一起“出发”	103 **尾盘** 卖尾盘才是真正的赚钱	104 **交房** 把首次交房当首次开盘对待	105 **应变** 明者因时而变，知者随事而制	106 常复 少走弯

房地产操盘的100个关键词

001 乘势
有智不如乘势

002 天时
天时大于地利

003 大小
领涨、领跌的都是大公司

014 测温
要准确判断市场是在升温、保温，还是降温

015 产品
你在产品上用的心，都会是销售阶段赚的钱

016 大账
前期的多投是为了后期的大赚

027 认知
市场没有真相，只有认知

028 权重
操盘力全解析

029 势能
势能是热销的基

040 标签
形象定位就是给项目贴标签

041 理念
企业也要贴标签

042 价格
80% 的输赢由价格写就

043 实勘
爬楼定价

044 放价
放价的过程就是价格测试的过程

055 装房
开盘业绩看装房

056 推广
宣传的本质是坚持简单和重复

057 开会
开盘先开会

058 开盘
开盘就是解筹，开盘看气场

059 旺销
旺销奠定营销基

070 物料
物料营销有奇效

071 酒店
酒店攻略，食堂攻略

072 有趣
让营销变得有趣

073 Call客
为项目扩大知名度

074 微信
流量时代的王中

083 言商
资产配置＋收益计划

084 返租
可以采用，但不要“埋雷”

085 服务
服务价值是整体价值的一部分

086 资管
房地产市场大趋势

087 顾问
借“顾问”的口传播、吸引、推介

096 问诊
操盘的内在风险才是项目危机的根本

097 车位
车位开盘同样需要氛围和卖压

098 变身
千万别把储藏室当储藏室卖

099 用拙
练就千斤力，我只用四两

100 同侪
市场，有时要抢，有时要狠抢

地产操盘手

房地产行业培训

地产精英培训系列

房地产营销策划关键环节与实战案例

郑振飞◎著

中国经济出版社
CHINA ECONOMIC PUBLISHING HOUSE

图书在版编目（CIP）数据

地产操盘手：房地产营销策划关键环节与实战案例/郑振飞著．
—北京：中国经济出版社，2020.5
ISBN 978-7-5136-2237-0
Ⅰ.①地…　Ⅱ.①郑…　Ⅲ.①房地产—营销策划　Ⅳ.①F293.352
中国版本图书馆 CIP 数据核字（2020）第 004787 号

策划编辑　崔姜薇
责任编辑　葛　晶
责任印制　马小宾
封面设计　任燕飞

出版发行　中国经济出版社
印 刷 者　北京科信印刷有限公司
经 销 者　各地新华书店
开　　本　710mm×1000mm　1/16
印　　张　20.5
插　　页　0.5
字　　数　278 千字
版　　次　2020 年 5 月第 1 版
印　　次　2020 年 5 月第 1 次
定　　价　68.00 元
广告经营许可证　京西工商广字第 8179 号

中国经济出版社 **网址** www.economyph.com **社址** 北京市东城区安定门外大街 58 号 **邮编** 100011
本版图书如存在印装质量问题，请与本社销售中心联系调换（联系电话：010-57512564）

序　地产营销，易懂难精 | REAL ESTATE MARKETING

房地产营销策划是一个没有排他性核心技术的专业领域，但却对学习力、领悟力、执行力要求皆高，这是一个进入门槛低，但天花板却高不可及的行业。

我在房地产营销领域沉浸了 20 年，参与操作 60 多个项目（其中从“拿地的头”到“清盘的尾”完整操盘 10 多个），但依然觉得自己尚未窥及全貌，虽然可以自称行业老手，但总是觉得离高手还差一步，今是而昨非之感常常涌上心头。

我一直觉得，没有从头到尾操作完 3 个项目，千万不要说自己“懂”地产营销；没有从头到尾操作完 10 个项目，千万不要说自己“精通”地产营销。地产营销——懂已很难，精则罕见。每一个行业，经验都源于项目的实操，实力都来自时间的积累。

这些年看过很多地产营销方面的书，要么是罗列套路，要么是故弄玄虚。这本《地产操盘手》不是一本教你怎么做方案、怎么写计划的工具书，而是一本启发思维、拓宽认知的营销观点集合。希望你能从这本书中获得一点点的醒悟和突破，打破一点点的困惑和难题。

如果将地产营销人员分为 9 个段位的话，这本书是写给 6 段以上的人看的，谈的都是元问题，离地产营销的本质近些，再近些；离营销实战近些，再近些。不罗列方案，不排布计划，只谈操盘的元问题，谈关键环节和关键细节。

所谓的操盘手，就是第一个看到机会，第一个嗅到风险的人。地产操盘手是决定或影响一个项目生死成败的人，他要预判行业趋势，吃透土地价值，为项目做出精准定位；他必须把握市场态势、锁定竞品动态，抓住时机入市推盘；他必须在正确的时间做出正确的决定，让一个项目步步为赢。前期看定位，后期看推盘，从这两大环节就能够看出操盘手的水平。

定位、定价、定时、定量，简单的四个词，却决定或改写了无数项目的命运；说起来简单易懂，做起来却是“易懂难精”。总结才能沉淀，沉淀才能思考，思考才能进步。一分辛苦一分才，经验的积累永无止境。

专业为本，进取为根，学习为魂。无论是销售人员，还是策划人员，地产营销领域的每一个人都要把成为操盘手作为自己的最高职业目标。

策略，知难行易；执行，知易行难。将心注入，剩下的交给时间。

愿这本书的读者中，从事地产营销的朋友都成为地产操盘手，愿我们能成为地产操盘手中那百分之一的圣手。

目 录 | REAL ESTATE MARKETING

房地产操盘的100个关键词

“一篇改写你地产营销观念的文章”

第 001 个关键词——乘势

小胜靠智，大胜靠势，长胜靠德，奇胜靠命。

低潮期买地，高峰期卖房。一个项目的成本是在拿地时锁定的，但利润是在销售时兑现的；买地时的地价越低，销售时的房价越高，利润越大。最开挂的开发商就是拿地时地市低迷，卖房时房市火爆。

同理，有开挂的，就有挂掉的。踏空不会玩完，套牢却会要命。高峰期拿了高价地，低潮期入了市，只能挺到下次高峰期的到来。房地产开发，对大形势的判断高于一切。与其用智，不如待时；与其待时，不如乘势。向周期要利润，**有智不如乘势。**

第 002 个关键词——天时

房地产是一个时间性和地域性双强的行业，天时大于地利，地利大于人和。市场处于上升通道时的烂房子，也会比市场处于冰封时的好房子好卖。每一个成功的项目，都是在特定的区域市场、特定的时间产生的。**地产开发是掌握周期的能力，地产营销是把握时机的艺术，利润是时间的函数**。

开发商如此，代理商也如此，那些在低潮期接到项目的，遇到高峰期都会发财。最近这一茬发财的，都是在 2015 年下半年至 2016 年上半年接了很多盘的。

一个企业的发展战略是综合内外环境后的产物，而作为外部环境的“天时”则具有决定性的意义，战略内容可以复制，战略环境不可复制，也无法重现。

时运——时来天地皆同力，运去英雄不自由。

第 003 个关键词——大小

千万不要以为有个拿了高价地的大品牌开发商在你身边会给你“托底”，事实正好相反——**领涨的是大公司，领跌的往往也是大公司**。大公司的利润不在一盘一地的单算，而在整个企业掌握的全局。当一个项目销售遇阻或一个项目公司盈利无望时，他们能够“破底”销售，能打乱一个区域甚至一个城市的价格体系和购房预期。

有些大企业拿地是因为业绩压力大、财务成本低，市值管理大于市场管理，战略利润高过项目利润，战略比成本更重要。没有地，区域公司业绩压力太大，遇到差不多的地，先死活拿下再说，高价拿地暂且扛着，但真正能扛的往往是小公司。不要以为今天那些所谓地王或高价地上盖出来的房子就不会跌破成本，**市场经济不以成本论价值**。

第 004 个关键词——人口

短期看政策，中期看政策，长期看人口。“房子是用来住的”真是句彻头彻尾的大实话，中国的人口数量即将触顶下落，一旦进入下行通道，不要说买房子的“接盘侠”，找个好租户都会很难。

如果一个城市的人口尚有增长趋势，则房子尚有保值的希望，反之，则无。

目前，中国城市家庭人口数量的发展趋势，跟城市级别呈现逆相关，即级别越高的城市，家庭人口数量呈递减趋势，级别越低的城市，家庭人口数量呈递增趋势。小城市的首置户型，到了大城市就是改善户型。

第 005 个关键词——活法

战略的本质是选择，但小开发商能得到一块合适的地，拿到一个满意的项目都非常不易，战略自然无从谈起。大开发商讲究发展战略、城市布局、产品线等高大上的东西，但小开发商只能因地制宜、一盘一议，做精品小盘、特色小盘、风格小盘。虽然市场集中度在提高，但往后再看 20 年，小开发商的生存空间依然巨大。

大公司越大越要标准化，小公司越小越要个性化。用差异对抗标准，用特色对抗规模，用口碑对抗影响。发展无战略，一切看机缘，此处无声胜有声；把握住机会，尽全力做精，门前风景自不同。

第 006 个关键词——趋势

量在价先。市场趋势是可以预估和预判的，一个正常的小周期在 18~30个月，根据土地成交可以判断出未来 1 年左右的市场供应量，根据土地价格和规划指标可以推算出市场底部价格，根据不同价格区间、不同户型区间的成交数据，可以判断市场的价格走势与去化结构。

市场反应永远是量在价先，成交量的上升引领价格的上涨，成交量的下跌带动价格的下跌。当成交量出现下滑后，一般在 2~3 个月左右价格会出现下滑。**量价齐升—量跌价升—量价齐跌—价平量升，市场一直在这样循环**。高位盘整时，千万要注意逃顶。

走在趋势的前面，会被趋势推着走向成功。

第 007 个关键词——营销

不同开发企业之间的竞争是整体开发经验、融资能力、运营管控、整合资源、企业品牌等全体系的 PK，是两个平台、两套体制、两班人马之间的综合较量。相较于其他方面，**营销是最容易实现单点突破的环节**。产品力×营销力=操盘力，是操盘力决定了你的利润。

很多开发商和地产营销人都认为产品和营销是 1 跟 0 的关系，如果没有好产品，后面的一切都是 0。但在地产营销领域完全不存在这个道理，因为房地产产品能够做到完美的 1 极其罕见，基本都是零点几，后面的**营销比产品更容易无限地接近 1**，两者之间是乘法关系，**0.7 的产品遇上 0.7 的营销只有 0.49 的操盘力，0.8 的产品遇上 0.8 的营销是 0.64 的操盘力，这也才刚刚及格**。

产品不足，营销补；营销不足，渠道补。能将萧条变“销跳”，即销售业绩直往上跳，这就是营销的价值。地段定局，产品定局，**营销是永远的变局**。

第 008 个关键词——尖盘

不要把 100 万平方米的项目当大盘，也不要把 5 万平方米的项目当小盘，大与小都是相对的。项目的规模是分子，目标客群是分母，**当你面对一个客群基数非常庞大的“大众强需求”市场时，再大的大盘都是小盘；当你面对一个客群基数非常小的“小众弱需求”市场时，再小的小盘都是大盘**。

市场细分要找到具有足够购买力和消费欲支持的“小众强需求”，而不是一个自认为的细分受众。比如，总价过高的远郊度假产品，小城市里的写字楼。

小体量分子，大规模分母，这样的项目才能“冒尖”。

第 009 个关键词——本质

房地产营销最本质的五个问题是：①如何让客户想来你的项目看房？②如何让客户现在就来看房？③如何让客户选择你的项目而不是竞品？④如何让客户现在就买？⑤如何让客户支付更高的价格？

再深刻的思想，其本质也非常简单。操盘的本质是帮开发商算账和“理财”。**定位、定价、定时、定量是操盘的四大重点**。营销时机的选择和把控决定了操盘周期，价格与周期决定了利润。

定位，是决定把什么样的房子卖给什么样的人；定价，是决定想卖多少钱、想赚多少钱；定时，是决定何时入市、卖多久；定量，是每次推多少、推哪些；定价+定量，决定能卖多少。

事物的本质都很简单，如同**营销的本质——什么好卖、卖什么好、怎么卖好；品牌的本质——长久卖货、高价卖货、快速卖货**；**创新的本质——把旧元素重新整合就是最好的创新**，对成功者的率先模仿也是一种创新。

第010个关键词——神盘

当我们衡量一个项目操作是否成功、卖得好不好时，往往就看两点：一是卖得快不快，二是卖得贵不贵。**价格，速度，单料是好盘，双料是神盘，一条不占是庸盘**。神盘可遇不可求，强势品牌+顺势天时+绝佳地利+出众产品+强大人和，道、天、地、将、法缺一不可。

无论你是想做神盘，还是好盘，首先要把价格、速度分别作为纵坐标、横坐标，采用二维四象限法盘点当前市场在售项目，看看自己有什么、能做到什么、能付出什么。大神级的人物才能做出神盘，普通人做出好盘就是成功。

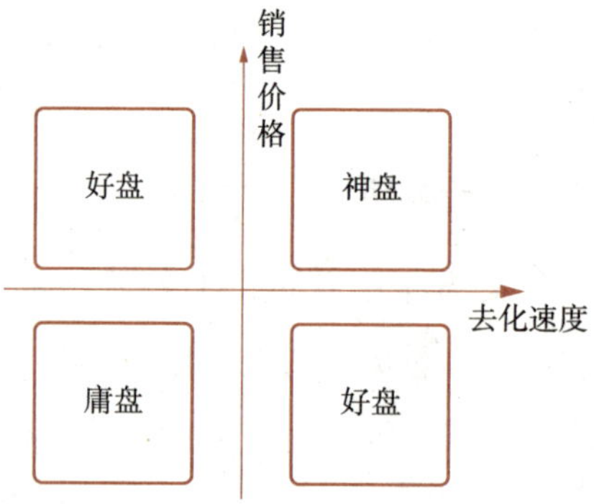

第 011 个关键词——相地

良好的拿地，是成功的一半。一个项目的命运，在拿地的那一刻已经决定了一半，五成看拿地，三成看定位，两成看营销。

“相地”一词原是中国踏勘选定园林地域的通俗用语，相地包括园址的现场踏勘、环境和自然条件的评价、地形地势和造景构图的规划性考虑，直至基址的选择确定。古人相地主要是“看”，房地产开发相地主要是“算”。

摸清市场容量、评估去化周期、测算地价峰值、预测利润指标，大账算清，相地成功；拿与不拿，或多少钱可拿，便一目了然。

第 012 个关键词——定性

所有的房地产项目可以分为三类：战略盘，也叫“维稳盘”，主要是维持企业形象和公司业绩、维持团队、维持资金利用率，利润在其次——**战略盘求稳**；利润盘，主要是地段好、配套好，具有较大操作溢价的项目，一般要么处于城市核心地段，要么处于城市快速发展区域——**利润盘求慢**；现金盘，以首置、首改为主的跑量型项目，以实现资金快速回笼、高速周转为目标，快销流量盘——**现金盘求快。盘分快慢，快盘和慢盘是完全不一样的打法，快盘减速容易，慢盘提速很难。快盘向周转要利润，慢盘向时间要利润。**

当行业出现波动时，所有的开发商都会暂停拿地、暂缓施工、调整后续产品结构，区别在于大开发商会调整城市布局，确定哪个城市坚挺，哪个城市要出货；多项目的开发商则是调整项目操盘策略，确定哪个项目坚挺，哪个项目要出货；单项目的小开发商则是选择项目出路，确定到底是咬牙坚挺，还是降价出货。

一个没有定性或定性不明的项目，犹如没有航向的船。

第 013 个关键词——推盘

时机，货量，价格。一个项目的操盘水准要在推盘上见功夫，能否根据宏观环境和竞品推盘节点把握好自己的推盘节奏，决定了项目在营销上能取得怎样的成功、获得怎样的收益。项目在不同节点如何确定不同产品的组合投放比例，如何界定推货价格，是操盘过程中非常重要的一环。一个项目的营销过程如同坐过山车，总有高低螺旋，最有竞争力的企业不是规模最大、资金最雄厚的，而是反应最快、最善于把握机会的。

操盘中贻误战机是最大的失误。贻误战机

分两种：一种是在市场最热的时候**断货**，或是没有及时把最好的产品卖出最高的价格；另一种是在市场遇冷的时候“**囤货**”，没有果断出货，导致积压困局。前者赚得少，后者会折寿。很多时候，市场的火会超出人们的想象，市场的冷也会超出人们的想象。

每次推盘之后，是趁热加推，还是封盘“内测”；是立刻转入持销，客户即来即杀，还是二次派筹蓄客，再次长蓄短爆。操盘的价值就在其中。时也，势也；势也，时也。顺水推舟易，逆水行舟难。

房地产开发是一个系统工程，销售时段有大小年之分、销售时机亦有淡旺季之别，合理安排工期，做到开发量和销售量之间的动态平衡，**营销与开发必须要做到无缝对接、彼此托底**。

第 014 个关键词——测温

了解市场，不一定能赢得市场；但不了解市场，一定会输给市场。市场温度是能够“测”出来的，你要确保自己的敏感体质，要有对外部温度切实快速感知的能力，要能够准确判断出市场到底是在升温、保温，还是降温。

必须随时掌握市场大数据，统算出供/需量，估算出去化周期；

必须了解主流项目的价格走势、对应去化量以及不同产品的去化速度；根据其他项目的操盘动作进行调整，从销售政策的变化推断市场变化。

市有五温：过冷、偏冷、常温、偏热、过热；对应五状：复苏、低迷、增长、繁荣、衰退。风起青萍之末，止于草莽之间。

第 015 个关键词——产品

短期看营销，中期看产品，长期看口碑。以“地”取胜的概率越来越低，以“房”定输赢的概率越来越高。房地产项目竞争的基本面不在营销层，而在产品层。地段临近的项目竞争终究是产品的竞争。在市场平稳时，决定项目收益的最核心因素就是产品优劣，定位准确、设计优秀的地产项目，较同区域投入接近，但定位和设计一般的项目，价格往往高出5%～10%，去化速度快出 20%～50%。

创造价值越努力，传递价值越省力。营销的根基是企业能够为客户创造的价值，营销的本质就是把你能够为客户创造的价值传递给客户。从产品价值的基础上看，衡量一件商品的标准，从来不是“贵不贵”，而是“值不值”，这也就是我们常说的“性价比”。**你在产品上用的心，都会是销售阶段赚的钱**。

一个成功的开发商必须同时是营销高手和工程高手。

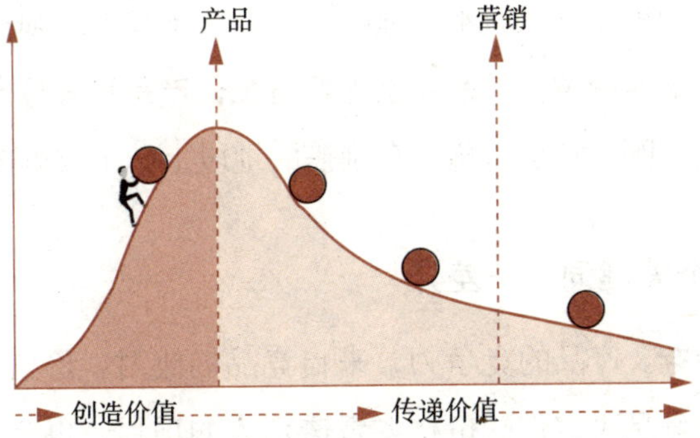

第 016 个关键词——大账

营销乙方提早介入产品打造是为了更加充分地发挥两大价值：一是把大账算清，二是把产品定好。

规划首先是数学题，然后才是建筑题、美术题，因为它遵循这样的规律：地块价值分析—强排—不同强排数值的经济测算—规划设计。开发商在设计端花的钱很少，但对成本的影响却最大，概念设计、规划设计和施工图决定了一个项目 70%~90%的成本。

把利润出在图纸上，把风险消灭在图纸上，把问题解决在图纸上，反复推敲和细部优化，通过好的设计增加卖点、节省工程费用，而不是在设计院身上降低成本。做得好有隐形收益，做得不好则会有隐形损失。**前期的慢是为了后期的快，前期的多投是为了后期的大赚**。

第 017 个关键词——定位

定位，就是把对的产品卖给对的人，就是在风险最小的情况下给项目找到一条收益最大的路。在房地产领域，总价即定位，定位定成败。根据不同总价区间和面积区间的去化比、供需比，挑选出去化比相对高、供需比相对低的产品段，这就是定位的最佳选择。总价和户型是一对双胞胎，他们决定了一个项目的定位。

没有不好的地段，只有不合适的产品，房子和土地须适配。**定准了叫对位，定不准叫错位。产品和土地要适配，产品和客群要般配**；在改善的地段上做了刚需只会少赚，在刚需的地段上做了改善却会断炊。

第 018 个关键词——差异

差异化生存。产品的竞争力，来自竞品的比对，价值是比出来的；很多时候，是竞品决定你的价格。看透别人的项目，再定自己的项目。看看竞品有什么长处和短板，围绕竞品的短板下功夫。没有对比，就没有销售；有差异才有引导，有差异才有比较，有比较才有成交。**差异性，就是在说自己产品好的同时，让别人无话可说、无法比对、无法效仿。**

差异化无止境，规划风格、单体外观、园林景观、大堂入口、户型设计……只要你想，总能找到差异。短板不短，长板更长。标配之外的差异才是客户下定的理由。找到差异，制造区隔；没有差异，就拼价格。所有的优势都是比较优势，全面超越并不一定能实现高额溢价，基于差异实现单点突破是性价比最高的做法。产品差异是人无我有、人有我优、人优我特；营销差异是人特我先、人先我快、人快我廉。

做产品不要盲目求创新，要多去找范本，最稳妥的学习方式就是“抄袭”，否则创新不成，容易变创伤。

第019个关键词——景观

买不买房看环境。把钱花在能给客户带来更高价值感、品质感的地方，**最核心的三大品质点是外立面、景观和公共部位精装**，小城市、小项目还要加上一个“社区大门”。这些外显性因素能够有效提升客户对产品的价值认知，把钱花在刀刃上才能游刃有余。

景观是体现楼盘溢价能力的关键点，是项目最重要的价值感知点。龙湖是在园林景观方面实现溢价最高的开发商。每平方米园林多投入100元，就可以在房价上多找回300元。项目外可以兵荒马乱，项目内必须美轮美奂。

第020个关键词——户型

买不买房看环境，下不下定看户型。只要下足功夫，户型是最容易实现单点突破和竞争优势的环节。

未来5—10年，大部分城市的**户型都会瞄准“首”字头，首置、首**

改、首投。三种“首”字头，皆属于刚需类型。户型定位瞄准这三类客户，一般就不会出问题，此类楼盘无论形势如何变化，基本都是波澜不惊。“新刚需主义”是安全路线，但是要想高周转，就要选择首置、首改产品，只有中低端或超高性价比的产品才能跑量。每当市场形势出现变化时，都是顶置、再改、第二居所等项目受影响最大的时期。

“首”字头要紧凑。此类户型设计只有一个趋势：**同等功能，面积最小，公摊最少；同等面积，功能更多，室数更多**。**户型配比及排布是确定规划之后，产品设计方面最重要的工作**。

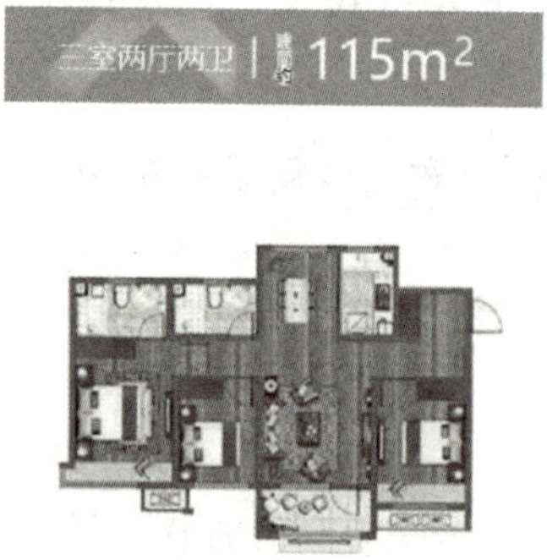

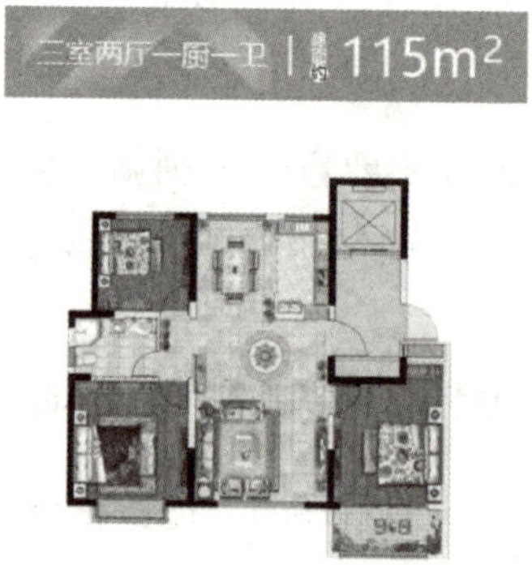

第 021 个关键词——参照

启动区开多大是一道双向判断题。很多项目首开体量过大，难以在当年/当期去化的根本原因，就是没有找准并做好标杆楼盘对照，高估了自己的产品力或营销力。

标杆楼盘的核心价值就是去化参照，掌握大数据，看标杆项目的去化速度，根据对其地力、产品力和营销力的研判，大致估算出一个去化目标后，才能界定开发时序和首开量。

真正成功的操盘都是预判市场+预估销量，以销定产+产销适配。预估销量，以销定产。产销适配才能最大化地节省资金投入，降低资金和管控成本。**开发时序和启动区界定是项目的一级决策节点**，是营销和工程两条线的交叉点。

第 022 个关键词——乘积

90%×90%×90%×90%×90%＝59%，5 个 90%＝不及格。在一个项目的操作过程中，每个环节都是紧密相关的，所有环节与要素聚合在一起能发挥出的作用与能量不是相加关系，而是相乘关系。看似在某一个环节只是差了一点点，得到了 90 分，然而，很可能就是因为这一个环节的 90 分直接导致了整个结果的最高分只有 90 分；当下一个环节依然是 90 分时，整体的分值被进一步拉低。**当一个操作系统中的 5 个以上环节皆没有做好、没有做到位时，你已经没有及格的机会了。**

例如，广告创作的销售力不够，大部分客户看到广告后“无感”——“有感”的客户打电话咨询，接电销售人员不老练、不热情，客户丧失了来访动力——客户来看房，找不到售楼处，或是找到了售楼处却找不到停车位——客户终于进了门，但举目所见尽是因陋就简的接待环境和销售道具，不信任感油然而生——销售人员接待时，既讲不出价值，又摸不清客户需求……

策略决定生死，执行决定成败；策略是做对的事情，执行是把事情做对。两者之间亦是乘法关系。

第 023 个关键词——竞品

锁定核心竞品，全面深度评估产品力，长期动态监控营销力。针对每一个项目，列出开发商、位置、配套、营销、规划、单体风格、户型、园林、建材、智能化、物业等 10 余个大项，逐项对比，每个大项还要列出 N 个子项。对竞品进行不同深度的分析会影响操盘决策的准确度，比如“开发商”一项，必须首先明确对手的“体制”和“体质”，品牌影响力有多大，营销决断有多快，再确定自己敢不敢拼，能不能拼。

进入营销阶段之后，要对竞品形成一个系统的“**动态监控体系**”，要对竞品的开发和营销两大动态进行严密地监控。彻底把握竞品手续办理流程和施工进度，判断或了解其推盘节点，摸清其产品加推组合和价格调整的情况，打好“反击/阻击战”；还有推广力度、促销动态、渠道政策、营销乙方/团队动态等；在竞品举行产品说明会、联谊会、开盘等大型聚客活动时，做好截流准备；随时更新两张图——价格提升对比图、价格与去化量对照图。

知己知彼，百战不殆；知己不知彼，一胜一败；不知己不知彼，每战必殆。所有的策略都是建立在对各方面情况已知的前提下，因为无法掌握一切，所以所有的策略都是“有限应用”。监控不利，必受打击。关注对手，你不一定会赢；但不关注对手，你一定会输得很惨。

第 024 个关键词——板块

客户买房一般遵循如下逻辑：认可一个区域/板块——认可一个项目/认可某种资源——认可某种产品。如果你的板块价值足够突出，在核心推广语中就要体现出来，比如，实力荣祥花园，紧邻济南城市大道经十路，slogan（核心推广语）定为“经十路·水景华庭”；再如，东营水城国际，紧靠明潭湖公园，slogan 定为“明潭湖畔，极致人居”。

一个常规住宅项目 80%的售价是被板块价值决定的，水平再高的操盘手最多只有 20%的发挥空间。因为不可移动性，每个项目的价值都与区域价值紧密相关，地段价值的挖掘和提炼是项目形象定位中最核心的部分，新盘入市的第一步往往都是从重新定义地段和区域价值开始的。

房价=板块指数+小区指数。项目规模越大，区域认知障碍越小。小盘营销，必须以区域价值为支撑，并和城市发展产生关联，项目的价值以当下价值+远景价值为基础，再基于城市和区域发展进行拔高。板块价值必须诠释到位，将模糊的区域价值清晰化，如果市场上没有一个约定俗成的板块定义，那你就要给它一个定义，自己命名一个板块。重新定义板块，重新界定区域价值对拉升项目价值作用重大。

注意：脱离板块价值的项目定位是住宅开发的高危领域。你可以通过努力让自己的项目获得领先，成为板块价值的代言人和弄潮儿，但千万不要因为不切实际的利润目标，成为板块内其他个案的断后人和陪衬。

第 025 个关键词——故实

讲故事不如看“故实”。常规项目的入市模式都是从项目的土地价值入手，再到产品的规划价值。但真正的操盘则应该从开发商故事入手——开发商为什么进入这个城市？为什么拿下这块土地……所谓的品牌导入就是亮家底、讲“故实”，就是先要让消费者知道这家开发商的过去和背景，带领客户考察经典老盘。耳听为虚、眼见为实，只有让客户先看见，他们才会相信，通过了解过去判断未来。此类活动特别适合在春秋季举行，只要项目尚未交付，都值得操作。

信任是信心的前提，开发商实力的展示、样板区的建设等，都是为了建立并巩固消费者的信心。有信心才有可能。

第 026 个关键词——示范

示范区对于项目的价值，如同预告片对于一部电影，再烂的电影也有一个精彩的预告片。预告片必须要把影片中最精彩的部分展示出来，吸引人们带着看高潮的心态去看这部电影，好的预告片能够提升票房，好的示范区能够提升价值判断，拉高预期。

必须通过示范区给消费者营造一种想象空间，很多成熟开发企业都擅长通过营造想象空间来获取“想象溢价”，这就是大企业讲究的“三不开”，示范区、样板房、正式接待中心不做好、不开卖，甚至不接待。如果产品没有对手好，那样板区一定要比对手好。样板区是买房人感受未来的唯一端口，是全盘**品质参照的锚点，这就是“示范”的价值**。

示范区投资价值可以翻倍，比如，售楼处+样板区按照 20 ~ 30 元/

平方米（建筑面积）的投入做，每平方米能多卖50~100元。最好做实景示范区。示范区开放是项目“首秀”，是开盘前最重要的三大营销节点之一。记住：有震撼，无遗憾。

第027个关键词——认知

市场中没有真相，只有认知。营销的核心问题一直是围绕着解决认知展开的，如同**价值和价值感**是截然不同的两个概念。“感”就是认知。有价值不一定有价值感，有价值感不一定有充足的价格认同。

诸如此类还有**热销和热销感**，卖得好要让外界知道，卖得一般要让外界认为卖得很好；**便宜和便宜感**，客户买的不是便宜，而是便宜的感觉；品质和品质感，价值和价值感……

价值分为两种：一种叫感知价值，一种叫认知价值。前者是客户自己发现、自我了解，通常是他能看到的硬件展示；后者是销售人员传递，是软性灌输和资讯交流。

记住，自己好，更要让客户认为你好；**客户不会去看“无感”的项目，更不会为“无感”的价值买单**。生产企业有两个公式：消费者剩余=愿意支付-实际支付；生产者剩余=实际收入-实际成本。在总支出不变的情况下，提高消费者“愿意支付”和生产者“实际收入”的关键就是在客户更“有感”的地方投入，找到客户最认同的价值点，把钱花在刀刃上。

第028个关键词——权重

操盘力全解析。进行前期策划、定位、做产品能为项目增值2%~5%；采取明晰的操盘策略，选择最精准的推盘节点和货量组合能为项目增值1%~2%；拥有定价策略能为项目增值1%~3%；出色的推广造势能为项目增值1%；售楼处+开盘现场“卖压”制造力能为项目提速+增值2%~3%，一场好的开盘能左右5%~10%的销量；销售力能为项目增值+提速 2%~4%；展示力+包装力能为项目增值 1%；一场好的产品说明会价值至少为 100 万元，一场好会能巩固 90%的 A 类客户，能升级 60%的 B 类客户。

价值是能够通过数字展现出来的，这就是为什么相邻的两个项目开发收益大不同的原因。

第 029 个关键词——势能

销售势能有两个含义：一是指消费者对其购买的商品所能感觉到的心理价格比实际价格高多少，心理价格高出实际价格越多，销售势能则越大；二是指客户的储备量与供货量的比，客户越多、货量越少，需供比越大，则势能越大。势能越大，销量越大，制造起销售势能才有冲量的可能。

势能是热销的基础。**前期操盘工作的两个重点：积累客户数量和抬升客户心理价位**，其实两者都是在积蓄势能。营销就是创造价值（塑造卖点）、发现价值（提炼卖点）、诠释价值（包装卖点）、放大价值（推广卖点）、传递价值（销售推介）；操盘就是制造势能、积蓄势能、释放势能，势能的积累往往通过节点释放，亦称节点引爆。当客户数量远超推货数量，当客户认知价值超越销售价格，热销自是平常。

案场势能也要造，要尽可能把客户聚集起来成交，每天成交一套，不如周末一天卖 7 套，这就是截然不同的操作思路。努力聚客，持久造场。如果怎么卖都能卖，那为什么不把客户聚在一起热闹着卖呢？汇聚人气是构建营销势能的关键，案场新老客户的相互挤压能促成更多交易，用人气制造人气是现场成交的不二法宝。现场决定现金，人气决定财气。

第 030 个关键词——客户

客户分四类：核心客户、重要客户、游离客户、偶得客户。从导入类型可以分为周边长住、产业导入、学区导入、区域价值导入、环境资源导入、交通便利导入。

在客户锁定上，越是成熟的区域越容易遵循“**同心圆+放射线**”的规律，所谓的同心圆，是以项目为圆心逐层外扩的区域；所谓的放射线，是项目周边的主干道沿线，道路两侧的单位、住区、门店等。同心圆与放射线理论有交集，放射线旁的每一个点都是一个小同心圆的圆心。客户容量是能够根据人口基数估算出来的，价格增减对应着不同的区间值。

先深耕，再扩容。进行客户拓展中，我们时常会发现核心区域市场容量有限、客户增长受限，这时我们需要做的就是**客户扩容**：①通过降低购房门槛或提高项目价值，在客群基数上实现扩容；②继续深拓，放大同心圆，延长放射线，实现拓客区域扩大，实现区域面积上的客户扩容。

深耕是扩容的前提，必须锁定主体客群，在局部战斗和战役上打赢竞品，以防止对手扩容到你的地盘，扩走你的客户。

第 031 个关键词——分盘

策略是“做对的事情”，执行是“把事情做对”；一个项目能否取得成功，取决于策略和执行两个层面的乘法效应。每一个项目在入市之初，都要根据市场环境和产品属性给自己定性，以策略和执行的难易程度为横纵坐标，采用二维四象限分类法。

第一类：决策难、执行难。比较典型的情况就是所处区域竞争非常激烈，而自己的地块又没有具有独特竞争优势的项目，对住宅项目而言，这些劣势可能包括土地成本偏高、地块狭小、地块不规整或规划受限、有不良环境因素等；对商业项目而言，劣势可能包括周边没有商业沉淀、距离老商业中心区过远、区域人群基数小等，这些因素往往导致项目非常难以定位。

第二类：决策难、执行易。大部分住宅项目都属于这个类型，只要前期项目定位别出现大的偏差、产品别做得太烂，在竞争不是特别白热化的环境中，操盘关键节点把握得当，具体的销售执行就相对简单。

第三类：决策易、执行难。竞争环境白热化、竞品环伺的项目都属于此类，这些项目的价格近乎成本，涨价就是给竞品"送客"。决策知难行易，执行知易行难。

第四类：决策易、执行易。市场环境宽松或项目具备特殊竞争优势，且开发商对利润没有过高要求。

凡是项目运作陷入了困境、险境，甚至烂尾、死盘，九成以上都是在策略层面和节点决策上出了问题，实际操作中不乏因为执行力问题把项目做死的。

第 032 个关键词——总价

总价即定位，总价区间决定了客群基数寡众。总价越高，客群基数越小，客户分布范围越广，也意味着营销成本越高。

对于卖房子来说，单价不是核心瓶颈，总价才是制约客户出手的最大瓶颈。价格是最重要的广告，任何时候，低起价和低首付永远都是最具有吸引力的推广主题。同样一幅广告，打不打"双低"，效果差异巨大。**不打"双低"，效果减半**。

相较于单价，低首付更具有诱惑力和杀伤力，因为首付额度与消费者的支付能力息息相关，尤其对于中低端项目而言，**"总价适配、首付缩水"才是热销的根本原因**。例如，当目标客群关注的前三位焦点是总价、户型、交通时，首先应该在总价上取得竞争优势并重点推广，而非去舍本逐末渲染户型合理、交通便利等。

当你的总价不占优势时，必须在降低首付门槛上动脑子，一成首付、零首付……把潜在需求转化为有效需求的关键动作就是跨越支付能力的门槛，不能让总价成为掣肘。

唯有顶豪项目例外，总价高了反而是一种形象力，比如很多豪宅广告也会打出“总价 1 亿/套起”，价格即定位，价格即区隔。

第 033 个关键词——标题

标题不给力，没人看进去。奥格威说过：“标题是大多数平面广告最重要的部分，标题能够决定读者会不会看这则广告。一般来说，读标题的人比读内文的人多 4 倍，你写的标题的价值是整个广告预算的 80%。假如你的标题没有达到销售效果，那么你已经浪费了 80%的广告费。”

信息爆炸时代，读图时代，广告标题决定效果。**文案写手是广告的胜负手**。标题不行，广告已死。请给好文案加薪，请给自己省省广告费。

第 034 个关键词——交好

无论是否投放广告，和媒体、自媒体朋友的关系都务必要处好。有可能 100 篇有偿报道都不能让你红，但是 1 篇无偿报道却能黑了你。买卖不成仁义在，广告不投“情谊”在；及时沟通，避免误会。硬广告可以不投，有偿新闻该发得发。

媒体、专家和大 V 的价值是一样的，无非是借他们的嘴说自己想说的话，而且要避免让他们说不利的话。这是自媒体时代必须要有的危机管理意识。很多区域性的自媒体或是大 V，其话语权和影响力甚至超过了官媒。

在地产圈里混，自身一要干净、二要硬。真有错误，就得摆出姿态，拿出措施，积极改进，赢得谅解；若是被污蔑，就得借此机会强力反弹，信息全面覆盖，借力打力，化危为机。广结善缘，广纳善言。

第 035 个关键词——整体

客户买的不仅仅是房子，更是以房子为核心产品，以大量附加产品、形式产品、心理产品共同构成的整体产品；客户买房子付出的不只是金钱，还有由时间、精力、体力和心力共同构成的整体成本。

整体产品没有贵不贵，只有值不值。单谈论房子本身很容易陷入价格分歧，要让客户明白房子本身是核心产品，但不是全部；客户购买的是整体产品，拥有的是整体价值，他们付出的是最低的整体成本。比如心理价值，那些有名人购买或入住的小区，在同等情况下是具有额外诱惑力的，这属于关键人物法则；再比如，项目的整体规划和室内设计是大师手笔，只要你说出来，就再一次为自己增加了心理溢价。

整体产品—整体成本—整体价值。

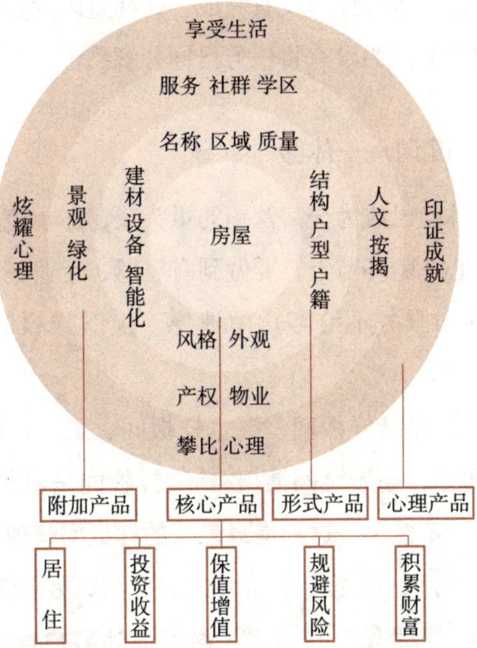

第 036 个关键词——任务

任务的制定要有目标和依据，目标就是开发和推盘货量的去化比例。制定任务的关键点有四个：①宏观形势判断，市场会继续升温还是降温，由此判断整体价格走势；②竞争形势评估，当下及潜在竞品的货量估算，并在产品力和营销力两大方面进行比照；③项目自身手续办理和工程进度节点；④自身产品卖点、总价区间与客户的供需变化。

每一个目标任务必须分解成行为数据和阶段数据，不能分解成行为数据的目标都是空目标。整体目标任务确立之后，首先进行节点分解，进而根据来访量和转化率倒推不同阶段的预期来客量，由此预估推广强度；确立来客到访目标之后，要盘点客户来访渠道，倒推广告发布计划、渠道发力计划，以及资源投入比例；最终要把成交目标分解到案场每名置业顾问。

在实际操作中，很多任务没有完成，往往是因为在制定任务目标的时候就错了，要么是因为没有将任务目标分解到位。

第 037 个关键词——体验

客户的看房体验已成为全案营销的重头戏，在示范区、售楼处、样板间、会所等核心体验环节上，要做到有震撼、无遗憾。整体和细节给客户震撼，接待和服务不给客户留遗憾。仅以样板间为例谈谈“体验”。

样板间有情境/精装样板间、清水样板间、工法样板间、彩绘样板间、3D 画样板间等，毫无疑问情境/精装样板间是最重要的。**穿鞋套、禁拍照、不让坐、不能摸，这都是最愚蠢的样板间管理行为。**

精装情境样板间，就是要演绎真实的生活，要让客户产生“渴望拥有”，甚至“已经拥有”的感觉。**绝不能让客户穿鞋套，最好是赠送一双定制的拖鞋，穿完可以带走。**另外，还有很多细节可以让客户感受入住后真实的生活状态，比如，从厨房里飘出面包或咖啡的香味，冰箱是满的，客厅的电视是打开的，报刊架上有当天的报纸和本月的杂志，书架上都是真书；要让客户落座，欢迎客户触摸，甚至请客户躺到床上感受一下高级床品。鼓励客户拍照并发朋友圈，准备好有“我在某某样板间”字样的手举牌，拍照时候使用，发朋友圈可以赠送购房抵用券，或者赠送其他礼品。

如果是夏季，请在你的样板间冰箱里塞满各种瓶装饮料，并贴好项目标签，标签上可以写“欢迎参观某某样板间”，也可以写更加煽情的语句，比如，“欢迎回新家”。**当销售人员或服务人员打开冰箱，把饮料送到客户手中时，就已经打败了 99%的样板间**。你的小小用心会带给客户贴心、惊喜，甚至惊叹，还有价值和情感的传播。无体验，不样板；有震撼，无遗憾。

无数案例证明：①有样板间的项目销售速度明显快于没有样板间的项目；②有样板间的户型销售速度通常快于没有样板间的户型，某种户型一旦做出了样板间，其销售就会明显加速；③客户参观样板间的时间长度和其购买意向成正比。

第 038 个关键词——价值

价值是讲出来的。销售人员不要觉得讲得太多客户记不住，事实正好相反，你不讲就等于没价值。客户也许记不住你讲的每一点具体内容，但是你讲得多，就会给他们一种感觉，你们为了打造项目付出了很多。

流程强制，强迫接收。很多项目的影音室、工法样板间都成了摆设，原因并不是客户没兴趣听，而是销售人员没心思讲。严格制定接待流程，规定销售人员讲完有奖励，客户听完有礼品（如购房抵用券）。**接待时间的长度不仅和成交概率成正相关关系，而且和客户的价格接受能力成正比**。如果接待能力紧张，宁可增加人员，也不能压缩接待时间，越是高端项目越要如此。项目的品质不一定高端，但接待的水准一定要高。你给客户讲的时间越长，客户做决策的时间就越短。

第 039 个关键词——优势

项目的旺销来源于项目优势的兑现，优势兑现分为两种境况：**绝对优势的瞬间释放和相对优势的持续保持**。

优势都是相对的，长期对竞品实现压倒性优势的项目是非常罕见的，也是不经济的。基于“开门红战略”，项目每期首开对去化量存在较高的要求，所谓的绝对优势，并非在产品的所有环节对竞品完成碾压，而是在综合优势的基础上对性价比的全力放大，并在开盘蓄客阶段展示出最大的营销强度，最终实现开盘的引爆式销售。

瞬间引爆如同百米冲刺，没有长期保持的必要，此后的操盘策略就是“相对优势的持续保持”。项目与项目之间的比对，很难出现恒久的全面优势，只要找准对手的短板和软肋，狠狠打、长期打，足矣。只要把握住局部时段、部分亮点、阶段发力的相对优势，根据不同操盘阶段的要求，把这份相对优势保持下去就是成功。

绝对优势的瞬间释放，核心是**价格引爆成交**；相对优势的持续保持，本质是**价值引导成交**。

第 040 个关键词——标签

形象定位就是给项目贴标签，哪怕是玩文字游戏。客户买房买的是整体价值，写字楼也同理。心理价值是项目价值不可或缺的一部分，也是客户的重要购买理由之一。人总是喜欢和比自己层次高的人在一起，希望住在未来发展前景更好的区域，有心理寄托的人会生活得更有目标，也会为自己做出更加合理的规划。

在标签化生存和鄙视链时代，人人都需要标签，人人都在鄙视别人。无论何种状态的人生、何种阶层或行业的人群，都在一级一级地彼此鄙视，都在努力给自己贴上渴望达到的社会地位和生活品质的标签。

形象定位是抢占客户的心智资源，在客户的心智中建立认知优势的起点，也称之为占位。形象定位的结果就是产生项目的 slogan（核心推广语），例如：

住宅如：

天业·新东方花园——会展地产，新城重心；

融基大厦——CID/CLD 双核心地段建筑典范；

华地·碧海华庭——济南人海边的家；

实力荣祥花园——经十路·水景华庭；

城发·水城国际——明潭湖畔，极致人居；

博纳·龙域天城——市中心·银座旁·学区房；

冠华·历山吉第——历下区·解二小·学区现房。

写字楼如：

永安大厦——济南曼哈顿之芯；

中铁·汇展国际——济南首席商务综合体。

第 041 个关键词——理念

项目要贴标签，企业也要贴标签。这个标签要高大上，要给客户心理认同感、实力感、安全感和好感。以下是一些企业的标签：

天业地产——胸纳**天**下，立**业**百年；

融基置业——财智交**融，基**业长青；

鹤伴置业——自然人居创造者；

城发置业——运营**城**市，和谐**发**展；

龙翔永泰地产——高唐买房，认准龙翔……

最好的企业推广语是把企业名称嵌入其中，比如上文中的天业、融基、城发。

第 042 个关键词——价格

价格是地产营销中排第一位的成败因素，80%的输赢由价格写就。市场中的需求只有在购买力具备的情况下才可以转化为有效需求，能否让真实需求变有效需求，关键是看价格。

价格策略由四部分组成——定价、放价、调价、降价。

定价是价格策略中最重要的部分，定价即战略、定价即销控、定价定成败。定价首先是一个策略题，然后才是算数题。定价的第一要点就是对**阶段性利润目标的界定和量价关系的平衡**。单价和速度是永远的剪刀差关系，两者难以兼得，当量与价不可兼得时，必须选择前者。保量的意义远远大于保价。

房地产项目定价只有一种方法——市场比较法。其他所有定价法都是瞎扯。价格跟你的成本没有关系，只跟竞争对手以及客户的认知有关系，入市定价时再谈成本的都是傻子。

价格是最好的引流手段，具有足够优势的价格是项目最好的代言人和引爆点。

第 043 个关键词——实勘

爬楼定价。定价要爬楼，凡是不去工地现场实地、实楼、实户勘察，只坐在办公室里看图纸定出来的价格表一定有问题。如果条件允许，每套能进去的房源都要走一遍，每套房子能进去的房间都要进一遍，每个能看到的窗户都要看一遍。没有身临其境的感受，就定不出完美的价格表，尤其是有景观资源，存在大量“**跳差**”定价可能性的项目。

另外在定价环节，最有发言权的人来自销售一线，他们最了解客户的心理认知和价格承受力，所以一定要让他们参与到定价当中来。

第 044 个关键词——放价

放价的过程就是价格测试的过程，放价分三步走。

第一步，不出价，只讲“价”，讲周边行情，讲自己的产品，巩固客户对区域现有价格体系的认知，拔高客户对产品价值的心理预期；第二步，出均价区间，同时率先释放楼王价格，锚定比价；第三步，进一步缩小价格区间，释放主推产品的价格区间。最后就是开盘亮出实价。

所有的价格都是**比较价格**，客户对价格认知的高与低，来自内外两番比较：一是拿你的价格和竞品的价格比，二是拿你的实际价格和你营造给客户的心理价格比。前三步解决了物有所值的问题，开盘时的最后一步才能呈现出物超所值的景象。

第 045 个关键词——调价

每次开盘后，第一时间上调价格是规定动作，关键要看调哪些房源和上调幅度。

调价如同冲锋，要互相掩护往前跑，不断调整房源间的比对关系，永远有主推、永远有掩护，用价格作为推介利器，用价格促定。调价的频率和幅度要在虚实中反复转换，有真涨，有假降；有假涨，有真降；有明提暗降，有明降暗涨，这些其实都是**提价障眼法**。大多数情况下，调价就是放价格烟幕弹，是一种**掩护型定价**，让别人看不清你的真实价格体系，只有这样才能牵着客户走，牵着竞品走。

第 046 个关键词——降价

降价三要素：早、准、狠。在淡季，那句老话是管用的——没有卖不出的房子，只有卖不出的价格。这是逆势的营销真理。**晚降不如早降，暗降不如明降；提价小步走，降价大步走。**

当你遭遇市场寒冬时，当你面对资金困境时，不要犹豫，大胆降价。要确保降价收回的资金足够你度过这场寒冬。

不要“空降”，不要普降，不要乱降。降价有四限：限时、限量、限价、限人。

第 047 个关键词——楼王

楼王战略是项目操盘中必不可少的营销手段，把最好的产品标出最高的价格，这就是楼王。项目全盘及每一期必须有价格标杆产品，与其他产品形成价格反差，制造价格洼地。每次放价，楼王产品的价格一定是最先放出。**楼王是锚品，其价格是全盘的价格锚点，是其他产品的比价标杆。**

在消费者眼里，商品的价值是“相对存在的”，这件商品到底值不值这么多钱，这个定价到底实惠与否，都需要一个可供参照的标准。楼王锚品、价格锚点都是人为制造的内部参照标准。

市场处于上升通道时，包括楼王在内的高端产品可作为入市首发，

攫取最大利润，但市场情况不明朗时万万不可，

第 048 个关键词——自拓

当下的地产营销日益“渠道化”，已经进入了以渠道为代表的极致竞争时代。很多开发商把渠道拓客工作完全外包，对此，我不是很认同。外围渠道公司可以用，但要用在冲量的节点上，而不是无休止地长期使用。我比较欣赏融创的做法，即自建渠道团队、自行拓客。为了区隔，我习惯把自己的渠道人员称为外拓。

一个项目的销售周期只要不低于两年，那组建属于自己的、稳定的拓客团队是必不可少的。项目定位决定外拓人员素质要求，目标市场容量决定外拓人员数量。

外拓工作最重要的作业模式就是根据**客户地图**、精耕细拓，我称之为“**拔点作战**”。根据成交客户线索，以住宅小区、办公楼、厂区/园区、商场/商圈/集市为“点”，逐点深耕，驻点作战。以点连点，以点带面。拔点作战才是真正的精确打击。满城海量盲派单页叫“漫灌”，拔点作战是“滴灌”。

另外，凡是错过上班和下班高峰期的渠道拓客，都错了。经过多年摸索，上下班高峰期使用拔点战略是渠道深耕中效果最佳的模式。拔点作战的关键点是“抢占门岗”，所有的社区及单位入口都是要拿下的点位，以赠送大遮阳伞、拿下起落杆广告为核心，与单位、门卫搞好关系。

拔点作战之外就是设置多级展点，除流动性巡展点外，要在商超、购物中心、重要商业街门店等处设置固定展点打阵地战。同时，要弄点儿有创意的“**地面推广秀**”，旗袍、汉服、礼服展演也好，美队、“蝙蝠”、“蜘蛛”登场也罢，文人、武将、财神现身亦可，定期组织几十人的秀，营造一下气氛还是不错的。

销售经理、外拓主管必须每日汇总渠道拓客效果、问题及解决措施，随时发现问题、解决问题，通过拓客结果调整拓客措施，确保渠道效果。

第 049 个关键词——展点

外拓团队属于流动作战，外展点属于打阵地战。以客户地图为基准，在人流量非常大或客户出现频率高的具有战略意义的地点，需要设立长期性的外展点。

使用外展点作用有三：一是把项目直接送到目标客户眼皮底下，迅速积累客户；二是作为外拓团队的拓客根据地，也就是集合地点、聚客地点；三是具有广告效果，节省广告费。大盘、慢盘、郊区盘、投资盘等非刚需盘，在正式销售接待中心之外，皆值得设立外展点。

外展点的首选之地就是购物中心和大商超，此类展点适合长期使用，一般不低于 6 个月；其次是商圈或重要街道上的独立店铺，县域市场则是核心商业街以及重要村镇大集市路边，此类店铺不追求面积，关键是看门头广告位的尺寸。外展点的设置底线是，必须要有小沙盘、接待台以及不低于两组接待桌椅。

在大众媒体广告逐渐失效的当下，展点的价值日益突出。

第 050 个关键词——地图

地图，全称“**客户地图**”，是房地产营销中非常重要的操盘工具，是拓客的指引和推广的方向。具体是指，准确掌握客户居住、工作、消费等不同位置，精确到住宅小区、办公楼/单位、厂区/园区后，在城市地图上详细标清，以明确客户来源与分布。客户地图分为多种，均需要**每天更新**。

①以客户居住地分布图为主图，以工作分布图为辅助，以重点消费

地图为补充。②全盘成交客户，一张总图；楼盘的每一期，各有一张分期总图。③在不同的营销阶段，客户地图至少分四张：目标客户分布地图、来访客户地图、认筹客户地图、成交客户地图；只有通过四图对比才能发现推广和拓客中的问题，进而及时调整火力、展开精耕。④不同的户型面积段，要绘制不同的客户地图；户型差异直接导致客户分布差异。

以前形成客户地图全靠手工作业，如今软件丰富，作图和统计都变得简单不少。

只有精确打击，才能以点带面；唯有按图索骥，方能事半功倍。

第 051 个关键词——活动

如何给客户一个来售楼处的最佳理由？答案是参加活动。

活动营销分内外。外部的大型活动是快速提升项目知名度和影响力的不二选择，当时间紧、任务重时，明星演唱会、明星代言见面会是效果最好的形式，能够快速吸引关注、积聚人气、带来客户。

内部活动则是以节点性、节日性的现场活动、暖场活动为主导，需要注意的是**暖场活动要常态化，优质活动要固定化**。把那些易组织、易参与、成本低的活动固化下来，从变量到定量，从定量到衡量，从自选动作到规定动作。每个项目在年初都要根据开发进度和工程节点、节假日节点提早制订年度活动计划，要有自己的“营销活动台历”。比如，每年给客户拍一张全家福，坚持几年，你会收获巨大。

营销即传播，推广即活动；无活动，不广告。活动也是外拓团队的拓客利器；拓客必活动，活动必邀约。但一定要把活动的属性分清，不要把公关性质的 PR（public relation）活动和促销性质的 SP（sales promotion）活动混在一起评估。

另外，为了与活动适配，案场人员要成为“百变星君”，春夏秋冬的工装就不用说了，元旦、春节、圣诞等节日，国庆节、建军节等纪念日，以及世界杯、奥运会等活动期间，也要配备统一的服装，最大限度地吸引公众目光，提升营销效果。

第 052 个关键词——造场

要卖货，先造场。造场制造销量，氛围决定业绩。一个完美的卖场氛围营造包括人气的营造和现场包装的销售力。

（1）传统的套路展示已无意义，售楼处营造卖场气氛的关键是提高现场包装的销售力，打造一个完整的价值展示和输出系统。例如，价值体系展板+竞品对照表（用自己的最长板对比竞品的最短板）、户型对照图、会员/认筹/成交计数牌（客户入会/认筹/成交之后，由其现场亲手更新数字）、热销展板等。现场的每一种展示都是独有的、生动的，都是能够为销售赋能的。

（2）百变沙盘。围绕沙盘张贴地贴，沙盘围护的玻璃也要用足；根据推售状况给不同的楼座贴上标签——售罄/清盘/幸福满员、清盘热销、热销中、即将开盘等，有时楼王的价格也要贴上。

（3）静态展板的效果日益弱化，展示终端必须生动化。售楼处可以加一面监控电视墙，让客户观看工地施工情况以及售楼处内外情况，给客户信心；同时，把常规的展板换成落地或挂墙的电子广告屏、LED 屏等，若布置在靠路的落地窗旁，可成为一块动态广告牌。

第 053 个关键词——锁客

今天的成交近在眼前，明天的成交远在天边。在货量已定的前提下，成交量取决于来访量和转化率的乘积。谁能先让客户从包里掏出钱，谁就能先锁住客户。要点就是降低决策成本，提高沉没成本。

为提高接待质量和筛选绑定客户，从售楼处开放起，通常会分三步进行筛客+锁客，有意向、先入会，以“百元入会，千金回馈”为利益点，强力拉客户入会，如果客户连 100 元都不掏，只能说明客户意向度不够。入会之后是会员升级，指定银行存款、验资，送大礼，有的则是直接升为认筹。入会、升级、认筹、认购，一步步锁定客户，从门槛最低的入会开始，通过降低客户的决策难度，使其放松戒备心理，逐步深入。

第 054 个关键词——认筹

解筹模式决定认筹模式，认筹模式有两种：排序认筹，认筹顺序即解筹/选房顺序；非排序认筹，认筹只是获得选房资格，认筹顺序不是选房顺序。认筹之初必须明确告知客户认筹模式，是排序认筹还是非排序认筹。两种方法各有利弊。选用何种解筹模式，关键在于对客户量、认筹周期的预判和竞品动态的了解。

如果短期内市面上没有竞品同期吸筹，且客户持续稳定上量，那就持续收筹，后期采用摇号模式解筹（客户量非常充足的，还可以使用在线选房），以避免后续客户因为排号靠后而弃筹；非排序认筹还有一个好处，竞品不易侦知具体认筹数量。如果预判竞品可能会有快速跟进动作“打阻击”，且短期内客户积累量能够达到预期，则采用排序认筹；排序认筹须注意保留部分空号，作为后续调节之用。

还有一个关键因素就是看供需比和房源集中度。如果供需比整体较高，且房源均好性强、易于引导，就非排序认筹；如果客户意向房源集中度高、需要引导，最好就按顺序选房。房源集中度很关键，有时大量认筹客户重叠在少部分房源上，这种情况必须提前发现，调整价格体系，并提前设计引流对策。

若采用非排序认筹，则针对较早认筹的客户，根据每个数量段，要有额外的优惠政策，比如，前100位客户享受额外5000元，或者日进百金/千金之类的优惠，第101—200位……这样既能照顾早期认筹客户的情绪，又能避免客户心态迟缓、认筹后置。注意：这个优惠不是“空减”，而是发券，要让客户有实际到手的感觉，提高沉没成本；让客户每周到案场领一次，同时带动案场人气。

第055个关键词——装房

开盘业绩看装房。每次开盘，前30—50组客户的解筹率非常关键，如果先期进场选房客户弹无虚发，会对后续选房客户产生强大冲击。装房，亦称装户、落位。这是开盘前最重要的工作，开盘只是形式，只有在开盘前预知了成交量才是成功的开盘。开盘的经验表明，导致客户选房失败的第一因素往往来自房源，而非价格。

装房分三步：粗装、细装、精装。最早的装房始于入会或认筹，粗装也可以理解为意向房源统计，销售经理要根据房源表进行落位装户，对每日来访的客户进行房源意向汇总是常规动作。

以认筹顺序为选房顺序的解筹模式最能发挥装房的优势作用。每次开盘前夕都要进行最后一次“精装”，客户准确度须达到90%以上，只有如此才能避免重叠造成死筹。装房成果一方面用来调整价格体系，另一方面基本锁定了开盘去化量。必要的时候，让客户填写“选房确认单”，开盘当天持单选房，所选房源若为既定房源，可享既定优惠。

开盘前一周，最核心的工作就是**通过装房提高解筹率**，因为此时增加认筹量已经无关紧要。不打无把握之仗，不开未知结果之盘。

第 056 个关键词——推广

最基本的广告法则——AIDMA 理论，只有先引起注意（Attention），才能提起兴趣（Interest），进而激起欲望（Desire），并且增强记忆（Memory），最终采取行动（Action）。

宣传的本质就是坚持简单和重复。真实的房地产广告作用有二：一是传递楼盘基本信息，促动客户反馈；二是竖立消费者心理倾向，略微提升附加值。真正有用的推广需要具备两个特征：一是大气；二是大俗。只要能够让客户产生“无论买不买，都要过去看一眼”的想法就 OK 了。

做推广，有时是“广告”，有时是“准告”；有些广告不是为了刺激反馈，只是为了烘托氛围；不是只有大众媒体才叫广告，很多时候要自己发现、自己创造广告载体。

第 057 个关键词——开会

开盘先开会。新闻发布会、产品说明会、价值说明会，或者是名校签约仪式、品牌物业签约仪式等。

开会是要通过把大量客户聚在一起制造羊群效应，既给客户压迫感，又给客户安全感，人总是喜欢在别人身上寻找安全感。**聚人气、讲价值、拢人心**，产品说明会是开盘前给项目加热的最后一把火，是开盘前最重要的三大营销节点之一，产品说明会的核心价值在于通过聚集人气和**高水准的价值宣讲**抬升客户的心理价位，并辅以专项优惠进行锁客。一场好的产品说明会价值 100—1000 万元不等。

开盘之后还有会，首开后的客户答谢会，交房或二次开盘前的业主联谊会/联欢会等。

第 058 个关键词——开盘

开盘就是解筹。开盘看气场。一次成功的开盘，必须要制造充足的现场卖压，烘托出雄厚的卖方实力，只有这样才能搞定犹豫的客户，压缩成交时间。近年来，我们多采用大兵团、流程马甲、流水线作业的开盘模式，可以轻松达到 200 套/小时的认购量，如果在财务、签约、审核环节继续增加人手，这个数量可以进一步增加。

现场节奏把控力、卖方气势营造力、紧张气氛渲染力——一次成功的开盘必须三力齐聚。

强大的开盘气场、快速的选房节奏能让解筹率提高 5%。每次开盘，总会有很多客户晕头转向地从开盘场地出来，嘴里说着："太快了，还不知道怎么回事就选完房子了……"这其实就是开发商想要的效果。

这里提供一个烘托现场气氛的方法：如果是夏季开盘，可以为选房客户发放印有"我是××业主，我骄傲"的选房 T 恤，穿着 T 恤来选房、签约、办手续的客户，可以领礼品。

第 059 个关键词——旺销

开盘动作不是在开盘仪式、选房活动之后就结束了，要在后续的推广活动中继续扩大战果、持续增温，同时要盘货、盘客，并尽快制订下一步行动方案，这些才构成一次完整的开盘。

“开门红战略”很重要，无论如何，项目都要给自己戴上旺销的高帽子，特别是新盘首开的时候，要做到首战必胜，因为这具有内外双重重要性。卖得最多是旺销，推售房源售罄、高比例去化也是旺销。哪怕只有一次开盘热销，也能够奠定今后的**营销基调**，这是一种底气。

第 060 个关键词——声势

无论现场活动、聚客活动本身取得了多大成功，其自身影响力仍然具有较大局限性，而且人际传播是需要时间的，故而后续宣传应该迅速跟进、趁热打铁、扩大声势。假如现场活动效果不尽如人意，则更需要通过后续宣传来弥补活动人气欠缺的颓势，通过宣传来营造“假声势”，降低活动失利造成的负面影响。

售楼处和样板间的电视、广告屏、展板上的图文信息，都要传递出项目“人气爆棚”的状况，人气和热销，从来都是所有项目的传播重点。再次重申，唯有用人气才能制造人气。

第 061 个关键词——节奏

新盘首开时为取得“开门红”效果，大多采用“长蓄短爆”的蓄客模式。但在取得开门红之后，比较稳妥的加推策略就是转向“短蓄短爆”的推售模式——小货量、快蓄客、快推盘。这样有两大好处：一是可以快速消化客户，避免被竞品狙击、截客；二是能够不断测试准确价格，让价格与销售速度得到最佳匹配，弱化“剪刀差效应”。小步快跑，少量多推、高频，市场新鲜度和房源紧俏度都能得到充分保证。

无论是“长蓄短爆”，还是“短蓄短爆”均无定式，都要在时局中调整，看市场、看竞品、看客户。当市场竞争烈度加大，已无法在短期内积聚大量客户、无法大规模引爆时，必须及时调整策略，防止客户被竞品分流，防止客户产生集体观望心态。

第 062 个关键词——节点

操盘即决策，决策看节点。房地产营销中最大的特点在于关键节点属性和节点间的衔接性。策划执行和销售执行工作中的细节千头万绪，作为操盘手，其价值体现就是抓住阶段工作中的核心矛盾，做核心节点的决策，在重要营销节点上发力。

操盘最忌平铺直叙，要围绕节点做计划，展开工作，让有限的资源在节点上产生爆发力，大促大卖，事半功倍。根据项目开发进度，最关键的项目操作节点包括入市形象定位、售楼处/示范区开放、产品说明会、明星见面会、认筹、开盘、加推、大促、交付、客户联谊会等。

80%的营销预算是花在 20%的时间段里。

第 063 个关键词——窗口

大规模开盘后的 3—7 天都是非常关键的成交窗口期，在这个窗口期的主要工作不是追着客户签合同、追首付，而是促成交。

(1) 从既有客户的角度看，总会有部分客户因为各种各样的原因在开盘当天未能到场，当天到场的客户也会因各种情况犹豫不决，最终没有选房。然而，当开盘捷报传出、人群中产生信息传递时，只要继续给这部分客户保留开盘当日的优惠，注定会产生一定量的“回头客”。

(2) 从外部客户的角度看，市场中盲点多多，总会有很多新客户是因为开盘的火爆才知晓你的项目，这是趁热打铁的黄金机会，错过不再有。

开盘窗口期工作重要性排序：抓成交—稳客户—促签约。稳客户，是稳住那些没有解筹成功的客户。

第 064 个关键词——转化

地产营销无非是解决两个环节的问题：一是客户来访，二是客户转化。销售案场的关键职责就是负责客户转化和成交，所谓的销售水平高低，就体现在转化率上。

所以，分析转化率最高的客群，找到最具吸引力的成交关键点非常重要，**提高整体转化率是案场经理专业技术管理的重中之重**。个人转化率—小组转化率—案场转化率，要层层提高，提高转化率才能不浪费客户，才能不浪费广告费、渠道费，转化率的提高是对营销费用的最大节省。

特别是进入平销期之后，案场必须要有强力的逼定工具，首访成交奖、一见钟情奖、目标冲量奖等，要有过期不候、击穿客户心理底线的力度，给客户一个现在就买的理由。经理和主管要配合销售人员逼定，发挥“二级杀客体系”的威力。

第 065 个关键词——销控

销控，就是控节奏、控房源，调整和优化房源去化比例。一个项目推售最大的功力不是看销量，而是看销控，不同楼座、不同单元、不同户型、不同楼层，如果能够按照计划走量，则为真高手。

销控不是硬控，而是靠价格和推量来控制节奏。销控的前提是对全部房源进行分类，根据去化难度分出档次。用波士顿矩阵分析项目产品是最低要求，比较宽泛。销控的主要内容包括以下三方面：

（1）楼王必推，高价高折，自然去化。

（2）“饵货”慢推，挤牙膏推货。每个项目中都会出现一批市场高度认同、吸引力很大的超优产品，这就是项目的“诱饵产品”或者叫“明星产品”。必须严格控制此类产品的性价比和销售速度，渐次推货、小批量推货，持久吸引市场关注。

（3）优次搭配，价格调控。主流户型，实惠惊喜，低开高走/平价快走；问题户型/缺陷户型，击穿底线，特价疾走。

对不同销售团队则适宜启用差异化佣金，对不同产品要制定不同的佣金政策，不同时期有不同的阶段性佣金政策；要实行捆绑考核，即难销户型与易销产品搭配考核。

第066个关键词——盘客

在所有销售管理工具中，置业顾问手中的“客户追踪本”是最重要的，上面有对客户进行A—D评级的标准。我们的操作要求是经理只要在岗，每天晚会时要统一分析客户，对所有来访客户进行评级；如果是大型案场，则由各组主管带队完成。小案场，开大会；大案场，开小会。

一名合格的销售经理，每天的主要工作内容就是分析来访客户、盘点成交客户，让每位销售员分享成交过程、总结成交规律、分析成交客户典型特征及其购买动机等。客户分析包括成交客户分析和未成交客户分析，研究成交客户是巩固长板，吃透未成交客户是发现短板。要重点分析没有成交的A类客户和最终成交的D类客户。

除了听汇报盘客，为了更准确地把握客户，销售经理还必须和置业顾问一起“陪同接待”。

第 067 个关键词——人文

人文营销。人多少都是有一些文化追求的，楼盘也需要人文情结。人文价值能够带来更高的附加值和更强烈的归属感，综合素质和社区文化始终是一个楼盘可持续的卖点。

人文营销包括：①举行案名、景观名征集，案名发布会；②邀请书法家为项目题写案名或请人为项目作赋，比如《澜泊湾赋》；③邀请书法家给业主题字；④给客户赠送书籍或整年杂志，举行“读书分享会”“全民读书节”“共读经典”等读书活动，我在操作项目时给成交客户赠送过《基业长青》一书；⑤售楼处“图书馆化”，所有人都可以在此办理“借书卡”，或者在项目区域内设置小型社区图书馆；⑥举行征文活动；⑦举行摄影比赛；⑧举办文化讲座或开设公益课程，举办各类养生、国学、经济论坛等；⑨以项目为核心出一本书；⑩鼓励业主根据兴趣爱好组建各种社团，可以提供适当赞助。

从开盘销售当月开始，每月或每季度选择一本经典著作赠送给业主，坚持做下去，你的项目就会赢得更多业主的好评，甚至一个区域，乃至一座城市的好感。

文以载道，长期围绕图书展开人文营销，一定会为你带来额外的价值。

第 068 个关键词——销冠

销冠营销的本质是信心营销。当项目取得了月度、季度、半年度或年度城市销冠、区域销冠盘、品类销冠时，一定要大张旗鼓地宣传。要想方设法地给自己找个销冠头衔，因为这比开盘时候的“开门红”战略还重要。用销冠来制造聚焦，更是一场心理认知战。

客户买房买的是最低风险，而不是最低价格。当普通项目不能给客户十足的安全感时，销冠盘可以。销冠营销是一种市场聚焦策略，也是“乐队花车效应”的地产版本，人们总是愿意相信大多数人的选择。只要是销冠，一定要大喊；“买房选销冠，置业才安全。”销冠的噱头很多，只要用心，一定能找到。

你就是销冠。

第 069 个关键词——感动

感动营销，制造感动。人性是营销的基本立足点，如果在整个操盘过程中，你没有让客户感动过，那么你的营销一定有很多欠缺。可以尝试通过以下提示制造感动：

①有没有在客户生日的时候送去鲜花和蛋糕？当项目销售量突破 N 百套、销售额突破 N 亿元时，有没有请老客户一起来切蛋糕庆贺？②母亲节时，有没有搞一个“说声‘妈妈，我爱您’”，或者“××项目请你和妈妈去旅游”的活动？父亲节时，有没有搞一个“说声‘爸爸，我爱您’”，或者“××项目请爸爸喝茅台”的活动？③有没有在售楼处留出愿望墙、心愿墙、幸福墙……④有没有坚持每年给客户拍张全家福？

当你们做到这些的时候，客户会感动。只有把美誉度做到客户的心里去，才会得到忠诚度。如同地产人学不会的海底捞，服务标准都是用来打破的，功夫在标准之外。

无感动，无品牌；无感动，无信赖。**做一个有人性的项目，做一场有人情味的营销**。

第 070 个关键词——物料

物料营销有奇效。物料营销的基础是互惠原理。实用性物料相较于常规的广告印刷品，具有无可替代的传播价值和渗透价值，因其实用性较高，客户丢弃率低、使用和保管时间长、反复提示作用大、转手他人后具有二次传播价值等。同时，相对于大众媒体，其到达率和性价比都非常高。

物料营销充分激发了人们占便宜的心理，在产品推介，尤其是拓客环节发挥着不可替代的重要作用。比如小小的**鼠标垫，**在早上上班时间去写字楼和单位门口发，连发三天，彻底铺满所有办公桌，可以起到长期提示的作用。详见本书《物料营销有乾坤》一文。

第 071 个关键词——酒店

酒店攻略，食堂攻略。各类餐饮场所是消费活跃人群、高购买力人群的聚集地，其客群与商超正好互补，商超以女性顾客居多，酒店以男性顾客居多，而且无论酒店大小，它们的老板都属于交际活跃人群。我们的物料包中有一个“酒店拓客六件套”，即抽纸、烟缸、牙签筒、扑克、围裙、WiFi 牌、打火机、起子（后四个选二）。因为可以无偿使用，所以这些东西是很受酒店老板欢迎的。用这六件套可以将项目广告渗透到每个房间，再加上大厅和房间内的海报、展板上墙，就能够对酒店客人形成密集信息轰炸。酒店如此，那些大企业的食堂亦能如法炮制。

再就是消毒餐具包，每个城市都有一批餐具洗消厂，包餐具的塑料膜上都有厂家的联系方式，对接之后，可以直接去厂家，在流水线的最后一道工序封包完成后，立刻贴上项目广告帖。餐具包广告——只为打开前的一眼。

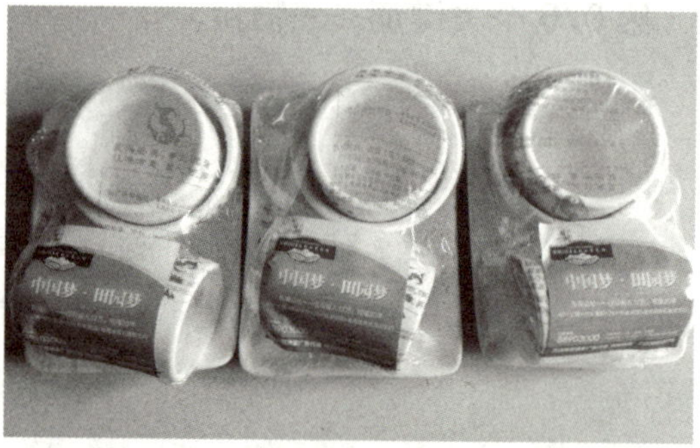

第 072 个关键词——有趣

有趣营销。营销要轻松点、开心点，同时有点娱乐性。下边提供几个能让营销变得有趣的方法：

①买一个分贝测试仪，让客户对着它喊出案名或是其他规定内容，根据音量确定优惠幅度。②寻找同名人，和项目同名的人买房打九折。③通过发送视频的方式，评选段子手。④春季、秋季各举行一次业主趣味运动会；夏季举行喝啤酒比赛或吃西瓜比赛。⑤通过掷巨型骰子或摇开心大转盘，确定能够享受何种优惠。⑥认筹或开盘当天过生日者可以享受额外优惠。⑦准备趣味手举牌，鼓励客户拍照发朋友圈获赠大礼。⑧开盘及各类活动当天穿指定颜色衣服有奖。⑨婚龄抵房款，一年减 1000；头发越长，优惠越多……有趣的点子无穷无尽。

有趣才能传播。

第 073 个关键词——Call 客

在房地产营销中，电话营销又称“电话拓客”，是指专门招募电话营销人员，通过各种渠道搜集客户电话资源，通过电话拜访（基本为“陌拜”）的方式推介项目，以促进上客。在项目放量、竞争充分的当下，电话拓客已近乎为营销中的标准动作。

时至今日，“电 Call 团队”的主要任务不是创造多少业绩，而是为项目扩大知名度、烘托市场热度。电话营销，用好了有效果，可以锦上添花；用不好惹人烦，还会适得其反。详见本书《电话营销利弊考》一文。

第 074 个关键词——微信

微信营销。微信是流量时代的王中王，在这样一个时代，受众也参与到了传播当中，他们不但是传播的客体，也会成为传播的主体，甚至是具有重大传播价值的核心主体。

微信营销活动必须高频组织，而且要形式多样。转发类（一次转发赚千金），集赞类（集赞领礼品、点赞王中王、一赞抵百金），投票、拉票类；自造热点，每月至少一次，让你的项目刷爆朋友圈；蹭热点，每逢热点事件爆发，就是热文冲击100000+的最佳时机，哪怕只是标题跟它有点关系，都会蹭上这一波红利；每个销售人员都要自建群——客户群、渠道群、泛营销网络群等。

微信时代，用好微信是核心；得朋友圈者，得天下。

第075个关键词——渠道

在自建外拓队伍扎实拓客之外，在相应的节点上与外部伙伴合作也是必备动作之一。与具备拓客团队和客户资源的渠道公司合作，是阶段性冲量和淡季上客的必要选择。

在渠道公司合作之外，还有“渠道资源整合”。渠道整合的本质就是交换资源，业主资源就是你最大的资源，要学会借力打力，用资源创造资源。除了自建外拓队伍扎实拓客之外，在相应的节点上与外部伙伴合作也是必备动作之一。初期的整合重点在于资源互换、价值互补，后期的整合重点则是尽可能抢占和垄断优质资源，深度嫁接。所有具备一定潜在客户资源的单位、公司、门店、个人都是合作对象。

比如，与4S店深度合作，买房送车或是买房送车款抵用券、买车送房款抵用券。无论最终效果如何，售楼处摆上几辆新车是比较吸引注意力的。再比如，老板资源比较集中的各类商会、行会、培训机构等，都是值得长期互动的“源点”。另外，所有的外部对接单位、合作伙伴都是你的资源，要把关系链、合作链都“链好”。

注意，渠道只是全盘营销的一部分，不能用渠道的“勤奋”掩盖操盘的“懒惰”。

第 076 个关键词——捞客

捞客，顾名思义就是把沉底的客户捞起来，主要是针对未成交客户做的追访动作，也叫“**客户打捞计划**”。

第一步是分析客户未成交原因，逐一攻破，力争挽回。比如：①因各种原因未到场，但仍有购买意向的；②因各种情况钱款不到位，购买力受限/有限的；③首选户型售罄，考虑后期产品的；④非常谨慎，对区域或项目前景存疑的；⑤对政策不了解，不知道自己还有没有购买权力的；⑥家里人意见不统一，或主要决策人没拍板的；⑦受政策影响，担心降价，处于观望之中的；⑧对优惠条件不满意，或始终认为价格偏高的；⑨被竞品牵制的；⑩对置业顾问不满意，或原有置业顾问离职的……以上这些未成交客户都有被捞起来的可能。

第二步是保持联系、维护客情，给客户留下好印象，等待转介时机，打开“**新带新**”关系链，扩大客源。

第 077 个关键词——用券

“券”字下面一把刀，用好如利刃，似庖丁解牛。

“购房抵用券”从产生到普及只用了很短的时间，虽然是很好的东西，但很多人不会用。抵用券是很好的“锁客”工具，它充分利用了“沉没成本和沉没利益”心理，巧妙用券能够发挥很大作用。

注意：①**抵用券要有“钞票感”**，抵用券绝不能做 1000 元甚至 10000 元面值的，只能做 100 元面值的，纸张和钞票越像越好。②抵用券要分主房、车位和储藏室三种，综合运用，不能只发主房的。③抓住

抵用券的使用窍门，比如，认筹后的“日进百金”，每天一张，每周一领；客户每次到访或参加活动都送券，根据成年人人数送，一般是 200 元/人，如果是介绍朋友到访的，就送 500 元/人，开盘当日按照规定时间进入等候区的，额外赠送 200 元/人……最终要让每位客户手中都有厚厚一沓“票子”。

第 078 个关键词——促销

促销，凡是能促进销售的行为都是促销，所有的促销必须“设限”，**限时、限量、限价、限人**，比如，“仅限 10 套，仅限本周”“凭教师证购买享额外优惠 5 万元”。促销的出发点分两类：一类是“**内促**”，借机拿下手头观望客户，给他们一个快速下定的理由，内部客户促定；另一类是“**外促**”，刺激市场，寻求新增上客来源，外部促进上客。

“内促”和“外促”不能搞混，这是两种玩法。“内促”是小幅度、小动作、小范围的，基本无须对外传播；“外促”则是由强力政策引起关注、激发行动的。只有采用涨价促销法时才适合“对外声张、对内压迫”。

优惠促销分多个种类，价格促、赠送促、抽奖促等，切记：促销不是降价、打折、优惠的代名词，很多时候，涨价才是最好的促销手段，比如，“开盘优惠最后一天”“全线房源即将涨价”。降价是迎合贪婪，涨价是激发恐惧。促销颇似调价，有很多烟幕弹和障眼法。

第 079 个关键词——车贴

车贴营销。我们大约是从 2008 年开始用车贴做推广的，最早的做法很简单，只是在车后窗贴广告，做得多了，慢慢发现了一些好方法。①要内外有别。车贴推广要优先从业主车辆开始（销售人员要与所有业主联系到位），业主和外部车主享受不同的补贴政策，一般情况下业主享受的优惠是外部车主的两倍；车贴活动，这是和有车业主建立关系的重要一步，它将为后续的“业主车友会”和车类社群活动打下坚实的基础。②车贴推广都有期限，一般都是补贴 3 个月，3 个月补贴完毕，外部车主就享受不到什么好处了，但是业主车辆可以获得“车位抵用券”，大概每月 500—1000 元，这也是为了增进与有车业主之间的感情，为后续车位销售做准备。③车辆有别，根据车的档次送不同礼品，打造“鄙视链效应”；后窗基本垂直的商务车是车贴营销的最优选择，给予的补贴可以加倍。④车贴推广的目的是开拓客户资源，烘托气氛，所以具体推广的反馈效果其实并不大。

第 080 个关键词——士气

一支能打硬仗、能打胜仗的队伍必须有士气，无论是在案场，还是外拓，销售团队必须有士气，团队的士气就是项目的士气，士气就是不达目标决不罢休，百折不挠的战斗意志。士气管理是团队管理的一部分，是融入所有带队环节中的内容。

从项目全盘来看，启动大会、目标管理、军令状不可或缺，这都是提高士气的好方法。每个团队都要有自己的团队口号，就像每个人要有自己的座右铭一样，每天早会都要大声喊出团队口号，早会的目的就是激励斗志。要树立案场标杆——月度销冠、季度销冠、年度销冠，要向他们发放奖牌和奖金，每次开盘成功、每期产品收尾的庆功会、庆功晚宴必须及时开起来。

有士气不一定赢，没士气一定会输。士气就是信心，信心是战斗力的保证。士气就是“胜则举杯同庆，败则拼死相救”，面对强敌的时候，士气就是“亮剑”精神。有士气，有信心，一切皆有可能。

第 081 个关键词——软文

报媒时代，软文是项目推广的必用利器之一，微信时代，软文的价值重新燃起。所谓软文，就是第一眼看上去不像广告，像新闻报道的广告文章。软文相较“叫卖型”硬广具有更强的说服力、传达力和感染力。报媒时代落幕，微信时代来临，因为软文非常适合于微信推广，所以这也给了软文重生的机会，好软文依然具有无可替代的攻击力和传播力。不要担心客户不看，那是因为你写得不够好。

一个写不出几篇经典软文的项目，一定存在策划短板。如果没有更好地选择，那就可以遵循“老三篇”的设计：项目入市前写一篇——如何置业；项目开盘之后写一篇——为何火爆；项目首期交付之后写一篇——为何/如何满意。

真正好的软文其实就是一篇篇到位的销售说辞。

第 082 个关键词——造势

在注意力时代，一个项目若想取得更高的关注度和知名度，不是只靠广告和渠道就能做出来的，必须要先为项目制造影响力，有了一定的影响力，才能获得更多的注意力。影响力营销靠的是有影响力的事件，或是有影响力的创意。

最典型的制造影响力的事件就是开唱和开会，开唱一般就是邀请明星来唱歌，开会则要邀请有影响力的人物到场，发表有影响力的观点，比如，举办一个区域规划发展论坛或者是城市商业发展论坛。

一个项目往往从招聘便开始造势，比如，当年操作中铁·汇展国际项目时，第一篇招聘广告“加入世界 500 强，服务济南首席商务综合体”一出，立刻在营销圈掀起波浪，影响力迅速从圈内扩展到圈外。

微信时代造势变得相对简单，所有能刷屏的“小事件”都能创造影响力。

第 083 个关键词——言商

底商、商业街、专业市场、商业街区、盒子商场，这些项目的操作难度依次递增。操作难度并不是指“卖的难度”，而是招商运营的难度。**商业地产的核心在于商业，而商业的核心在于运营，贯穿始终的商业定位、招商及运营是决定一个商业项目能否成功的关键环节**。很多自生能力非常强的底商已经迈进了托管时代。

目前，商铺销售被分为四种类型：真实产权，真实回报；真实产权，虚拟回报；虚拟产权，真实回报；虚拟产权，虚拟回报。真实回报不多，虚拟回报当道。凡是打破商铺确权面积招商运营的，实质上都属于虚拟产权，即使两间以上独立产权的沿街商铺打通出租也须归于此类；凡是不按照实际租金进行投资回报的，实质上都属于虚拟回报。

商铺卖的不是房子，而是一个资产配置+收益计划。除了专业市场，为了既旺销、又旺场，商铺的所有权与经营权必须分离，最起码阶段性分离，“虚拟模式”已然成为主流。

第 084 个关键词——返租

返租政策是不得已而为之的举措，可以采用，但不能“埋雷”，很多投资类项目的返租销售政策其实暗暗“埋了雷”，有时是给自己埋的，有时是给客户埋的。

返租分为两种：一种是“净返租”，一种是“毛返租”。因为涉及商管费用问题，这两种比例差距不小，一般在 1.5%~2%。很多项目在返租时闹客户纷争，都是因为前期销售人员彻底向投资客户隐埋商管费用问题，客户以为承诺的比例是“净返租”。

最坑人的是租金分成，大部分项目的销售政策都是从第 N 年起按照 9∶1 分成的比例，如果这是“净分成”，要么运营方亏惨了，要么纯粹这是忽悠投资客。

第 085 个关键词——服务

服务是投资，是附加的价值，而非成本。服务价值是整体价值的一部分，客户会把买房过程中的服务水准视同产品整体价值的一部分。

软件看人：形象保安、停车、门岗、形象水吧、保洁，各服务岗位都要有各自的服务内容和达标要求；硬件看物：比如，夏季停车场的遮阳、安全帽里的头衬、洗手间里的卫生巾……细节是魔鬼。不要觉得

“形象保安”这个词很怪异，在当前的地产营销中，那些站在售楼处门口、停车场入口、景观示范区的保安，往往都是形象意义远远大过安保意义。

若费用允许，建议设置独立的客服部，与营销部平行展开工作，由传统销售人员“一对多”服务客户，变为“销售+客服”的“多对一”服务。

第 086 个关键词——资管

最初的资产管理其实始于商铺和酒店，也就是托管式商铺和产权式酒店，虽说结局各异、口碑不一，但资产管理的引入已是今后房地产市场发展的大趋势之一。

写字楼、公寓、商铺均属于投资类产品，投资客户占比逐类增加。但在市场竞争日益激烈的情况下，硬卖、裸卖的难度不断加大，客户对投资价值和投资收益的疑虑逐年增高。房屋仅仅是整体中的核心产品，只有在增加了附加产品之后，才能成为整体产品，投资类产品也是如此。投资类产品的附加产品就是增加资产管理方，提供资产运营增值、保值的内涵，比如，度假酒店运营机构途家。

资产管理方和销售政策将成为投资类项目销售成败的重要条件。我们卖的不是房子，卖的是“理财产品”。无回报，不投资。

注意：回报率不是越高越好，喊出一个无法兑现的回报率如同搬起石头砸自己的脚。

第 087 个关键词——顾问

顾问式销售。大众媒体宣传覆盖到的以及渠道拓展的，往往是不具备高购买能力的人群，真正有购买力的群体都有特定的社交圈子，有自己的信息传播渠道，有自己的认知路径，大多是通过地产圈的朋友了解楼市情况和项目情况。越是高端的项目越是依靠小众传播，豪宅和高端写字楼皆如此。

以前我们常谈圈层，其实找圈子、混圈子无非是找到圈子里的关键人，所谓的顾问式销售，可以理解为一种变相的渠道合作，逐渐将关键人发展成为项目的“顾问”，借他们的口去传播、吸引和推介。

第 088 个关键词——话术

案场业绩好，首先是销售说辞标准化和接待流程规范化，其次是销售人员个体执行力和单兵作战能力强，第三则是团队协作配合好。确保标准化的关键就是销售说辞和答客问的标准化、统一化。

销售靠话术，要让销售人员的自由发挥越少越好，所有人都用同一个声音对外发声。标准答客问、节点说辞、竞争性对抗说辞、特殊事件统一口径、政策类解析说辞、交房等专项说辞都必须“大一统”……很多环节需要统一的话术。售楼处刚开放时的话术都是 1.0 版，必须随着销售进程的推进，不断升级和更新话术，确保时效性和实效性。作为案场经理，时效性和实效性是从进场第一天到撤场前一天始终遵循的原则。

第 089 个关键词——贴牌

品牌借力就是房地产领域的贴牌模式。除非是非常稀缺的地段和位置，一般情况下，一个项目的风险系数和定位高度、总价额度成正比。对于开发经验少、品牌影响力不足的开发商来说，拿到一块好地，若想做高端项目，实现品牌溢价，最好的方式是给自己“贴牌”，找个有实力的、口碑好的品牌企业背书，或找绿城之类的开发商合作代建，直接挂绿城的品牌。即使不采用代建模式，物业也最好找万科、绿城之类的大品牌。用品牌塑造品牌，借别人的品牌价值为自己增值。

记住：傍大牌，走正路，多赚钱；借船出海，借树开花。

第 090 个关键词——代言

在推广中，有人物和没人物的广告传播效率差距很大；在微信朋友圈，有人物的图片点开率比没人物的高得多。找人代言是营销推广中非常有价值的做法，是获取注意力的不二法宝。代言的方式多种多样：①名人代言，不用多言。②代言人海选。这种方法比较适合初期造势，以形成市场关注度和影响力，住宅可以选小孩，公寓和商业选颜值高的女孩儿。③业主代言。每次开盘后和交房后，都是使用业主代言人的黄金时机，业主和他居住的社区可以成为彼此代言的关系，让业主现身说法极具说服效果和传播力度。④工作人员代言。即每人代言一个岗位，销售团队代言是最常用的，每人代言一个卖点。⑤每个合作伙伴选代表代言。⑥虚拟代言，自己创造一个卡通形象代言。这种方法弄好了会非常有趣，可以获得自己的 IP，很有价值；把历史或小说中的人物搬出来也是一种虚拟代言。

目前，业主代言、工作人员代言、合作伙伴代言营销已逐渐成为规定动作。

第 091 个关键词——大题

城市综合体，是一道综合题。综合题向来都是做好了往上拉分，做不好往下拉分。这道题的破解之道是先把“大账”算清。在住宅、公寓、写字楼、商铺、商场、酒店这堆产品里要先分清楚必须卖和尽量卖的是哪些，必须留和尽量留的是哪些。

一个综合体，其实可以理解为多个不同楼盘的集合体，这些楼盘大小有别，最大的基本是住宅，这是最容易变现的产品，公寓、街铺、写字楼居中，最难处理、最容易压钱的就是商场和酒店，恰恰这两者代表了综合体的档次和形象。所以，做综合体最关键的问题就是界定不同产品的体量和租售比例，进而界定商场和酒店的档次。

做住宅项目找一家专业乙方、一个营销公司就足够了，但做综合体需要好几个专业乙方，比如，商业主力店大盒子，持有型商业的定位、开发、运营与常规的住宅开发是截然不同的，跟营销代理属于完全不同的两个专业领域。

做综合体要“**三找**”：找准专业的乙方，找对参照的范本，找到必需的资源。缺少一个，那就别做。

第 092 个关键词——业主

短期看营销，中期拼品质，长期靠口碑，口碑来自业主。营销的本质是影响和改变消费者的行为，影响消费者购买的关键决策依据来源是“亲朋介绍”。所有开发商基于这一点都推出了“客带客”政策，但实际上，如果你没有日常的用心维护，仅仅在需要的时候甩出“客带客”，这就是在做无用功。

你必须要有一个系统的老业主维护计划，这个计划比任何营销计划都重要。这几年比较火的“社群营销”其实就是老业主维护计划的一部分。“客带客”的前提是口碑，只有客户满意了，他才会去推荐你家的房子，业主的忠诚度和美誉度最终都会反映在销售上。

老业主是一座宝库，等待你去发掘。

第 093 个关键词——争荣

誉不压身，多戴高帽。楼盘获奖对很多消费者而言，还是有一定触动的，所以不要不好意思，能给自己揽多少奖就揽多少奖。最好的奖项是政府部门颁发的，这能够切实增加项目的公信力和权威性。

不管是项目整体的奖项，还是建筑工程类、园林景观类、物业管理类奖项，能拿就拿。戴高帽子的本质就是借冕播誉，为自己背书。

第 094 个关键词——联动

联动推广，事半功倍。同一个开发商旗下项目，必须充分整合推广资源，彼此赋能，进行联合推广。毕竟项目多本身就是实力强的体现。

具体形式也有很多种：①售楼处整合，每个售楼处都要通过品牌墙、展架、物料架推广兄弟楼盘；②媒体整合，平面类媒体大版面投放时，要以企业为中心，同时附带多个楼盘主要信息；③宣传物料以己盘为主，他盘为辅。④展会等各类现场活动均要集体出场、联合促销。⑤针对客户资源，与兄弟楼盘进行互动，互相带访，共同深度挖掘客户资源。

这种方式对于开发商的同城项目最合适，事半功倍，性价比很高。若不同城，则为了展现企业实力也要用。

第 095 个关键词——正名

案名是一个项目的主题与灵魂，犹如人名，它与项目 slogan 一起构成了整个项目的核心推广架构，也是一个项目最核心的传播语。

一个项目的案名是否成功，就看两个维度：一个是文字，一个是声音（人际传播，电视、电台传播均包含在内）。对于文字来说，尽量不使用生僻字，以保证好看、好记、好写，在寓意美好的基础上，还要保证字的结构匀称，印制清晰；对于声音而言，则要平仄适当，避免拗口，尽量避免产生谐音和歧义，尽量不使用闭口音。一个项目的案名，要么通俗易懂、大气响亮、朗朗上口，要么底蕴深厚、内藏乾坤，让人明白之后很服气，而且忘不了。

案名不是一成不变的，多案名、分案名策略已是必备动作。多案名策略是指在服从项目总体战略定位和营销目标的基础上，根据不同产品、不同操盘阶段的营销需求提出不同案名。推广案名常换常新，名字一换天地宽。

案名即定位，案名即广告，案名即战略。

第 096 个关键词——问诊

项目滞销的十大病因：①踩错了点，高峰期拿了地，低潮期入了市，怎么卖怎么赔。②定位失误，主要表现为定位过高、定位过泛、定位超前，比如，在刚需地段做了改善产品；或者地拿贵了，想通过提高产品力实现溢价，结果超出了客户认知。③项目支撑不足，现场营造不足，但价格预期过高，比如，首开过高，客户不认。④涨价过快，被竞品狙击，客户被大量截留。⑤市场造势不足，推广乏力，客户量少，认知度低。⑥开工量太大，去化率低，造成了弱销认知。⑦城市规划变动，或是附近出现严重影响销售的规划。⑧产品太 low，有硬伤。⑨既不懂整体操盘，执行力又低下。⑩质量危机，内在风险才是项目危机的根本。

综上十条，操盘的内在风险才是项目危机的根本。

第 097 个关键词——车位

车位开盘和主房开盘一样，都要走认筹、装房程序，开盘时也要有氛围和卖压。不管哪类项目，同批车位最多只有一次集中开盘销售的机会，成或不成，之后皆是平销。

只有优改/再改楼盘，同时遇上好形势，才有机会借主房的热销，趁势在车位产品上实现走量结果，而且价格要实惠。除此之外，皆是难题。详见本书《车位销售知难行易》一文。

第 098 个关键词——变身

千万别把储藏室当储藏室卖，这明明是一间房。当你的储藏室不好卖或想卖高价时，就把毛坯变精装，铺上地砖/地板，做好一面墙的货架，或是安装好排气扇，把顶灯加亮，备好人字梯、小板车。此时的储藏室已经变身为多功能室了。做完这些，每平方米至少可以提价 500 块了。

居家生活的物品很多、很杂，而且占用了很大空间，所以物品的储藏和收纳成为一大痛点。储藏室是一个很重要的生活必备空间，而且廉价。户型较大的储藏室其实可以挖掘出更多功能，酒窖、麻将室、健身房、瑜伽室、冥想室、书房等。

除去上下水，我们卖的不是储藏室，而是一间房。

第 099 个关键词——用拙

大部分烂尾项目的问题都出在资金链断裂，资金链断裂的原因基本上都是自有资金少，希冀通过销售，甚至违规销售回笼资金维持运作。形势好时，控制好开发量，小规模慢慢滚动开发还好，一旦市场形势有变立刻翻船；如果首开体量太大，去化量太低，资金就循环不起来；本想做“快盘”，却定位失误做成了“慢盘”的，需要不断投入资金，却没有不断回款……大部分烂尾项目都烂在了入市之初。

今后，房地产开发的专业投入要求越来越高，资金投入量越来越大，投资周期要求越来越长，还想用小资金撬动大利润已经没戏。

其实，“四两拨千斤”的本义是“练就千斤力，我只用四两”。

第 100 个关键词——同侪

当市场处于上升通道时，片区内的项目越多对大家越有利，区域影响力的增强容易形成焦点市场和热点板块，会吸引更多购房者关注。彼此抬轿子，共同做蛋糕，此时的状态是“**竞合**”；但当市场处于下降通道时，若无产品差异，则容易迅速变成贴身肉搏、价格搏杀，尤其是当几个开发商都缺钱时。项目成群，利弊皆突出。**竞争或竞合都是在势不在人**。

一起做旺，一起难受。所以，处于有利局面时，必须迅速扩大战果，巩固市场地位；处于不利局面时，必须全力奔向**盈亏平衡点**，超越或接近之后才能松口气。

市场，有时要抢，有时要狠抢。

第 101 个关键词——沟通

微信用好，客户不跑。作为销售人员，如何持续加强与客户的沟通成效、不断加深与客户的情感维系，这是需要通过各种方式去不懈努力的。其中微信可以说是性价比最高、覆盖面最广的沟通方式。

你可以通过微信第一时间将项目的最新进展告之客户，例如，售楼处乔迁、样板房开放、开盘销售火爆、主体封顶、景观落成等。对于已成交客户，要做到至少每两周一次图文并茂地告知客户最新工程进度和项目自身利好（特别是项目涨价），尤其是客户所购楼座情况。即时的对项目有利的时政新闻、市政新闻（道路翻新、市政升级、场馆建设等）都必须第一时间告知客户。持续不断地向客户传递信心。详见本书《微信营销》一文。

第 102 个关键词——盘货

很多问题产品和尾货产品的大量积压，都是因为在盘货上欠了功夫。从一开始几栋楼的边角顶底、大户/高价货源，逐步蔓延开来。很多项目的营销部门为了冲业绩，往往会不管存量、不顾尾货，猛推新品、新楼座，很多楼座就此被打散，尾货则日积日高。很多开发商往往只看“大数据”，不看房源分布，看到业绩一路平稳冲高，就忘记存货的零落难啃。盘货工作要和销控视同一路，只是销控比盘货更有整体性，盘货比销控更细致些。

盘货，一方面是盘点自己的库存，另一方面是比对竞品的库存，如果库存产品的去化难度呈现走高趋势，那就尽快出货；盘货盘的不只是主房，还包括所有剩余产品，车位/车库、储藏室、商铺，在主房一路狂奔的同时，必须夹带着非主流产品一起“出发”。

第 103 个关键词——尾盘

对于开发商来说，尾盘就是沉淀的利润，卖尾盘才是真正的赚钱。

在产品方面，打造出真正的具有均好性的、无硬伤的优质产品，消灭尾盘最彻底的解决办法其实是把尾盘消灭在图纸上；在营销方面，面对在所难免的瑕疵产品，应在项目入市前就做好应对策略，优劣搭配，严谨销控，将此部分产品坚决地、分批地混搭推出，通过价格的巧妙制定把此类产品消化在前期。详见本书《赚在尾盘》一文。

第 104 个关键词——交房

交房，尤其是首次交房，这是赢得客户满意度，形成市场口碑的关键战役，**要把首次交房当作首次开盘来对待**，程序严禁，规格要高，以最大限度提高业主满意度。

真正成功的交房始于内部自检：内部自检——发现问题、找到病因、全面整改；内部二检——确认效果；工地开放日——交房仪式。要把质量问题统统消灭在交房仪式前。一次顺利成功的交房，其后续的影响力不亚于一次火爆的开盘。详见本书《从来交房似开盘》一文。

第 105 个关键词——应变

方案和计划是两回事。方案是方向方法、思路模式；方案是乙方的自我表达，而计划则是甲乙双方达成共识，各领分工的具体执行内容。市场并非一成不变，竞争关系亦非一劳永逸，竞品操盘水准总在螺旋上升，市场如战场般瞬息万变，既定的策略总会随着战局的变化而变化。所以，方案可以不变，计划却需常新：因时——调控新政，因势——供需巨变，因市——竞品异动，因事——自身动因，一切因 Shi 而变。

“看势”定生死，“看市”左成败，“看事”察端倪。

明者因时而变，知者随事而制。凡抱着老计划不放，以确定的计划去应对不确定的市场者，必败。只要存在不确定性，就没有办法得出所谓的最优解，只有次优解。年光似鸟翩翩过，势市如棋局局新。

第 106 个关键词——复盘

复盘不要等到清盘再做，所有的阶段性总结都是复盘。每个重要的操盘节点，如开盘，每个固定的周期节点，如半年度，在这样的节点之后都要拿出复盘报告，给自己一个自我叩问的机会，仔细梳理当前业绩，看清现状和问题，预期-现状=差距，只要有差距就肯定存在问题。对于甲方，乙方的复盘报告是比竞标提案还重要的东西。

没有经过复盘的操盘不叫操盘，仅仅就是参与而已。发现问题背后的问题，探寻逻辑背后的逻辑，知晓答案背后的答案。知其然，更知其所以然，复盘就是找规律，面对同样的境遇、同样的对手，不犯同样的错误。

一次到位的复盘，才意味着一个阶段的付出没有白费，复盘是为了更好的开始。复盘就是要发现问题，找到问题的根源，并解决之。只有盘常复，才能少走弯路。

第 107 个关键词——大招

无理由退房/无理由退铺、降价补差价、零首付/零月供、成本价销售、保值回购等口号你也可以喊。

“无理由退房”很多年前很多企业就在用，但第一个在全国范围内喊出“无理由退房”的唯有恒大。退房可以没有理由，但必须有条件，对于这一点，局外人往往被蒙在鼓里。恒大无理由退房的前提是客户履行了《认购书》《商品房买卖合同》中规定的各项义务，无任何违约行为。所以，客户按时付了款，提交了全部资料再退房的情况是很罕见的，除非所购楼盘价格大跌，或是出现了巨大的质量问题。“无理由退房”忽悠了大部分人，却让恒大站上了行业道德制高点，赢得了好口碑。

定好规则，你也能放大招。大招该放就得放。

第 108 个关键词——乙方

找一家好的营销乙方，代理公司或顾问公司都可以，但一定要找，哪怕是当“营销监理”用。乙方卖经验，甲方买经验。对于开发商来说，试错成本、纠错成本是最大的成本，这个成本大过代理费和顾问费。

明明是 108 个关键词，为什么要说成 100 个？

这就是营销策略。

第一章　战略眼

战略眼、战术心、战斗诀，缺一不可。

莫迟疑、莫追悔、莫乱比，实现既定目标就是操盘成功。

1 “机缘化”生存

大公司越大越要标准化，小公司越小越要个性化。用差异对抗标准，用特色对抗规模，用口碑对抗影响。大企业讲战略，发展讲究战略导向；小企业讲机会，坚持机会导向不动摇。

谨把此文献给跋涉在房地产行业里的小开发商、小代理商同行们！

房地产黄金十年终结，行业的门槛越来越高，连二线城市都已是大开发商的天下，伴随大开发商一起“进步”的是那些全国化的大代理公司。**在房地产行业，要么是大公司，要么是小公司，已经没有“中型企业”一说了。**

追溯大开发商、大代理商的诞生，关键因素有二：一是土壤，二是出身。贫瘠的土地上长不出参天大树，如今布局全国发展的这些企业，基本都是诞生在北上广深，偶有例外者如龙湖，但毫无疑问都是诞生在市场化最早、市场容量最大的城市。

土壤贫瘠，出身平凡，这两条就决定了你长不了多大。

其实我们根本无须拿当下说事儿，即使在那个黄金十年里，小开发商和小代理商的发展情形和生存际遇也与现在无二。地产本身是间断性业务，它不是以所谓的品牌往前推进市场，核心因素取决于它拿到的地。对开发商而言，就是拿到一块好地；对代理公司而言，就是接到一个好盘。拿捏好了，一块地、一个盘，基本就能奠定一个企业的成长基础；拿捏不好，一个项目就能搞死一个开发商，或者再陪上一个初创的小代理商。土地是开发商的核心竞争力，拿地能力和拿地策略决定一切，在哪儿拿、何时拿，决定了一个开发商未来几年的运程。物质基础决定上层建筑，原始积累决定企业体质。

小开发商采用的是以土地为核心的机会型发展模式；小代理商采用的是以项目为核心的机会型发展模式。

对小公司来说，你有再好的制度、再好的人才，也并不意味着你一定能拿得到最好的地块、最好的项目。尤其在北方城市，搞开发首先是“**关系资源竞争**”，当年的“831 大限”在很大程度上其实就是堵住了大部分小开发商拿地的路子。代理公司接盘也是如此，越是市场行情好的时候，你的专业性越体现不出来，大公司靠的是影响力，小公司靠的是人脉关系。

房地产是一个典型的项目经营制行业，无论上下游，都处在以争取和操作好每个独立项目为核心的生存环境中。就产品属性而言，世界上没有完全相同的两块土地，也没有完全相同的两套房子，更没有完全相同的市场环境和操盘时机，极大的特殊性与差异性决定了每一个新项目都是一个新的开端，项目彼此之间几乎没有关联，你在这个项目取得了巨大成功，并不见得你一定能把另一个看起来非常类似的项目同样操作好。所以，企业的运营很难从整体上制定明晰的战略，只有通过各个项目的衔接和高超的运作能力，才能将企业不断做大。

在市场化程度比较高的城市，开发企业完成原始积累会很迅猛，也很丰厚，如果高层有眼光、有能量，自然能够迈向全国。但现实情况是，在相当一部分城市，比如曾经的济南，整个行业处于非市场化竞争中，在土地市场和大部分其他环节都存在极大的灰色空间，本地企业都不是完全走市场化路子，先天基因有缺陷，原始积累不丰厚。在这种情况下，当外来“大鳄”冲进来时，本地企业自然而然地就被边缘化了。上游如此，下游亦如此。

战略的本质是选择。小开发商是在“做项目”，而非“做企业”，小房企想战略化、专业化生存的意义不大，因为它们根本没有足够的资源和持久的能力支撑战略的实施。对小开发商来说，能得到一块合适的地，拿到一个满意的项目已经非常不易了，根本谈不到战略的问题。所以，大开发商讲究发展战略、城市布局、产品线等看上去很美的东西，小开发商只能因地制宜、就地说事。

所有的坚持都是心存侥幸，所有的改变都是迫不得已。

那是不是小开发商、小代理商就没法活了呢？正好相反。我一直非常反对那些什么“市场集中度急剧提高，小开发商数量急剧减少”之类的论调。

虽然现在连二线城市都成为一线房企的天下，同时他们又在积极向三线城市渗透，但无论何时，市场中永远会存在一大批中小型房企，那些大开发商无暇顾及或因利润和人力成本无法操作的项目，留给小房企无限的市场空间。大开发商都在竭力做大盘，以他们追求高周转的操作特性，已经越来越做不了小盘了，因为他们做百亩之内的小盘不划算。中国房地产市场中的很多专家和大佬们常常把房地产企业数量不断降低、行业集中度不断上升挂在嘴边，但实际情况恰好相反，这些年小开发商数量根本没有减少，且年年都会涌现无数新开发商。

小开发商并非没有出路，只是若想继续活下去，首先要摒弃当初那种完全依靠“关系”、依靠政府资源，靠赚取级差地租和土地溢价生存的模式，一方面要把握各种机会拿到自己能够吃得下的地块，另一方面要整合各类资源拿到地、融到资，打造**精品小盘、特色小盘、风格小盘**。小企业别总想着蛇吞象，其实做好小盘就能活得很好，很多小企业是被自己的野心撑死的。

大开发商一般把全国城市分为四类，以此为标准选择土地和城市，这四类分别为必进城市、积极进入城市、**机会型进入城市**、弃入城市。对小开发商而言，只有第三种。

大公司越大越要标准化，小公司越小越要个性化。用差异对抗标准，用特色对抗规模，用口碑对抗影响。大企业讲战略，发展讲究战略导向；小企业讲机会，坚持机会导向不动摇。

体量大，快周转，降低风险并提高资金周转率，这是大企业的做法；体量小，慢周转，用慢节奏来享受市场的升值和项目的溢价，这是小公司的活法。

大公司的管理系统日臻成熟，很多事情都依靠管理系统提醒、预警、督促，小公司则依赖于人。其实，公司越小，机会成本和隐性成本越高。小开发商和小代理商一样，其核心资源、核心竞争力就是老板的综合实力。但小房企若想寻求更好的发展，一定要明白制度和人才同样重要，人不用多，有几个核心骨干就好；制度不用厚，能够清晰界定分配模式就好。

我大胆预测：真正的“白银时代”到来时，当大开发商的规模优势、快周转优势逐渐消失后，未来中国房地产市场依然会有大批活得很好的小房企。因为每个公司都有到达成长边界的那一刻，大到那一刻就开始走向衰退。只要小房企还存在，小代理公司就同在。“骏马能历险，耕田不如牛；坚车能载重，渡河不如舟。”中国的房地产企业各有各的活法，各有各的价值。

从小代理公司的角度看，大代理公司做平台，服务一线大开发商，而他们对小开发商不够重视，这恰恰给了小代理公司服务小开发商的机会。为什么很多大代理公司的骨干纷纷出来自己创业接盘，也是因为大代理公司的操作模式已经很难养住那些一流的操盘手了。

当然，无论开发，还是代理，能在这个行业里活下去的，往往不是理想主义者，而是幸运儿。实际上，每个人都要与自己的理想、自己的能力边界妥协，这不是认输，而是更现实地向前走。成熟在逆境，醒悟在绝境。

发展无战略，一切看机缘，此处无声胜有声；把握住机会，尽全力做精，门前风景自不同。有目标，悄悄干；不着急，慢慢来。

2　莫被火爆形势烧坏脑子

“产品力×营销力=操盘力，操盘能力决定了你的利润。产品力是定位与差异化的叠加，营销力是策略与执行力的乘积。”

本节的标题原本是《形势那么好，营销还有用吗》，但2016—2018年这“钻石三年”着实烧坏了很多人的脑子，我担心警示作用受限，最终选了现在这个标题。

2012年，房地产行业的“白银时代”诞生，但谁都没想到，2016年地产形势会发生如此大的反转。目之所及，从济南、青岛到其他地级市，再到县域市场，到处是一派疯狂的景象：**没有存量，一推即罄，死盘翻身，盆满钵满。**

从近期与开发商们的接触中可以明显地感受到那种普遍流露出的优越感，尤其是去年有项目在售、售罄，或者是有大把银两在手的开发商们。而当下那些有项目储备的，则莫不是自信满满、期待满满。

一谈到营销，80%的开发商的反应都是：“市场这么好，谁都能卖好，说说你最低的佣金是多少吧?”有一部分开发商对市场的认识已经到了“盖什么房子都能卖”“怎么卖都能卖好”的程度。产品和营销都不重要，老子有地最牛×。殊不知，这是很危险的心态。

没错，房地产这个行当确实“**形势比人强**”，但别忘了，形势比人强不等于形势是1，后面的人、营销、产品就都是0。

开发商在评价营销乙方，或者自己的营销团队时，习惯用以下这样的语言：“房子卖得好，那是形势好，大家卖得都很好……”“房子卖不好，那是因为你们能力不行……”“那么好的品质，这么低的价格，卖成这样不算什么……”诸如此类，不一而足。

大势不可违，大势定大局。形势好时，几乎所有房子都好卖；形势不好时，几乎所有房子都难卖。所以，**房地产营销也许是所有营销行业里最适合滥竽充数的。**

既然从形势说起，那就先说说形势。

从 2016 年下半年开始的这轮突涨行情，是整个行业里的人都没有预料到的。**地方政府强力拆迁创造需求，开发商有的是饥不择食，有的是衷心当托儿，政府和开发商一旦成了攻守同谋，那地价和房价自然坐上了飞机。只图一时之快飙涨房价，只能自寻末路。**

黑格尔说：历史给人的唯一教训，就是人们从未在历史中吸取过任何教训。

历史一再证明，巨涨之后必有巨变。从济南目前的房价看，已经普通住宅豪宅化，到了没有第二套住宅都不好意思说自己有房的地步，多亏再次加码的限购政策对市场给予了巨大打击。当然，限购政策也误伤了部分刚需客户，所以济南这个市场确实需要调整一下了，因为主流买房者都是不缺房子住的。刚需阵亡，投资当道。

以济南为例，唯一一个可以偷着乐的开发商群体，就是趁着去年形势好，已经出清存货，现钱到手的。

房地产行业，形势能够决定很多，但决定不了一切，比如，**你的利润。**

不同**开发企业之间的竞争，是整体开发经验、融资能力、运营管控、整合资源、企业品牌等全体系的 PK，是两个平台、两套体制、两班人马的综合较量。**

形势一片大好，能让所有人都活、都赚，但决定不了你究竟能赚多少，这就是为什么相邻的两块地，同样的地价，有的开发商能赚 2000 万元，而有的开发商只能赚 800 万元。

产品力×营销力＝操盘力，操盘能力决定了你的利润。产品力是定位与差异化的叠加，营销力是策略与执行力的乘积。

对于自身实力不强的开发商，如何找到并用好一个营销乙方则是重中之重，相较于其他方面，营销是最容易实现**单点突破**的环节。

关于营销的价值，要从以下几个方面进行正本清源：

第一，如果用一句话来形容真正成功的操盘，那就是“**顺势做神盘，逆势零风险**”。对于第一流高手，可以把下半句换作“逆势夺销冠”。

所谓的操盘手，就是在“定位+推盘”这四个字上见功夫，是把最好的产品在最火的形势下卖出最高的价格，是紧跟形势酌情出货，在市场遇冷的时候不为资金所困。请参考阅读《站在营销角度建言开发进度》一文。

凡是把项目的火爆销售皆归功于形势的人，基本都是在操盘失败时找不到原因的人。对于他们来说，莫名其妙的成功，也许就预示着稀里糊涂的失败。

第二，凡是定好产品再找营销公司的开发商，要么是根本不懂开发，要么就是从没遇到过真正的营销高手。

形势最好的时候，往往是产品最粗制滥造的时候。我最近接触到的很多开发商已经对产品很不在意了，他们已经把“定产品”这三个字抛到脑后了。因为赶工期，这几年消费者买到的可能是质量最差的房子。

我做房地产营销这一行近 20 年，做过几十个各类型项目，但是很可惜，真正从前期定位、定产品就开始深度参与的项目屈指可数。市场发展这么多年来，大部分开发商依然还是在规划落定之后再开始谈代理，所以有一种现象屡见不鲜，即项目一开卖，甲乙双方就会有同感：“这个户型做多了，那个户型做少了”“这个户型放错地方了，真该和那个户型换换”“容积率用过了”“这边商铺盖少了，那边商铺建多了”……

大家也许都知道要把产品定好，但很可惜，道理人人懂，真做起来大部分人并不知道应该从哪里下手。举两个例子：

第一个是济南济阳区博纳置业项目，2016 年年底要定四期住宅产品，经过几次讨论之后，我们坚持立场坚决否定 T4 产品，最终开发商采纳了将剩余楼座的 T4 产品全部改为 T2 产品的方案。虽然面积略有减少，但是单价的提高弥补了面积的损失，全济阳唯一的两梯两户产品自然可以卖出高价。最终，整个项目夺得了济阳区年度销冠。第二个是我参与的一个综合体项目的前期定位，跟开发商和设计院一交流发现，他们确实对综合体缺乏实际的市场认知和操盘体悟，几条建议一提，他们立刻就意识到自己的错误所在，“变大盒子为小盒子，并尽量舍弃商业底壳上盖建筑”“主力店与商业街区绝不能有行车道路间隔”“住宅部分的容积率最大化，但仅保留一侧底商”……

吃透土地价值，吃透市场环境，吃透营销操盘，才能定好产品。

第三，形势越好，超越常规水准的营销才越能够实现产品溢价，兑现更高利润。连我自己都感觉这真是一句废话，却是一句正确的废话。不解释。

地产行业的人们总是在顺境中迷失，在逆境中成长。没有逆境中的成长，就没有顺境中的爆发。

战略眼，战术诀，战斗心。缺一不可。

莫迟疑，莫追悔，莫乱比。实现既定目标就是操盘成功。

3　站在营销角度建言开发进度

> **“一个项目能否取得理想的经济效益，就要在推盘上见功夫，能否根据宏观环境和竞品推盘节点把握好自己的推盘节奏，决定了一个项目在营销上能取得怎样的成功、获得怎样的收益。”**

对于地产营销来说，基本上是开发进度决定营销进度；对于代理公司来说，通常是甲方的计划决定乙方的计划，尤其是规模较大、周期较长的项目。

房地产开发是一项系统工程，销售时段有大小年之分、销售时机亦有淡旺季之别，**合理安排工期，做到开发量和销售量之间的动态平衡，**是衡量开发企业成熟与否的一项重要标志，甚至是最核心的标志。同样，一个操盘手是否成熟，也要看他是否能够站在营销的角度对全盘的开发进程提出恰当的建议。

我把地产操盘归纳为四个字：定位+推盘。定位定生死，推盘决胜负。本节主要探讨推盘和开发进度的关系，定位的问题暂且略去。

一个项目能否取得理想的经济效益，就是要在推盘上见功夫，能否根据宏观环境和竞品推盘节点把握好自己的推盘节奏，决定了一个项目在营销上能取得怎样的成功、获得怎样的收益。

要从营销的角度预判开发进程，主要是从两个阶段提出相对准确的开发决策建议：

第一，产品筹划阶段。确定是否入市？若确定入市，则必须大致估算出整盘的开发时序，如何分期、分为几期、每期产品布局与体量等，非常关键的是启动区体量预判。

从业经验少的营销新手（包括不少低水平“老手”）往往认为，开发时序和分期体量是开发商需要考虑的问题，我们只要根据开发商的要求做营销计划就是了。此想法大错特错！

开发进度（手续办理进度）决定了项目最核心的几个操盘节点，相应的工程进度则决定了营销推广造势的几个较大节点。时下，当我们与开发商签订代理协议时，都会有类似条款，即开发商须在进场前提供具体的开发计划表。因为无论如何，开发商一般都会有大概的进度安排，在了解了开发商的初步计划后，营销方的价值就应当开始体现。

例如，今年年初，一个老客户想让我们操作某地级市的一个新盘，我们考察市场之后认为入市条件不成熟，建议开发商继续忍耐，但甲方认为是我们信心不足，便找了另外一家代理公司。该项目体量不小，但只开工建设了两栋楼（幸亏没多开），如今这个项目售楼处开放了半年多，认筹两个月还不足20组，进退两难。

逢赌必赢的黄金时代已经完结，当你看不清市场时，就选择忍耐吧。不赌就不会输，自己心里没底的事情坚决不做，也建议开发商别做。

再比如，非常关键的启动区体量问题。启动区到底开多少？这一直是一个令开发商头疼且拿不准的问题。形势一片大好，市场进入上升通道时，开多少都不重要，反正不难卖；但在几番调控、几番失足之后，正处于当下调控期间的新项目，启动区的开发体量就必须费心思量一番了。

启动区的体量确定，最关键的就是根据同类型竞品的去化量来预判。找到具体参照物，根据多个可借鉴指标盘的去化量来决定自己的开发量。具体的参照物包括核心竞品、类似产品，以及部分指标性名盘，摸清整个市场中大部分项目的实际销售状况，找到中位值，以此为基准，再深入分析自身产品的竞争力和自身营销团队的操盘实力。如果自身的操作能力和产品竞争力都有优势，则取中上值；反之，则取中下值。

比如，同板块的类似素质楼盘首推去化量能达到300套（主房面积约3万~4万平方米），则自己的项目启动区整体就可以定在5万平方米左右。同时，还要充分考虑到竞争楼盘在同期的推盘目标和营销强度，必须摸清竞品在未来一段时间的供应量和推盘节点。

项目可以很大，但启动区不见得一定要大。**因为项目入市的首次开盘非常重要，特别讲究“首推去化率”，这关系到整个市场对项目全盘的认知，你可以推货量少，但成交率必须高，这叫“开门红战略”。**同时，放盘量多少还与利润预期息息相关，基本成剪刀差效应。

当然，从开发商自身来看，启动区的开发体量主要涉及自有资金量的充足与否，以及施工因素（尤其是地下工程影响）。首期开发量和开发速度归根结底要靠钱说话，这是开发商最核心的决策依据。

第二，常规销售阶段。必须根据前期和当下的实际销售情况，以业绩预判为基础，及时给开发商反馈下一步的开发建议，以便调整产品和后续跟进开发量。

结合这些年的操盘实感，我觉得**操盘中最大的遗憾就是开发与营销脱节，市场好时无房可推，市场差时存量多多。**具体来说就是，开发进度没有踩准市场大势的点，没有跟上营销推盘的节奏，导致货量与营销不匹配。比如，推盘过快、清盘过猛，导致后续开发跟不上，在市场好时没有产品可推，无法抢占市场、获取溢价；再或者，推盘优柔寡断、推货量小，在市场趋冷的时候积压大量房源，造成资金压力巨大。

一个项目的成功，营销与开发必须要做到无缝对接、彼此托底，开发商必须充分接纳营销方的建议，必须真实告之自己的资金状况，以针对性地调整开发与工程进度。

就操盘策略来讲，其实不管大盘小盘，其成败就取决于那几个核心节点——何时入市、推盘货量与产品组合、如何定价、根据推盘情况如何调整产品和价格、何时加推……

之所以说要在推盘上见功夫，实在是因为内部外部、主观客观、微观宏观的各种变量太多，能够把所有这些要素综合分析透彻，拿出胜券在握的推盘计划，绝不是一件简单的事情！**市场，有时要抢，有时要狠抢。**你不能因为上期卖得好、回钱多，下期就盲目放量多开；也不能因为这期遇到销售阻碍，就彻底停止后续筹备工作。

精准地把握开发节奏与销售节奏的衔接关键有两点：一是看大势的能力，提前量必须充足，开发进程到底是提速，还是减速；二是看数字，用数据说话，关键词就是**时间、价格、货量**。拿到证的不一定全推，没拿证的不一定不动。

举两个例子：①我们在济南操作融基·御水山庄时，考虑到济南西部的竞争压力越来越大，且得知某竞品的开盘时间早于我们原定的开盘时间，便迅速建议甲方提速入市，在首开成功后迅速二次蓄客、加推，终于抢得市场先机，压制了竞品，完成了大比例去化。②我们正在操作的一个地级市低密度大盘项目，结合预期的洋房销售目标，建议甲方暂缓今年内手续突击办理和推盘计划。以销售节奏为主线，有针对性地调整开发节奏、施工进度，以销定产，最终实现产品和资金的良性运转。该缓建就缓建，该停工就停工。

搞开发首先要把大账算清，每期之间的衔接问题，说到底是资金链的安排问题。营销人员要根据市场和自身操盘实力，明确告诉开发商自己能够在项目每期、每个时间段给开发商回笼多少资金。所以，所谓站在营销角度建言开发进度，**实质就是协助开发商完成资金计划**。基于销售计划制订生产计划，是项目的保障，避免踏空节奏。

营销与开发，要么营销倒逼工程，要么营销引领工程。操盘手必须随时对存货进行盘点，可售未售、即将可售、已开工未达预售、未开工土储货值——对存货按其从土地向产品转化的不同状态进行分析，因为开发手续办理和工程投入的资金量远远高于营销，一旦开始就很难调整，所以必须做足提前量。

抢市场时，必须要求开发提速、工程快赶；市场存疑时，则要对工程进度提出调整建议，即使同期开工面积较大，也要分出轻重缓急，哪些必须突击施工，哪些建议暂缓进度，哪些必须立刻停止投入。

节奏调节，产销平衡。营销方其实能够对开发进度起到非常关键的指引作用，从入市时机、启动区体量、后续跟进开发量等。真正的地产操盘手，必须站在全盘的高度，从营销的角度提出合理的开发建议。

不盲从、不愚忠，要迅速、要坚持。即使甲方和上级最终没有采纳你的建议，但作为操盘手也必须把自己的意见充分表达出来，并坚持到底。我们左右不了形势，但可以利用形势；我们说服不了甲方，但必须忠于专业。

4 蓝海变红海——县域市场之变

“经过钻石三年的淘洗，县域市场今非昔比，这是一片一旦变红，就很难转回蓝色的海洋。”

在山东，曾经有两家主打县域市场的知名开发商先后出现了运营危机，最终崩盘，一个是弘盛地产，另一个是豪门地产。

这篇文章最早写于 2014 年年底，当时县域市场已经变红，但 2016—2018 年的“钻石三年”意外泛蓝，当下，这一市场重新深度变红。

当年的弘盛地产和豪门地产，都曾在山东的县域市场辛勤耕作多年，最多时年销售额也能达到 10 多个亿。为何这样两家拥有多年开发经验的开发商会仅仅会因为几个项目的原因，就陷入如此困境呢？这必须先从县域市场开发大环境谈起。

近年来，新智盟先后在山东省内十多个县级市场操作过各类型项目（有的县城甚至操作过 3 个以上项目），可以说是县域市场变化的亲历者和见证者，对于县域市场操盘积累了很多深刻的感受。

我觉得应该把山东的县域市场发展分为四个阶段：

第一阶段：2009 年以前。在 2009 年以前，县域市场基本处于“**量价双低**”的阶段，几乎每个县城里的项目都寥寥无几，最少的一个县城里面只有两三个项目在售，价格虽然很低，但销售量依然平平，开一次盘能卖个几十套就是佳绩。那个时期虽然济南已经送走了第一轮房价暴涨，但县域市场的购买力基本没有释放出来。这个阶段的价格增幅有限，仅以百计。

第二阶段：2009—2012 年。这是县域市场发展的重要时期，典型特征就是“**量价双增**”，尤其是在少部分**经济强县和人口大县**，已经出现了提前放量的信号。全国性的房价增长终于波及各个县城，而且这个阶段也是大量中小开发商下县圈地的主要时期，特别是大量南方的小开发商纷纷打进山东县域市场，在各个县城拿到了很多优质土地。

这个时期，是众多县城亮出新城规划，吸引开发商的重要阶段，目前很多县城的新城区、新发展区在售的楼盘，基本都是这个时期拿的地。

县城购买力的释放就是从这个阶段开始的，大部分县城在这个阶段的价格增幅都以千计。在这个阶段推盘的项目，大多取得了不错的业绩，很多开发商都赚到了钱，并开始迅速扩张。曾经的弘盛地产就是这个时期在山东省内跑马圈地达 10 多个城市，2011 年对外宣传的年度销售总额达到 13.8 亿元。

第三阶段：2012—2015 年。各个县城先后步入“**放量时期**”，那些曾经盘源寥寥无几的县城，在这个阶段都是楼盘遍地开花，最多会有 30 个以上在售项目，盘少的县城也会有 10 个左右在售项目，而且都是大盘林立，数量众多的百万平方米大盘开始亮相县城。

其实就是在 2012 年之后，县城市场从当初的蓝海变为红海，尤其是从 2014 年开始，去化变得困难。

这就是我原先的“**县域市场三段论**”。现在得补上第四阶段：2016—2018 年。全房地产行业的“钻石三年”。棚改、拆迁、货币补偿，让所有的县域市场一起疯狂，县城的房价涨幅也以千计。

从 2019 年开始，形势已经出现逆转，前面三年太火爆，开发商抢地盘抢得太猛烈，县城项目的放量远远超过第三阶段，量价均已在巅峰。

我曾在 2009 年年初写过一篇《**三线以下城市地产营销法则**》，如今看来很多内容已然无法适用，当下的县域市场存在以下突出问题，可以从两个角度看：

第一，从开发商自身角度看。

其实很多开发商将业务定位在县域市场并非遵循的主动战略导向，而是囿于自身的资金实力已无法支撑在上线城市的发展，这是典型的被动战略导向。**显性的资金缺乏的同时，还有隐性的开发能力、团队能力的共生缺陷**。项目多了，但管理水平没有提高，反而加倍稀释了骨干作用的发挥。

竞争不充分时尚可游刃有余，当真正有经验的开发商对手开始沉入县城时，水平自然比出了高下。比如绿城，其已通过合作的模式进入了山东胶州、新泰、齐河、寿光等多个县城，碧桂园、新城等 TOP 企业也在纷纷下沉。大部分早期进入的开发商，只是吃到了市场增长的红利，却没有能力开发出县级城市的精品楼盘，溢价能力低下。

开发商的整体操盘能力也大有问题。他们没有看清市场大势，且产销配合失当，比如崩盘的弘盛，问题关键就是三点：①遇上了投入大、见效慢的特殊项目（有新闻报道："弘盛曾有个回迁项目，投资巨大，回迁房建好后却难以拆除旧村房子，造成巨大的资金压力。"）；②进入了竞争激烈且去化缓慢的不良区域，比如东平县；③没有掌握好操盘节奏，积压了货值。

第二，从市场角度看。

一线城市的利润以万计，二线城市的利润以千计，四线城市的利润基本只能以百计。在"钻石三年"里，县城的地价普遍飙升，有的县城居然出现了 800 万元/亩的住宅用地，利润被高昂的地价吞噬，同时，高地价导致高成本、高定位，也把一大批项目推入了险境。

县级城市不同于地级市，其市场容量较小，且弹性不大，非常容易快速饱和，近年来大部分县城的销售去化指标已经达到了最大值。我们把山东的县域市场分为 A、B、C、D 四级。A 级县是指那少部分**经济强县**（中国百强县），如胶东板块、潍坊的富裕县城等，部分县城的年销售量能超百万平方米，销冠盘能达到 20 万平方米以上；B 级县是指省内的经济强县，如邹平，人口大县如曹县等，年消化量在 60 万~80 万元，销冠盘的年度去化量在 10 万平方米；C 级县是指普通县城，年消化量在 25 万~40 万元，销冠盘的年度去化量在 6 万~8 万平方米；D 级县是指经济实力和人口基数双低的县城，年消化量在 15 万~25 万元。

就是在这些大部分去化量不过几十万平方米的县城，三两个大盘或精品盘的入市往往能改变一个县城的竞争格局，有的县城甚至出现了 300 万平方米以上的大盘，竞争之烈可想而知。

县域市场还有一个突出的表现，就是高端购买力饱和并外溢，基本已呈现出以乡镇客户支撑销售大局的趋势。

县城里以公务员和私营业主为代表的高端人群大多已经完成了两次以上置业，新的置业目光已经投向地级市、省会济南和青岛。越是高级别的城市越是焕发着无穷的吸引力，凭借远远超越下级城市的发展机会、教育资源、医疗保障、人口素质等一系列因素，吸引着那些下线城市中的精英。于是，下线城市的高端购买力、投资购买力纷纷进入上级城市。

好在县城还有广阔乡镇，如今相当部分项目的客户构成中，**乡镇客户甚至达到 70%以上的比例**，县城的购买力基本全靠这些城际移民了。

从大处看，当下县域市场的行情剧变，从小处看，小开发商的运营能力和操盘能力始终难以提升，我们可以尝试从以下这几个维度进行改变：

第一，算好资金大账，综合平衡各项目进度，维稳企业“大资金链”。尤其对于有多个项目同期操盘的开发商来说，确保半数以上的项目处于稳定销售期是非常关键的，并要确保有新盘或新房源具备快速入市条件。

第二，投资放缓，优化布局；在区域进入方面必须高度谨慎。如今县域市场分级明显，有的县城尚固守老城区，有的县城则已进入“新城+老城”双城化发展模式，土地放量大自然带来激烈竞争。进入新县域必须要选择那些处于土地放量初期、项目放量少且慢的城市。一定要谨慎进入县域新城，除非有非常优良的资源配套。

若是已经有成功案例的县域，务必深耕、扎根。我走过很多县城后发现，真正能够在一个县城连续开发两个项目以上的开发商并不多见。所以，如果你已经进入了一个县城，而且确实能够看准市场的话，那就开始深耕吧，争取在一个县城里面达到30%以上的市场占有率。比如祥生地产，市场占有率（简称“市占率”）达到20%的城市叫“做熟”，市占率做到30%的城市才叫“深耕”，市占率达到40%的城市才算“做透”。

第三，在项目选择方面要慎重，以高度专业化的眼光选盘。在项目获取方面，要坚持专业性评估土地和项目价值，不能拍脑袋决策，得把项目的回报空间、开发风险等要素看清楚、想明白，综合运用多种方式获取价格合理、回报空间较好的项目资源，不要盲目高价收购项目源或介入合作。要果断放弃那些拆迁难度大、变量大，不具备快速入市条件的土地。

第四，调整利润预期，以跑量为前提，快速变现，落袋为安。哪怕你只有一个盘在做，也要先确保资金安全，在度过风险临界点，能够维持全盘正常运转之后，再追求利润值。**一切操盘策略求快、求变、求灵活。**

第五，借鉴上线城市的成功标杆盘，做足差异化，做特色盘或精品盘，定位要清晰。县域市场的客户群体是存在差异化的，定位给县城人口和乡镇人口的产品实际很不一样，产品不能乱做。

另外，产品调整要有提前量，看准趋势，及时调整。比如，当你发现县城的房价上涨过快时，那就要赶紧调整后续产品户型，因为当价格上涨导致总价提升之后，很多客户就会降低预期户型面积，这一点和大城市面临的问题一致。

第六，适度操作搭配少量混合业态的综合体项目，可考虑持有少部分优质资产。这样既方便拿地，又能提高项目竞争力，还能给自己留下少部分优质资产，关键是控制好体量与比例。

地级市以上的市场，实际腾挪空间较大，而县域市场的实际腾挪空间较小，一旦项目进入开发阶段，若不能保证销售与开发节奏的匹配，又踏空了市场节奏，很容易陷入经营泥潭。加之大部分县域市场的产业水准和经济发展都较弱，高端购买力外溢，青年人口外流，整体购买力和潜在需求的提升都非常迟缓，一旦进入饱和阶段就将长期持续。

经过“钻石三年”的淘洗，县域市场今非昔比，如今大部分区域已不是蓝海，再抱着投机的心态去县城操盘，很容易步入险境。所以，调整心态，调整方法，调整合作思路，同时调整到位，调整明白才能找到新出路。

县域市场是一片一旦变红，就很难变回蓝色的海洋。

5 反思商业地产

“有自持、有运营的才叫商业地产，没有运营的只能叫‘地产商业’。商业地产的根本在商业，商业的核心在运营，贯穿始终的商业定位、招商及运营才是决定一个商业项目能否成功的关键环节。”

我从业这些年经历了大约 20 个商业地产项目，从权属上看，有产权商铺、产权式商铺，也有经营权商铺；从业态上看，有专业市场、专业商场、综合商场；从产品形态上看，有独立街铺、商业街区，也有购物中心的室内分割铺。以我自己的操盘经历，加之看过大量别人搞的商业楼盘后，我总体上感觉绝大部分商业地产项目在运作中存在的问题其实是很大的。

商业物业运作成熟后整体销售更符合商业地产的价值规律，同时也能获得更高的收益，真正的好商铺一定是越老越值钱，但有两个前提，一是资金充足或资金成本允许，二是运营管理能力强。商业地产的成熟玩法是不散售，但中国不是这个玩法，在资金实力不允许的前提下，呈现出两个巨大的矛盾：第一，通过商业运营实现项目价值的时间远远滞后于项目投资建设的时间，没有一个商业项目能仅仅通过后期运营就解决全部的投资成本问题，必须通过前期的销售回款支撑项目进程；第二，散售的铺位规划和后期运营的铺位划分往往差异巨大。这两个巨大的矛盾使得商业地产的运作近乎死局。

目的开始的不纯粹，专业经验的严重缺失，必然导致过程的曲折和结局的艰辛。我见过很多非常离谱的商业项目，数万平方米的大盒子，居然连中庭都没有；方方正正的商业街区，居然没有中心广场……和很多开发商讨论规划时，他们居然不知道什么是人流动线。看似不可理喻的情况，现实中却司空见惯。

目前，国内的开发商在运作商业地产项目时，存在两方面弊病：一是思路落后，只懂地产开发（更直白讲是只懂工程建设）、不懂商业运营，彻底用搞住宅的路子搞商业；二是资金匮乏、融资渠道窄。这两方面的问题直接导致国内搞商业地产的开发商大多是以“开发—销售”的原始路径在做，根本不符合商业项目的运作和运营规律，其中问题最突出的当属购物中心型的产权式商铺。

从表面上看，很多商业项目都拥有个性的经营定位和长远的发展前景，甚至引进了品牌主力店，一番轰轰烈烈的炒作后，开发商在短期迅速套现，主力店等大商家获得了低额租金，中小投资者因为品牌大商家的进驻获得了“稳定”的回报率。貌似“三赢”的结果，本质上却是典型的非均衡博弈，大头风险恰恰都落在中小投资者身上。

商业地产从开发到后期运营涉及开发商、投资者、商户及消费者四

方利益。从环节上讲分为开发与运营两大管理环节。开发环节包括规划设计、建设施工、广告宣传及招商销售；运营管理包括物业管理（停车场、保安、保洁、硬件维修等）、营销管理（公关活动、促销策划）、商户管理及资产管理。相对而言，运营比开发更重要，换句话说：“商业地产中的‘商业’才是绝对的核心。”

目前，发达国家和地区的商业地产运作有以下几种模式：第一种是开发商拥有自家的商业品牌，**自己开发建设、自己经营**；第二种是开发商开发建设后**自行持有全部或绝大部分**，通过出租及物业升值获益，有些会在合适的时机将手中成熟物业出售给投资基金等金融企业；第三种是部分商业项目也出售给中小投资者，但**以房地产投资信托基金的形式销售**，而非出售具体商铺，并且都会由运营成熟稳健的大型连锁品牌商家负责后期经营管理。

国内大部分商业地产项目表现如何呢？

表现一：以某个鲜明的个性经营主题或某品牌主力店为核心推广卖点。

表现二：铺位小分割，以高额的投资回报率为诱饵，吸引中小投资客购买。这其中又分两种情况：一种是委托管理、统一经营；另一种是购铺者自行经营或出租。

表现三：投入使用后经营不善，经营散户或难以为继或撤场，投资回报无法兑现。这其中也分两种情况：一种是根本就没打算兑现当初的回报；另一种是想兑现但没有兑现的能力。

这种情况频频出现的根本原因是开发商要么不关心后期运营，要么根本不懂后期运营，前期关注的焦点完全在销售上，前期造势使用的完美的、个性化的运营概念只是为了实现销售目标的噱头而已。

商业地产项目投入运营后失败的主要原因有以下几点：

第一，角色缺失，无人运营。无论在什么样的黄金地段，商铺的旺场是需要“养”的，尤其是最初的三年。按照商业运营常规，在初期需要开发商投入**大量的管理费、广告促销费，**而在初期进入的商户将享受到非常优惠的租赁政策，也就是说，需要有人为商场的整体经营成功负责。但在很多商业项目上这一点是缺失的，说得通俗点，就是无人负责。商业地产开发不是一次性投资，它和住宅完全不同，在交付之后会立刻迎来运营期的“二次投资”。

第二，如果是**产权分割出售给投资客自主经营，那么在法理上就很难硬性规范所有投资人的经营意愿**，这将对整个商场的后期管理带来极大的困难和负面影响。内容与形式各异的商户各自为战往往导致整个商场的运营困难，即使那些具有一定商业沉淀的传统商业区也会出现此类情况。

第三，售后托管，生死运营。把商铺销售给纯投资客后，签订一个委托协议，在承诺给投资户一个既定的投资回报后由甲方统一运营。但是，回报是固定的，经营状况却难以保证，**要保证投资人长期稳定的投资回报，就必须保持商场整体长期运营的经营成功**。一旦商场整体经营不好，投资回报的矛盾将马上暴露出来。

但实际情况是，为了规避风险，开发商往往在销售初期就已经通过提高商铺售价，将今后短期内要支出的财务成本兑现了出来。很多一签订买卖合同立即支付 1—3 年固定回报的商铺，其实都在玩这个把戏。

商业地产的核心在商业，商业的核心在运营，贯穿始终的商业定位、招商及运营才是决定一个商业项目能否成功的关键环节。

我想把这些年我参与操盘，尤其是参与商业地产操盘的感想分享给大家。

第一，对于一个商业地产而言，**规划设计阶段实际上已经决定了项目投资的成败**，所以前期要慎重，多算多论证。规划方案落定实施后，具有不可逆转性或是逆转的代价巨大，所以，投资前的商圈研究、竞品分析、项目产品论证和概念性规划设计，实际上已经决定了项目的未来。做商业，必须在规划阶段就让运营团队介入，尽可能避免先天不足。

例如，主力店和次主力店与其他商铺空间缺乏动线串联，人流被割裂，只有局部人气旺，却无法产生共享效应，这是很多项目的通病。

第二，**主力店是“锚”**，无锚则乱漂。主力店的核心价值不仅仅是品牌号召力，在整体上有客流聚集效应，最关键的是具有较强的抗风险能力，能在不同的市场状况下稳定经营。以始为终，以需为供。真正的商业地产体现在主力店方面，往往是订单式的，根据业户的要求定制建筑产品。

第三，**招商前置，定向设计，避免错配**。商业经营规划先于建筑结构规划，要以大致的业态规划作为指导，方能展开具体的规划设计，否则后期调整的难度会非常大。尤其是主力店，不同主力店的要求差异很大，在规划和建筑设计阶段就应当落实主力店的选址，并根据主力店的各项工程技术要求和业态规范展开设计。

第四，**定位很重要，运营更重要**。除了目标性消费的专业市场、专业商场，业权分散必将导致后期运营困难。因为应商户的要求往往会打破既定确权铺位，且商户租期长短不一，租金更是悬殊，故而统一招商、统一运营、统一管理是必须的。不仅是商场内铺，连商业街区、社区底商这些具备一定自生能力的商铺都已经“托管化”。招商只是攻城，胜在一时；运营才是守城，经年累月。

第五，产权商铺和产权式商铺，一字之差，内涵有别。产权商铺就是所有的权益都归属业主，包括所有权、经营权、处置权，产权式商铺则是所有权与经营权分离，其经营委托给第三方，所有权的体现形式主要为收益权，业主获取固定收益或租金分成。这种模式在国外也很常见，犹太家族持有的大量商铺，基本都会委托专业公司运营。

第六，**三化：去盒子化，商业街区景区化，商业建筑风格化**。“盒子”越大，运营难度和风险越大，目前的规划趋势是去底壳化；要把你的商业街区往4A景区上做，可游、可赏、可休闲，商业即景点，景点即商业，要让来者频频有发朋友圈的冲动；不要盲目增加面积、增加楼层，多出的面积对住宅而言，大不了降价卖掉，但对商业而言，基本就是“多余”了。

第七，**返租销售，生死运营**。产权分散不是致死性的劣根，劣根在于开发者的暴利心态和套利心态。不要为了追求短期利润，盲目把价格炒得太高，真正成功的商业并不是销售阶段价格最高的，价格越高，危机来得越快；不要为了卖铺子，把回报率定太高，运营初期最难，那些死在第一个运营周期的商业往往都是承诺了8%，甚至更高回报率的项目。前期赚取销售利润，后期赚取“运营差价”。

第八，招商是永续的过程。要实现满场，稳场，旺场，实现客流量提升—营业额提升—提袋率/客单价提升—租金提升的目标。商业运营要做好，得下苦功夫。

第九，千万不要为了回钱把好位置的商铺全都高价卖掉，一定要在关键的位置留下关键的铺位，给后续的招商和运营留下点砝码。开发商业地产并不是只有销售才能得利，运作得当，这将成为你极佳的资本运作本钱。

融资能力决定拿地能力，产品模型决定盈利空间。运营是商业地产的根本，有自持、有运营的才叫商业地产，没有运营的只能叫“地产商业”。如果你抱着只管旺销、不管旺场的打算，奉劝你不要进入商业地产这个行当；如果你没有充分认识到商业项目后期的经营风险，或是你没有雄厚资金支撑长期持有的实力，那你最好别碰这块“烫手的山芋”。

规划和物业再差的住宅也会有人住，也依然有价值，但规划和运营失败的商业却一文不值。

从商业地产的本质叩问自己一个问题：是销售为招商服务，还是招商为销售服务？

6 探索“经营权模式”

存量房时代，经营好存量房的第一前提，是各种权益的清晰界定，各负其责，各分其利。存量房的红利，将在各种经营权模式中诞生。

所谓的“经营权模式”，是指无产权或不给投资者办理产权的销售模式。因产权的权属问题，其所谓的“销售协议”实质是“**整租**协议”。

经营权模式目前在商业项目上使用较多，根据不同类型的商业项目，经营权的概念本身亦有多种不同的表现形式，例如，针对独立街铺类产品，其使用年限和收益年限均与产权商铺雷同；而针对综合类商业的纯投资客户，其经营权一般是指收益权或分红权。

我们这些年先后操作了五个经营权项目，其中两个在销售上取得了成功，三个在运营上取得了成功，销售和运营全成功的却只有一个。成功的经验有，失败的教训更多。在这些项目中，有销售较旺的，也有销售平稳的，有开局火爆，后因特殊情况中止的，也有开局就不利的。

第一，这五个项目属于不同的产品类型，两个专业商场，三个综合商场。

第二，这五个项目的权属分两类，有三个是租赁的商业用地或商业物业，没有产权，但其中两个综合商业本身都有产权，只是开发商不给小客户分割确权而已。**虽然都是经营权销售模式，但有产权不卖和本身**

就没有产权是截然不同的两个概念。

第三，这五个项目的操盘模式差异巨大。在此做重点阐述。

1. 两个专业市场

（1）泉胜物流——以物流业户为核心客群的整租销售

泉胜是一个纯粹的物流市场项目，处于较好的物流地段，位于物流商圈内（济南北外环），这个项目的目标客群非常明确，就是那些自购自用客户，且这些客户就是当时分散在周边各个物流市场中的散租客户。搞定他们的手法非常简单，就是用租金对照法，用年年上涨的散租租金对比一次性投入的整租租金，只要投得起，当然是一次性投入划算。当年，这个项目的销售总价基本上是根据泉胜物流当时散租租金的12~15年的总和推算出来的。

泉胜项目也有一些投资客户，但比例非常低，连5%都不到，且没有任何返租、包租、回购等特殊政策。后来在开业前夕，为了提高开业率，泉胜签了一批整租5年或10年的物流业户。

我们还曾在济南代理过一个叫金汇通大厦的小写字楼项目，和泉胜非常像，没有产权和附带政策，就是针对办公自用客户的整租式销售。

（2）之江商城——先招商旺场再销售的典型案例

之江商城一期是一个专业的针织市场，主营内衣、袜子等纺织类产品，项目处于济南泺口服装商圈的边缘地带。这个项目当年的机遇较好，正赶上济南两个类似的专业市场拆迁或重建，趁机大举招商，一期很快就招满开业了，且这些商户95%都是省、市区域级的总代理商家。这些商家比较特殊，都有比较成熟的销售通路且以批发为主，他们对地段的要求不高，看重的是性价比。当时也考虑过直接整租给他们40年的做法，但因为他们对项目的前景认可度尚不高，所以基本都是签订了10年的租赁合同，租金每年一交，年年递增。

招商成功之后，投资商想继续开发二期，但仅凭初期的那点租金回笼远远不够，后续开发资金极度匮乏，因此考虑用带租约销售的模式引投资客进场，把一期商铺的经营权（之江的经营权概念基本上都是指收益权）转让，以解决短期资金问题。但初期的尝试效果不佳，因为给那些经营业户的初始租金太低，投资回报率没法算，所以之江也迅速使用了“**N 年固定返租+N 年租金分成+回购**”的融资型销售模式。

之江与泉胜最大的不同就在于客户群体和操作模式，**对于泉胜来说，招商即销售，销售即招商**，客户签署一份协议完活儿；**对于之江来说，其招商与销售完全独立，经营客群与投资客群毫无重叠**，投资客户需要签署《经营权转让协议》《委托经营管理协议》等。

注意，因为泉胜、之江两个项目都是传统的独立街铺产品类型，其**自生能力**很强，并且都沾了商圈扩张的光，所以对整体运营管理的要求并不高，成熟业户进场快、旺场亦快。

2. 三个综合商场——边招商、边销售的操作模式

这三个综合商场项目有两个是产权开发，一个是租赁，阐述重点放在两个有产权的项目上。

综合类商业项目对业态定位、招商、后续运营的要求非常高，因为都是内部商铺，其**自生能力极差**，家家活方能全盘火，一家不活便会殃及四邻。所以，必须有强势的运营者从全盘角度去调和各方利益关系——终端消费者与业态定位、主力商家与弱势品牌、长租户与短租户等，全局与局部之间既彼此依赖，又有利益分歧，必须有一个宏观的运营者全盘统筹。

产权自持、采用经营权模式销售的开发商，在这类项目上的**盈利模式**有四种：①通过一次性整租部分铺位快速回收部分资金；②针对整租后的铺位，通过后期的运营管理带动租金增长以获得管理差额收益；③保留铺位长期出租获得稳定收益（主要针对主力店和品牌商家）；④通过自持产权物业的升值获得金融收益。

在针对纯投资客群的销售政策上，这两个项目基本与之江相同，经营权模式的销售政策基本进入成熟阶段。为了确保经营成功，针对纯粹

投资者的销售模式都是“N年固定返租+N年租金分成+回购”，客户不能乱用或自行出租，必须统一委托管理运营，纯粹享有收益权（可转让）。只要不违反商场的业态规划，并服从运营公司的运营管理规定，投资客也可以在自己的铺位上展开经营活动。

经营权模式的思考与探索

商业地产的本质是金融，所以它需要比住宅开发更加密集的资金支持。目前，中国的商业地产市场极不成熟，从本源上看就是金融模式不成熟，**前期融资渠道狭窄、资金沉淀大，后期退出渠道单一**。在发达国家，商业物业“整体持有—中期持有”是普遍模式，前期没有靠卖商铺回款的，都是整合各类房地产投资信托（REITS）或产业基金，开发完毕自己持有、整体运营，当租金、租约、租期搭配到最佳状态时，证券化卖掉变现，时间大约是5～7年。可以说，房地产投资信托（REITS）和各类产业基金是令国外商业项目快速稳健发展的助推器。

可见，并不是中国所有的开发商都在用开发住宅的思路做商业，根源在于他们基本没有完全持有商业地产的实力，资金来源的小部分是自有资金，大部分则依靠银行贷款和销售回款，能够像恒隆那样的太少见了。所以，几乎所有涉足商业的开发商都必须拿出散售的部分以回笼资金解渴。

在这种情况下，从产权的角度出发必须明白两点：

第一，若把产权出售给投资客，即使签订了《自营协议》或《委托管理协议》，一旦投资者有了其他打算，比如找到了高价租客自行出租或突然萌生开店想法等，他是有充足处置权的，可以研究一下《物权法》。产权不在手中，从法律角度看，根本无法进行彻底统一管理，这将在未来的整体经营管理中留下巨大的隐患。

第二，从投资客的角度看，**客户要的并不是商铺本身，而是商铺为其创造的回报**。绝大多数投资者也确实没有经营能力和经营需求，他们买商铺如同买了间安全的“**私人商铺银行**”，钱放在那儿放心，还能稳定提款。

在此基础上，就能够看到一个针对开发商和投资者两头空间都非常巨大的市场：一头无处找钱，一头无处投钱，这中间的空档完全可以用经营权模式去填补。

我们对一处物业产权进行分解，**能够分解出产权/所有权、经营权、使用权、抵押权和不同层次的收益权**。结合操作过的案例，客户对仅有某种收益权的经营权模式是认可的，**经营权商铺的投资与投资一只商业地产基金**或信托非常类似，**投资散客与开发商就像投资了同一只基金但层级不同的投资者**。这也有点儿像时下比较流行的“**众筹**”模式。

事实是，一个类似项目若要取得成功并不容易，必须充分解决投资客的**安全感和回报率**这双重问题。经营权商铺和产权商铺最大的不同，一方面，在于投资者手中的租赁合同对弱势一方的保护力度有限，全看开发商的信誉和良心——**投资的安全性问题**；另一方面，投资经营权商铺无法享有产权商铺运营成功后的增值空间，以及产权到期后的延续价值，所以必须设定好客户投资之后的回报政策——**投资的回报率问题**。

所以，若想成功操作一个经营权项目，下列条件缺一不可：

第一，对企业的实力与口碑要求很高，并且有成功的开发项目，或是长久盈利的产业，最好是类似的成功案例。

第二，企业确实下定决心要把项目长久运营好，从立项之初就整合各类高手，真正从商业运营的角度去规划、设计、安排资金，并提早招募或聘请优秀的商业团队深度参与，而且自持比例要在50%以上。

第三，项目最好手续齐备，将来可以办下产权自持最佳，毕竟有产权不卖与没有产权是两个概念；即使没有产权，新项目的开发手续或租赁物业的原始手续也必须合法、完备。

第四，对定位、招商和运营的依赖度极高，因为没有产权做保障，所以对经营前景、招商状况和运营要求更要高过常规产权商铺。像我们之前操作过的类似案例一样，要么是在彻底完成招商之后再展开销售，要么就先行引入诸多主力店、品牌商家，认为招商已经没有问题后，再进行全盘炒作，让项目进入销售阶段。我们在操作联荷广场项目时提出过一个概念——“**商铺、商铺，有商才有铺，商好铺才好**”，把客户的注意力引导到投资回报上，而非纠结于是否有产权。

第五，销售的最大威胁在于竞争对手带来的竞争变数，同城或片区内若有产权销售的项目打出同样的或接近的销售政策，则会对经营权项目带来极大威胁，严重分流客户。

从当前的情况来看，经营权项目操作的复杂程度以及对各类保障条件的要求都很高，但也不能排除，在未来经营权项目会成为不少商业项目解决资金问题、实现销售回笼的模式之一。

从2016年开始，利用各种存量房产做出的长短租公寓、孵化器、联合办公、商业园区等产品纷纷出现，而且做得还不错。所以，在存量房时代经营好存量房的第一前提，就是对各种权益进行清晰地界定，各负其责，各分其利。存量房的红利将在各种经营权模式中诞生。

探索继续……

7　“旅游地产”之困：中国不度假

“‘旅游地产’是个伪命题，度假地产才是真存在。度假地产的一个重要出路便是丰富外延，比如整合途家之类的运营机构，从简单的开发销售型转向后期运营增值型。”

之所以把“旅游地产”一词打上引号，概因这是中国人的智慧首创，但在国外是不存在这样一个词的。旅游和地产是两回事，因为已经形成了惯性思维和使用习惯，为了便于分析阐述，暂且正常使用。

一、“旅游地产”OR 度假地产

之所以说“旅游地产”是个伪命题，那是因为因旅游而置业是彻底的小概率事件，而且中国人严重混淆了旅游和度假的含义。真正能够做起来和活下去的“旅游地产”项目，**其真实的含义绝非“旅游地产”，而是度假地产**。很有意思的是，大量专家、学者、业内人士都没有搞清楚这一点。

在英文中旅游和度假是两个词，旅游是“tour”或“tourism”，这个词偏重于观光游览的概念；而度假则是“spendone´sholidays”或“go-vacationing”，偏重的是“在某地度过一段假期”。

若论中国“旅游地产”之非，先明国外度假地产之是。

虽然都说度假是旅游的高端形态，但在国外，旅游和度假已经是截然不同的两个概念，而**旅游目的地**和**度假目的地**更完全是两回事。

国外的度假地产之所以发达，有两个先决条件：第一，基本所有的发达国家都有成熟的度假制度，所有的中产以上群体都有充沛的假期可以自由支配。在中国，虽然也有几个固定假期，只可惜支离破碎。第二，虽然从 GDP、人均可支配收入之类的指标上看，中国部分人群的需求已经从旅游上升到度假，但**绝大部分中国人并没有固定的爱好去支撑某种生活方式**，这就难以形成固定的度假地，真正的度假地产就更加无从谈起。

比如欧美的几个滑雪圣地，根本不是偶尔一去的游客在支撑，90%以上的消费群体都是稳定的度假客，他们每年都会在固定时间去度假，待上十天半月都算短的，一般的度假时间都在 1~3 个月。正因为有如此固定的旅程，购买力强的人才会在度假地置业。其他诸如登山、冲浪、帆船、潜水、摄影、自行车、降落伞、攀岩等极限运动，任何一种都能让

某个人或家庭在某个地方驻留很久。(宗教类的特殊类型暂且除外)

故而，**概因没有一种核心的爱好或生活方式能够支撑三天以上的度假生活，所以中国的绝大部分客户群体尚没有形成稳定的度假习惯**，中国人“不会度假”。中国旅游地产市场没有欧美发达国家居民对某一个度假地长期、持续、反复的休闲度假需求，极难存在多次重复旅游或度假的可能。

这是中国所有度假项目（即“旅游地产”）的共同软肋，这个“结”只能靠时间打破。大部分有钱+有闲的中国人尚处在生活方式的培养期。

以往那种在自然环境不错的地方简单地盖个房子，在公园附近开发常规住宅，根本不叫“旅游地产”！

二、中国式“旅游地产”的出路与方向

目前，在中国能称得上度假目的地且比较知名的地方有两个——北方的北戴河和南方的海南岛。这两个地域的形成有赖于异常出众的自然资源，已经有部分**气候严酷地**人群形成了稳定的度假习惯，每年会在固定的时间到这两个地方居住，比如北京人和东北人，这些地方有钱+有闲的人外出避暑或避寒已成为习惯。

必须指出的是，像北戴河、海南岛之类的度假胜地同样被海量的游客青睐，故而得到庞大的市场支撑。

国内操盘的那些“旅游地产”，其火爆销售的背后，核心是庞大的投资群体和投资需求，真正的度假需求极小。如今，这个群体面临的共同难题就是，**自住需求极小，功能价值无几；物业升值很大，但想转手困难**。

多年来，销售火爆的大部分“旅游地产”，核心特征都是**单价与总价的单低或双低**，与主流住宅相比，形成了相对的价值洼地效应。如今，在市场大势的烘托下，在资源价值被高度炒作的情境下，有相当多

的“旅游地产”售价都达到了峰值状态。单价或总价的任一高企，都会令“旅游地产”陷入窘境。

我认为对一个度假型项目而言（其实大部分地产项目皆如此），客户的认知分三步：**认可一个区域（城市、板块）——认可一个项目（认可某种资源或生活方式）——认可某种产品**。下面的阐述便是围绕这递进式的三步对度假地产（从下文开始，“旅游地产”一词就不用了）未来的发展出路做出的判断：

第一，这是基本常识。若开发度假地产，必须自然资源和旅游资源两者皆丰，任何一个度假目的地基本都是从旅游目的地起步发展的，而且必须具有很高的知名度和影响力，这是区域价值承载项目价值的依托所在。

凡是能够成功开发度假地产的地方，必须是那种即使没有某项特别突出的度假生活方式，仅靠自然资源和旅游资源，也能吸引海量人流造访并流连几天的所在。

第二，外部资源稀缺是前提，内部资源独特是关键。比较典型的表现就是，那些全配套度假大盘热销，小规模缺配套的小遇冷。若想卖得好，必须具备能够让人长住的基本条件，就是生活配套。生活配套不完善，即使风景再好的湖边山脚一套房，连居家吃喝都费劲，怎么度假?!基本配套要有，针对某个特定人群的特殊配套更要有，否则同质化的竞争只会导致群攻乱伐。

当然，这个特定人群必须要足够大，以济南的高尔夫为例，济南的高尔夫群体非常小，据几个球场的内行人介绍，整个济南市有稳定地打高尔夫习惯者不超过500人。几个以高尔夫作为核心配套的项目，其购房者与打球者基本无重叠，可以比较清晰地划分为两个人群。高尔夫球场可以说是这些项目的一个**形象配套**，或称之为“谈判道具、议价砝码”，但无法将打球消费人群直接转化为购房置业人群。

因为多数中国人对于度假的认识还停留在比较初级的阶段，使得当下我们的度假地产有着自己的特色。目前，比较热门的度假地产类型就是**养老和养生保健**，应当说这确实是一个非常重要的方向，毕竟中国人最有闲情的时段是在退休后，最有时间度假的人群是退休人群（并非都是老者）。不过概念必须要落地，不能靠空喊忽悠成交。

也许是中国人独有的一个冷门度假地产类型已经开始崭露头角——**田园度假地产**，以前几年兴起的采摘园、种植园、蔬菜大棚等为突出代表。作为农耕大国，相当一部分中国人，尤其是中老年人特别喜欢“自己耕耘、享受丰收”的乐趣，所以很多项目都打着“买房送地”的口号。

第三，硬件要特，软件要优，运营和服务必须跟进。**度假地产在某种意义上也是一种运营地产模式**，抱着卖掉走人的心态搞度假地产极难成功。

度假产品无须承载全部的生活内容，只需要将面积总量控制得当，能够支撑某种度假生活方式即可。要做适合度假的产品，而非做高端的户型。总价越高，人群越窄，风险越大。

除了要控制总价，还必须增加运营增值、保值的内涵。在国外，成熟的做法有分时度假模式，有 HomeAway 那种闲散房源假日租赁模式，但无论何时，购买度假地产的人群或多或少都会抱有投资心态，这是“永不消逝的电波”。所以，度假地产的一个重要出路便是丰富外延，比如，整合**途家**之类的运营机构，从简单的开发销售型转向后期**运营增值型**，只卖不管行不通了。如今途家在国内攻城略地，连济南这样的内向型城市都签约了一大堆项目，可见无论是开发商还是投资者，都对后期运营充满了期待。

用一句话定义当下大部分“旅游地产”，即**可以休闲，无法度假；发展前景远大，目前问题多多**。

造成目前度假地产种种问题的原因并非度假人群稀少或高端客群购买力匮乏，而是**大部分项目确实无法吸引和满足客户的真正度假需求**，要么区域的发展现状不佳，要么项目的度假资源缺乏，要么硬件超了

（总价太高）、软件少了。

时间和爱好（从多看到多待，从旅程到旅居），拥有这两个度假条件的人群呈现上升态势是毫无疑问的，再加上城市里日趋严重的“厚德载雾”，度假地产是一片值得深耕的未来天地。

8　如何衡量房地产品牌

“品牌的本质，其实就是长久卖货、高价卖货、快速卖货。品牌两个字，没几个开发商扛得住。”

我想从品牌的衡量标准、房地产产品的特性等方面去探讨房地产行业里的品牌到底是什么？它们又是如何存在的？

当下，再谈知名度、美誉度、忠诚度是很 low 的，说点别的。

一、衡量品牌的五“率”

第一，对于低价值、低关注度的产品而言，品牌的效力体现在指认（排他）购买率、重复购买率、推荐购买率上，比如快速消费品、服装、电器、连锁酒店等，可口可乐就是最典型的代表。

第二，对于高价值、高关注度的产品而言，品牌的效力不仅体现在指认（排他）购买率、重复购买率、推荐购买率上，还体现在**期待购买率上**，比如，一些高端的汽车、珠宝、手表等奢侈品，典型的如奔驰、宝马，当购买力限制被打破时，会有更多人立即去买，这就是期待购买率。

第三，市场占有率，市场占有率的计算有两种最大框的类别，一是目标区域，二是目标人群，在这两个大框中还可以进行细分。

指认购买率、重复购买率、推荐购买率、期待购买率、市场占有率的高低是衡量品牌的关键指标，如果用大白话来形容品牌，那就是同质或类似的产品，谁在自己的目标区域里或者目标客群中卖得好、卖得贵、卖得快，谁就是行业品牌。

显然，在房地产行业里，前两条都不适用。

二、品牌价值到底是什么？

关于品牌的辞藻非常多，诸如品牌内涵、品牌气质、品牌文化、品牌烙印等，但不可否认的一个基本且具体的前提就是任何品牌都应该有现实中相对应的品牌载体去承载，品牌载体就是产品。所有商品的价值均由两部分构成：一是产品的基本功能价值，二是品牌的附加价值。**品牌的本质**，就是**长久卖货、高价卖货、快速卖货。**

现在品牌研究机构经常推出一些有关品牌价值的排行榜，但品牌价值到底是什么呢？其实只有两条：

第一，拉升商品的整体价值，实现超出产品功能价值的附加价值，即品牌溢价。

如同杉杉给杰尼亚做代工，做工质地完全相同且产自同一家工厂的两套西装，标杉杉的卖几千元、标杰尼亚的就能卖几万元，这就是品牌价值拉升了商品价值，使商品彻底脱离了其物理功能价值。

对于那些奢侈品而言，品牌所能创造的溢价力更是非同凡响。劳斯莱斯、宾利、迈巴赫都是超级豪车，但仅仅因为物理功能就令他们的售价以百万级提升吗？不是。买这些超级豪车的人并不是在买一辆自乘或自驾的“车”，甚至他们根本不懂得这些名车的历史典故与全部使用功能，他们是在买一种认同与尊荣，是在买一个有差异的高价。

第二，降低交易成本，缩短交易周期，并重复购买。

对于低价值、低关注度的产品而言，其品牌价值主要体现在重复购买上，而随着商品价值的攀升，品牌价值在缩短交易周期上体现得更为明显。以汽车为例，越是价格低的家庭轿车，其购买者的选择周期越长，反而是那些价格越高的轿车，其购买者用在交易环节的时间越短。

核心原因在于，越是高端的品牌越能够令消费者对其产品质量与基本功能产生信任，甚至不予关注。与之相辅相成的是，客户对产品品质的关注度越低，品牌能发挥的作用越大。

三、房地产行业与产品的特性

第一，房地产开发是一个没有**排他性核心技术**的行业，缺乏建立在充分的技术壁垒与知识产权保护之上的核心竞争力。

在这个行业里，所有的信息都处于一种完全公开的环境中，你的房子盖得好，立刻会有很多人前来学习和照搬，搬不了全部至少能搬他想搬的那部分，这在房地产行业是可以轻松实现的。无论你在一个项目的开发、营销中运用了怎样的新技术、新方法、新手段，在极短的时间内，就会有很多同行进行“借鉴性学习”、迅速拷贝，根本无秘可守。在这一点上，房地产行业与其他行业差异性极大，所以，凡是没有独门秘籍，或是有独门秘籍但没法守住的行业，都极难产生品牌，或者说对品牌的依存度极低。

姜汝祥曾说：“严格来讲，中国的房地产公司是没有核心竞争力的。很多私营房地产企业不是在做企业，而是在做生意，加上房地产行业基本技术的公开化、较低的进入壁垒、竞争的不完全性，都为房地产企业拥有核心竞争力带来现实困难。”

第二，基于核心生产资料——土地获取的特殊性，房地产开发具有不连续性和偶然性的发展瓶颈。

在房地产行业里，拿地能力始终是衡量一个开发公司实力强弱的重要指标之一（另一个重要指标是融资）。土地都在政府手中，政府掌控着市场中土地的多寡，这对开发商而言就具有较大的机会成分；越是机会成分大的行业，越是难以持续发展、稳定做大的行业。

在房地产行业中，并非你是排名靠前的大企业就一定能够在所有城市都拿到意向土地。

第三，对政府政策与经济环境的高依赖决定了房地产行业对品牌的依赖度极低。

房地产行业“形势比人强”，其对政策的依赖性无以复加。一个调控新政的出台能够立刻改变整个市场行情，进而左右开发商业绩，越大的企业受影响越大。

在发展周期的波峰阶段，房子都好卖，因而不需要下多大功夫，谁能拿到土地、批下项目，谁就能发财。一旦进入发展周期的波谷阶段，再“品牌”的企业也得收缩应对，一招不慎就可能“大厦将倾”。比如万科，它是拥有中国第一房地产品牌的龙头企业，但它的抗下跌能力反而要弱于其他地产公司，这正应了华高莱斯的李忠对房地产行业持有的那个观点——不重品牌重市道。品牌在旺市稍具溢价能力，但在淡市却毫无抗跌能力。

第四，房屋品质难以统一化、标准化并具备稳定性是商品房不符合品牌商品的基本特征。

对于大部分商品而言，因为现代化的生产线、标准化的生产工艺的存在，其质量是基本稳定的。但基于土地的特殊性，直接导致了房屋产品的特殊性——世界上没有完全相同的两套房子（从社区内部的规划、产品形态、户型、园林景观、物业，到社区外部的地段、配套、交通、大环境），故其生产环节根本无法做到彻底的标准化。

最关键的因素是**施工作业环节中的人为因素过多，监督和管控漏洞巨大，导致产品品质难以标准化并保持稳定性**。比如万科，按理说万科的管理体系与操作流程够系统、够全面了，但在个别城市的个别项目上，还是出现过较大范围的质量问题，其他大房企就更不用说了。相对应的是，一家成立时间不长、知名度不高、公司规模不大、开发经验不多的小公司，反而会因为项目位置好、合作方优秀、管理严格开发出很好的项目。这是房地产行业与以流水线制造为代表的所有工业企业差别最为巨大的一点。

可见，凡是需要发挥大量人的主观能动性才能创造出的产品，或者由于人的因素会产生重大差异的产品，必定是产品品质难以保持统一标准的行业。

第五，在房地产行业里，品牌附加值与品牌溢价非常难以实现。

从品牌价值的角度去衡量，在开发领域，如果有两个相邻的地块，它们有完全相同的产品定位，其中一个是万科这样全国最著名的企业开发的楼盘，另一个是一家普通的企业开发的楼盘，那么，万科楼盘的价格也仅能比相邻楼盘高出10%，再高了就没人买了。在抵消了更高的管理成本之后，房地产行业里的品牌附加值与品牌溢价难以实现，这显然与大部分品牌商品差异巨大。

按照常规的理解，大部分行业中最具领导地位的企业，其获得的回报往往是长期高于市场平均水平的，但在房地产行业里，这一点是不存在的。大企业唯有靠很高的资金周转率，靠大规模不间断地滚动开发来实现更高的利润总额，而不是单位利润。

第六，房地产产品是重复购买率最低、重复购买可能性最小的商品，这直接导致了房地产行业品牌的忠诚度难以维持。

在大部分行业里，80/20法则都适用，一个品牌的忠诚者通常只占全部购买者的20%左右，但其购买量却往往达到该品牌销售总量的80%。房地产行业正好相反，大部分客户都是新客户，重复购买的情况非常少见。无论大家对你的品牌如何认可，因为你没有在某个城市开发项目，大家的需求早晚会被其他开发商占有，对你的忠诚度依然为“0”。就算一部分人买了你的房子很满意，充其量只能通过推荐购买率去兑现品牌价值，这不仅因为中国人的房地产消费次数少，而且取决于你开发的项目是否与老客户的新购房需求相吻合。

第七，品牌在房地产消费中所起的作用具有极大的局限性。

如今，消费者在购买商品前都会先确定品牌，再挑选产品，但在房地产行业则正好相反，消费者会先看地段、户型等产品硬性条件，在硬性条件符合了之后再看是谁开发的。

房地产产品对外在因素的依赖性极大，最典型的莫过于地段价值、区域配套、自然资源，产品自身的成本和溢价力差距并不大，真正差距大的是项目周边享有的稀缺配套或自然资源。相较于购买其他产品，消费者购买房屋时的关注程度最高，购买过程最复杂，绝大部分购房者都会将环境、地段、教育、交通、产品等全部要素了解清晰后，方才做出购买决定，这跟你是不是品牌房企几乎没有关系。

第八，房地产品牌的产生并非在营销环节，而是在交房后的使用环节。

现在营销界最大的误区即总认为营销与广告在房地产品牌的塑造中起着巨大的作用，这其实是大错特错的。从营销角度看，营销只是地产产品生命周期中极短的一个阶段，一个房地产项目在开发完毕，交房投入使用后，就不会再有任何的广告投入了。如果用传统的营销思维去看，是不是这个项目的品牌塑造就终结了呢？恰恰相反，**交房后才是房地产产品品牌体验的真正开始。**

房子是天生的口碑产品，不管你在营销阶段推广多热闹，销售多火爆，拿了多少奖项，到了交房入住环节才是考验的开始。大部分住宅产品的法定使用周期为 70 年，消费周期最长，这是其他所有商品无法比拟的，这也注定了房地产品牌的形成与验证需要一个漫长的周期。

综上所述，基于品牌之上的竞争才是品牌竞争，但目前的房地产行业还处于产品竞争时代。

四、房地产行业品牌评判

通过对房地产行业与商品房的充分了解，我们可以发现，如果从品牌的角度去衡量，单论房地产项目或产品本身根本不具备成为品牌的先天条件。

在房地产行业中，有一个隐形品牌被严重误读和忽视，那就是物业品牌。物业管理是一个极其关键，却又极容易被忽视的因素，物业管理对房地产品牌的形成具有相当重要的作用，尤其是交房入住后，物业管理对项目美誉度的形成和稳定具有决定性作用。它之所以被忽视，一是因为像万科、龙湖、绿城等大牌房地产企业均有自己的物业公司，二是因为除去该房地产产品的直接使用者，外界消费者往往将此部分“物业功劳”记在开发企业头上，从而对开发企业品牌的塑造起到了积极作用。比如万科，大家都知道万科开发的项目好、名声好，但忽视了万科有今天的好声誉，相当一部分是物业的功劳。

因此，如果提到品牌的层面去做一个论断的话，在整个房地产行业只有可能存在两种品牌：一是房地产开发企业的母品牌，二是物业管理公司的物业品牌。从更长远的角度去看，后者的生命力将远远超越前者。

广告可以传播你的开发理念，营销可以更快地完成销售，但一个又一个品质出众，性价比优越，物业优良的房地产项目才是对企业品牌的点点累积。房地产品牌的形成靠的是天长日久的消费者的口碑积累，而非其他。

关于房地产品牌有很多不成熟的言论，比如某企业从某地向异地拓展，做了几个异地项目，就说完成了从地方性品牌到全国性品牌过渡；再比如，只不过在海外上了市，就说自己成了国际品牌。这里要跟开发商说一句：“别整天说什么品牌战略、品牌建设，对房地产这个行当来说，‘品牌’二字没几个开发商能扛得住，当慎言。”

9　重返定位

“定位是战略层面的事情，是‘做对的事情’。定位就是在风险最小的情况下给项目找到一条收益最大的路。”

当市场处于供不应求、量价齐升的上涨通道时，是没有人关注定位的，在一个“情绪市场”里，不管什么定位，似乎都能把房子卖出去。整体供不应求，持续上涨，全民恐慌，恐慌型客户充斥市场……这种时段，营销和定位形同陌路，渐行渐远。

顺势里的成功没有借鉴意义。在楼市前景不明朗，由顺转逆的时刻，在市场、政策、客户情绪等多种因素的叠加影响下，未来很多楼盘的降速会超过大部分人的预期，营销难度将持续增加。当下，重新审视定位，重新梳理营销的内涵，重新认识操盘的方法论刻不容缓。

房地产营销的定位与特劳特的定位理论有重叠，但也有差异，我把它分为四大步：**分盘、相地、判市、算账**。

第一步：分盘。

所谓的分盘，即结合企业发展阶段与资金状况，从企业自身的生存战略角度给项目一个定性。项目定位的第一步是站在企业角度看项目。

今后开发商只会分为大、小两类，全国型和区域型的大开发商是一个类型，都是大规模、高周转型，向资金周转率要利润，不计一盘一地的利润高低；而城市型、单盘型的小开发商则完全不同，必须向项目要利润，向周期要利润。因为开发规模和周转率成反比，规模越大越需要高周转，把盘做快，快拿地、快开工、快销售；规模越小越需要提高单盘利润率，把盘做慢，精耕细作、老火靓汤。

从企业的角度看，所有的项目可分为两大类：一是**现金流快盘**，首置、首改为主的跑量型项目，瞄准基数最大的客群，以实现资金快速回笼、高速周转为目标，不计较利润率，以高性价比实现快销；二是**利润率慢盘**，从前期开始把产品做精细，适当提高品质，瞄准同等客群里的相对高端部分，不和竞品拼销售速度，适当拉长销售周期，尽可能提高单位利润，利润盘求慢。对于单盘运作的开发企业来说，每一个盘都是战略盘，都有维持企业形象和市场影响力、维持团队、维持资金利用率的作用。

快盘和慢盘是完全不一样的打法，快盘减速容易，慢盘提速很难；快慢亦相对，尤其要根据资金成本酌情"配速"，从利润和速度中直接找平衡、找偏重。

第二步：相地。

古人相地讲究藏风聚气、山环水抱，而我们所谓的相地，即从土地的资源属性和板块价值给项目一个定性。项目定位的第二步是站在地块角度看项目，每个项目的定位都与板块价值、配套资源紧密相关，项目的定位就是从定义地段和区域价值开始的。

客户买房的逻辑遵循如下路径：认可一个区域板块或某种核心资源—认可一个项目—认可某种产品。对于一个地块，首先要看外部是否有超越同侪、具有排他性或权威性的核心资源，如果有，则要围绕核心资源展开定位。核心资源包括最好的学校、极佳的自然资源等。这些核心资源是决定一个项目客户属性和客户范围的关键，核心资源越突出，客户范围越广阔，客户基数越庞大。此类项目属于"资源盘"。

如果没有核心资源，在区域发展前景、城市规划、配套资源、自然环境都是常规资源的情况下，一个常规住宅项目80%的售价都是被板块价值决定的。要把板块价值研究透彻，如同把城市板块价值分级，看自身地块在板块中的位置和资源占有水平。此类项目属于"地缘盘"。

板块分冷热，区别就在于区域成熟度和资源厚度，这直接决定了市场认知度，板块的冷热跟定位高低、户型大小正相关。冷板块上做高定位项目风险系数高，热板块上做市场主流项目则风险系数低。

每个板块都有相对的价值承载力，而板块价值的典型表现则是板块内主流项目的市场售价。房价＝板块指数+项目指数。部分内容参见本书《**市场调研与竞品监控**》一文。

根据板块价值、土地资源属性、规划指标给项目在板块中找准位置，注意，**脱离板块价值的项目定位是住宅开发的高危领域**，尽量不要挑战板块价值，否则很容易当哨兵，为板块内其他项目“站岗”。

此外，规模亦对定位产生较大影响。项目规模越大、自身配套越强，对板块价值的依赖度相对越小，冲击或突破板块价值的可能性越高；项目越小，则对板块价值的依赖度越大，跟从板块价值的安全性越高。

第三步：判市。

在不同的市场时机和竞争环境下，一个项目的定位是存在很大差异的。

房地产是一个**时间性**和地域性双强的行业，一个开发企业的发展战略是综合内外环境后的产物，作为外部环境的“天时”则具有决定性意义——天时大于地利，地利大于人和。市场处于上升通道时的烂房子，也会比市场处于冰封时的好房子好卖。每一个成功的项目，都是在特定的区域市场、特定的时间阶段产生的。地产开发是掌握周期的能力，地产营销是把握时机的艺术，利润是时间的函数。

所谓的判市，即从周期性、时间性的宏观市场、竞争烈度、市场供需状况的层面给项目定性。没有对市场发展态势做出判断，定位无从谈起。

市场趋势是可以预估和预判的，一个正常的小周期在18~30个月，根据土地成交可以判断未来1年左右的市场供应量，根据土地价格和规划指标可以推算市场底部价格，根据不同价格区间、不同户型区间的成交数据可以判断市场的价格走势与去化结构。形势或冷或热、竞争或温或烈，应对措施不可或缺。

项目规模小，可以一档主力产品打市场。项目规模大，则要做好两手准备，即两种定位模型：市场火热时入市，直接推出定位偏高的产品抢夺市场利润，后续产品适当调低，定位模型是由高向低；市场平淡时入市，则以定位中档，甚至中低的产品给全盘预热、拉人气，随着项目的成熟和市场的好转而逐步走高，定位模型是由低向高。

第四步：算账。

前三步都是定性，最后一步是定量。所有的生意起步都是思考题，但最终都是算术题。

搞开发就是算大账，定位精准的项目，客群数量是能够大致估算出来的，供需比和主力去化周期是能够大致预估的，要在利润和速度之间求得量价平衡，要对回款额度和速度有基本的把握，确保资金安全。很多项目后期出问题，销售回款无法支撑开发进度，基本都是前期大账算错了。

算账包括项目投入成本估算及资金分配、回款进度、盈亏平衡分析、投资回报率估算、财务风险评估及回避、敏感性分析等。尤其要对项目的敏感度进行反复测算，从各类变量中找出对项目利润指标影响最大的敏感性因素，算出其在一定范围内的变化数值对全盘经济指标的影响额度。

市场变化无常，资金安全为上。关于如何算账，具体内容参见本书《**产品建议怎么做**?》一文。

市场研究是明确“什么好卖”的问题，定位是解决“卖什么好”的问题，后续营销是落实“怎么卖好”的问题。

定位，有时是定出来的——主动定位；有时是逼出来的——被动定位。要么实现产品溢价，要么提高销售速度，**定位就是在风险最小的情况下给项目找到一条收益最大的路**。

定位是战略层面的事情，战略是“做对的事情”，执行是“把事情做对”，一个项目能否取得成功，取决于战略和执行两个层面的乘积效应，而定位拥有八成权重。

有些项目天生定位困难，比较典型的情况就是所处区域竞争非常激烈，而自己地块又没有独特竞争优势和稀缺资源禀赋，对住宅项目而言，这些劣势可能包括土地成本偏高、地块规模较小、地块不规整或规划受限、有不良环境因素等；对商业项目而言，可能周边没有商业沉淀、距离老商业中心区过远、区域人群基数小等，这些因素往往导致项目非常难以定位。

定位的价值就在于“难”，有了前期的“难”，才能有后期的“易”，否则只会更难。有句话既有道理又有趣——后期销售时流的泪，都是前期定位时脑子进的水。

前策没定位，销售徒伤悲。

第二章　战术心

定位、定价、定时、定量，操盘四大重点。

当我们衡量一个项目卖得好不好，或是操作是否成功时，往往就看两点：一是卖得快不快，二是卖得贵不贵。

价格、速度有其一，是单料赢盘；两者皆有，是双料神盘。

1 产品建议怎么做？

“操盘的基本面不在营销层，而在产品层。前期的慢是为了后期的快，你在产品上用的心，都会是销售阶段省的心；你在产品阶段偷的懒，都会是销售阶段费的钱。”

关于做产品，开发商有两方面问题：一是不够重视，二是重视但不知如何重视。我做了快二十年地产营销，真正从产品阶段就介入的项目不到操盘总量的10%，见识了各种各样的产品态度和花样百出的产品问题。

项目定位是最大的产品建议，发现市场具备购买力的有效需求，找到未被满足的市场空间，为目标客群打造产品。真正的市场细分，是能够把客户数量统计出来的，是能够在“目标客户地图”上画出来的。即使做不到真正的“细分市场”，也要大致有个“粗分市场”。

在市场平稳时，决定项目收益的最核心因素是产品优劣。地块价值挖掘充分、产品定位准确、设计优秀的地产项目，较同区域投入接近，但定位和设计一般的项目，价值往往高出5%～10%。只是，**进入营销阶段之后，营销是最大的变量，产品是最小的变量**。最怕不懂行的开发商遇上不负责的设计院，定位失误、户型搞大、总价弄高，市场定位出现严重偏差，规划设计硬伤频现。

一、操盘层面

规划方案落定实施后，具有不可逆转性或是逆转的代价巨大，所以，营销乙方提早介入产品打造就是要发挥两大价值：一是把大账算清，二是把产品定好，不留硬伤。要想做出有竞争力、产品力的好产品，在操盘层面应当遵循如下路径：

第一，画算结合，先画再算，算了再画。规划首先是数学题，然后才是建筑题、美术题。

拿地之后，影响开发进度的主要工作就是规划设计，如果土地势在必得，那就把设计也前置，在拍地的时候就开始强排，并尽可能多出强排概念稿。在容积率、控高、建筑密度等核心指标既定的情况下，必须先从规划设计角度算出把核心硬指标全面兑现的最大货量。

地块价值分析——强排——不同强排数值的经济测算——规划设计。根据不同强排数值把大账算清，算清楚是否把容积率用到最大，根据测算情况挑出不同利润值和操盘难度方案，最终根据操盘战略从中选择适合目标的方案。

规划是一个项目进入营销阶段之后变量最小的部分。

第二，设计端不可省钱。

开发商在设计端花的钱很少，但对成本的影响却是最大的。概念设计、规划设计和施工图决定了一个项目 70%~90%的成本。开发商往往不重视设计的价值，形成认识上的误区，习惯性反复压价，直接导致设计院以拿到业务、过关就行为目标，而不是用心去做设计。

如果是在定位和营销方面比较懂行的开发商，规划阶段就采用“1+2 模式”，即一家营销公司和两家设计院，一家设计院主做设计，另一家主要挑问题、做优化。如果想更稳妥，那就采用“2+2 模式”。在确定最终的设计伙伴之前，这些合作单位都要付费。从边际效益的角度看，规划设计阶段是房地产开发中边际效益最大的阶段。

把利润出在图纸上，把风险消灭在图纸上，把问题解决在图纸上，反复推敲并进行细部优化，通过好的设计增加卖点，节省工程费用，而不是在设计院身上降低成本。做得好有隐形收益，做不好则会有隐形损失。

第三，该变则变。

即使项目整体规划已经定型，当市场阻力太大时，亦须当变则变，一条路走到黑的事不能干。

二、定位层面

在定位层面遵循如下原则：

第一，**规划即战略，户型即定位**。

在全盘层面上户型的战略意义有两点：户型比和控面积。

市场研究是看什么好卖，地块分析是看卖什么好（做什么好），后续营销是解决怎么卖好。**对于大部分住宅项目而言，定位，基本是总价定位决定一切。**看市场大数据，看清不同总价区间的产品段去化状况和潜在供应，找到自己的定位区间，界定好总价区间之后倒推户型。

根据市场上不同面积区间的去化速度，找到自己的空间。仔细分析竞争对手的产品段与价格；根据区域市场价格，确定本案在项目区域市场中的一个大概的市场定位；根据供需机会点确定项目的最优总价区间和面积区间。最后，根据不同总价区间和面积区间的供需比、去化比，挑选出去化比相对高、供需比相对低的产品段，这就是定位的最佳选择。

第二，洞察容积率，合理高低配。

地块价值分析，需要进行土地价值分级，并依此界定产品功能区间划分，进而合理使用容积率，规划不同产品类别，分析不同产品组合比例的规划方案，根据开发商的资金投入状况和开发计划，测算建设成本、销售周期，选择开发商利益最大化的规划方案。到底采用“高低配”，还是“均质型”，这里需要避免“过度高低配”和楼王产品、明星产品缺失这两种问题。要在经济效益最大化和资金回收最快化之间找一个最佳交叉点。

容积率是否用足，是在定位层面能否最大化发挥土地价值的关键点。在绝大多数情况下，地价和容积率成正比，地价越高，通过容积率来降低楼面地价的必要性越大。只是不同产品、不同板块在不同时间的价值兑现能力差异很大，需要精细测算。基本规律是地段好，则用足，地段不好，得算账。容积率和利润总额并非在所有情况下都是正相关的，用足反而不一定是好事。低密度高阶产品的市场认可度一直高于高密度、高楼层产品，用高阶产品的溢价往往能够回补楼面地价的上升和可售面积的损失。

容积率、单位价差、去化速度，要找到三者的交叉点。

第三，均衡分配资源，避免硬伤和死角。

看透地块形状与周边环境的规划影响，把地块的功能价值分级界定好，进一步切小块，在高价值地块上落位高溢价产品。地块外围一般情况下都是居住价值最低的位置（有特殊景观资源的除外），外围布置的住宅产品户型要小，但这个位置的商业和商务价值高，适合做底商。居中位置的居住价值自然高，再有中央景观，则居中布置高总价产品能将土地价值最大化。

没有不好的地段，只有不合适的产品，房子和土地须适配。

第四，**差异化生存**。

产品的竞争力来自竞品的比对，看透别人项目，再定自己项目。看看竞品有什么长处和短板，围绕竞品的短板下功夫。没有对比，就没有销售；有差异才有引导，有差异才有比较，有比较才有成交。差异性就是在说自己产品好的同时，让别人无话可说，无法比对，无法效仿。

波特的竞争理论强调三件事：价格、差异、做最好，得在差异化上下足功夫。用区隔切割市场，界定品类。对比着做产品，无论是外立面还是户型，都要和市场上的项目做对比。已经做完外立面的，看看谁的效果好，市场认可度高，并和竞品做出差异化，如无差异，只能走上价格拼杀之路。

要在竞争环境中看竞品的价值，找自己的价值，找到差异，制造区隔。差异化无止境，规划风格、单体外观、园林景观、大堂入口、户型设计……只要你想，总能找到差异。突破口必须是市场上同质化最严重的部分，攻击其薄弱环节，进行针对性创新。

三、产品层面

在产品打造层面的认知如下：

整体规划布局，路网结构，楼座排布，容积率平衡，外立面单体风格，户型配比及排布，停车位，商业，步步有要点。

第一，把钱花在刀刃上，用有限资源满足最大需求。把钱花在能给客户带来更高价值感、品质感的地方，比如园林景观、门窗、外立面、大堂、电梯前室、电梯品牌等，最核心的三大品质点是外立面、景观、公共部位精装。这些外显性因素能够有效提升客户对产品的价值认知。

第二，路网决定规划布局、总平。社区主入口是路网的起点，路网结构如同项目的骨架，很多时候是路网结构决定了组团，决定了开发时序。社区道路分为主干道、次干道、景观道、人行道等多个层级，路网能够提升规划价值，也是景观的分界线，好的道路规划完全可以融入景观，而且，彩色的道路本身就是景观。

第三，景观无价。靠近景观带的产品能够卖高价，观景效果好的户型价格自然高。这就是为什么要用心做景观，景观是提升楼盘溢价能力的关键点，最重要的价值感知点。园林景观是最重要的突破口。以绿化率35%、容积率2.0计算，一个项目在绿化上每平方米多追加100元，摊到楼面成本每平方米才17.5元，但效果却差异巨大。园林每平方米多投入100元，在房价上可以找回300元。龙湖是在园林景观方面实现溢价最高的开发商。

特别是大中庭式的中央景观区，以及贯通或半贯通式的景观带，对于各种规模项目都具有极大的销售促动。这是一个项目的视觉中心、活动中心，亦为价值中心。

第四，尊重自然，尊重原貌。项目周边如果有山林江河湖等自然资源，那项目的整体规划就要围绕着资源卖点展开，充分用景、借景，充分利用原生地貌、地势高差，有高差更能做出有差异的特色产品。

第五，买不买房看环境，下不下定看户型。**户型配比及排布是确定规划之后最重要的工作。**

控制好梯户比，能做 T2 就不做 T3。在户型上，必须要做出一个最完美的户型，作为拳头产品、标杆产品，然后再确保其他户型没有硬伤。面宽和得房率是最重要的两个硬指标，120 平方米左右的三室户型、四面宽产品日益增多，甚至出现了 140 平方米、五面宽的四室户型。同等面积，功能更多；同等间数，面积最小，南向更多；相同户型，得房率更高。

好位置、好景观多配置大户型，多出面积；外围道路、下有底商的楼座多布置小面积；底层难卖，考虑是否赠送小花园或半地下室，是否能够做出与储藏室相连的“下跃”产品增加附加值；顶层能否给客户留出一个露台；中央景观区东西两侧的楼座，采用边厅设计，南侧落座部分户型采用北厅设计，全部卧室朝阳。有差异就有引导，有差异就有人选择。

第六，除非地块位置非常荒凉，否则底商绝对是重要的利润来源，凡是忽视这一点的一定会损失利润。所以，要增加商业临街面，提升街铺的价值，增加外围商铺的设置。小区内不要做商铺，销售和经营的价值都不高。

第七，小区的标识系统是景观的一部分，必须在示范区阶段就开始投放。导视牌要超越导视功能，成为景观的一部分，将其视作景观小品。

每当出现销售滞缓期或低潮期时，开发商总会按照“脚痛医脚”

的思路在营销上找问题，其实，操盘的基本面不在营销层，而在产品层，应该真正回归到产品层。

反复推敲，才能减少遗憾，前期的慢是为了后期的快。你在产品上用的心，都会是销售阶段省的心、赚的钱；你在产品阶段偷的懒，都会是销售阶段多花的钱。

精准定位，精研产品。要充分研究和发掘地块的点滴优势，给设计加分，增加附加值，真正站在营销角度找到一切增值点。先有产品守正，方能后有营销出奇。不懂产品的人永远算不上操盘手。

2 市场调研与竞品监控

“关注对手，你不一定会赢；但不关注对手，你一定会输得很惨。”

竞争是变化中的竞争，竞品是演进中的竞品。了解市场，不一定能赢得市场；但不了解市场，一定会输给市场、败给对手。

近年来，市场调研已经沦为“踩盘”的书面用语，市场形势太好了，使得大家已经彻底忽视了调研的意义与价值，根本无视竞品的威胁。

市场调研调的是什么？最关键的有三点：

第一，**判断城市竞争烈度，大数据定大战略。**

先统算出供/需量大数据，存量房源、存量土地有多少，去化周期有多长。例如，一个城市的去化周期为9~12个月，这就是一个良性循环的市场；如果去化周期低于6个月，就是一个很火爆的市场了。要了解各项目阶段性价格走势、对应去化量、不同产品的去化速度；了解销售政策，是否有低首付、零首付，是否有附加值赠送，如送装修，送全部家具、家电等，并跟踪各类营销手法的市场反应。从销售政策能清晰判断一个市场的竞争状况。

之后就要确定标杆楼盘，即市场中表现最好的个案，标杆楼盘的核心价值是**去化参照**，要掌握大数据，看标杆项目的去化速度，根据对其地力、产品力和营销力的系统深度研判和对比，估算出自己的去化目标后，才能界定开发时序和首开量。很多项目首开体量过大，难以当年/当期去化的根本原因就是没有找准并做好标杆楼盘对照，高估了自己的产品力或营销力。如果处于去化中位值的项目一年才能卖10万平方米，你得想好自己凭什么开20万平方米？自负之后必然自作自受。

做调研有一个最大的误区，就是容易堆砌大量数据，貌似详尽，实则无用。调研数据并不是越多越全越好，能体现供需矛盾和销售趋势的数据才有价值。“大数据”和“数据大”是两码事。

第二，**板块价值评估。**

一个项目的售价八成权重来自所在板块，板块的自身价值来自环境和配套，板块的市场价值是由板块内主流在售项目价格决定的（成熟板块还有二手房价格），所以，市调的一个关键内容便是板块研判，形成板块划分或再分，因为你的价值不是由自己决定的，是由板块价值和竞争楼盘决定的。

要画出板块配套地图，先锁定最具知名度和市场影响力的核心配套，如学校、公园，然后逐项分析交通（道路等级与通行状况，公共交通）、教育、购物、医疗、文体娱等各项配套，并了解清楚后期区域发展规划。

要搞清楚这个地块与城市最核心位置的**心理距离和地理距离**分别是多少。后期，板块整体价格走势是项目价格走势的主要参照。

第三，**锁定核心竞品，形成全面深度评估。**

同板块、同定位、同客群、同总价，“四同”占“两同”就是核心竞品。

面对竞品，必须深度逐项对比产品力。比如地段，要细化到对不同核心地标或配套的距离对比；比如户型，要拿出对手详细的户型配比和分布……还要对竞品的营销力做出评判，营销力是对营销乙方综合实力、团队配置及操盘手能力的判断。

锁定竞品之后务必精研，只有吃透竞品才能做出有差异化的产品，围绕竞品的短板下功夫。与竞品做足差异，在说自己产品好的同时，让竞品无话可说、无法比对、无法效仿。

第四，光让营销人员去做市调是不够的，必须让工程人员也去，去掌握标杆项目与核心竞品的产品打造情况，预估成本投入。营销与工程需要定期沟通，听听工程人员对竞品的看法和评估。

第五，客户调研与潜宣传

近年来，前期工作中的消费者调研已渐行渐远，有的项目能做一部分业内人士访谈已属不易。业内人士访谈是创建口碑圈、为后续“业内影响业外”打基础的重要工作环节，其实还有一种前期调研的方式比较有价值，我们管它叫“人居大普查”。

我们曾先后在多个项目上使用过这个手法，在城区繁华位置设置调研展点，采取有奖调研的方式进行一对一沟通、填写问卷。经过多次尝试之后，发现这个方法还是非常有效的，能够了解消费者对板块的认知、产品关注点、购买欲求，关键是能够直接积累意向客户。在使用效果最好的项目中，曾出现了首次开盘，问卷客户占比近20%的奇迹。

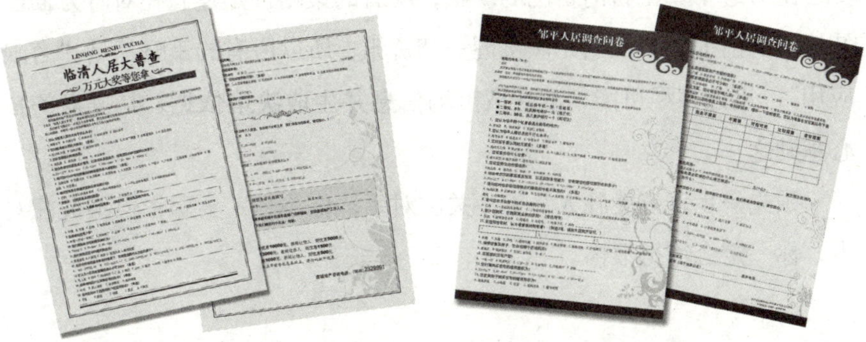

在商业项目的操作中，对经营业户的上门访谈效果亦极佳，不仅能够最大化增加自营户购买，同时也为后续招商做好了业户储备。

踩盘，通过陌生身份初次调盘才能叫踩盘，同一个盘，如果你演得不够像，又没有朋友，是无法去第二次的。如今做调研，装作买房人的“暗调”手法是最低水平的调研，基本调不出什么有价值的东西。最有效的方法是直接亮出身份，专门找那些非竞品项目的营销骨干进行深度沟通。最重要的调研人群是置业顾问，一定要多聊，其次才是看房客户。

进入营销阶段之后，要对竞品形成一个系统的“**动态监控体系**”，起码要做到：①营销团队每人或数人负责重点监控一个项目，实时更新动态，及时沟通；要对竞品的所有动态严密监控、彻底掌握，掌握竞品手续办理和施工进度，判断或了解其推盘节点、促销动作，摸清其产品加推组合和价格调整情况。②客户是最好的老师和情报员；销售团队在销售接待过程中跟来访客户深度交流竞品动态，把握消费者对竞品的看法，他们掌握的情况往往很有价值。③策划人员要高度关注竞品的公众号、服务号，大小节点动态，现场活动了解清楚；随时更新价格提升对比图、价格与去化量对照图，两两对照，深度剖析。还有推广力度、渠道政策、营销乙方/团队动态等。④及时关注竞品的负面消息，必要的时候推波助澜。

看清大势，看清对手，一是要摸清成功楼盘背后的真正规律，二是要在比对之下真正看清自己的现状，所有的策略都是建立在对各方面已知情况的前提下。因为无法掌握一切资讯，所以所有的策略都是“有限应用”。迅速并尽可能精准获取市场信息并生成决策依据，是操盘的核心基础之一。

领先一步，方能胜人一筹。关注对手，你不一定会赢；但不关注对手，你一定会输得很惨。

3 操纵房价

> “价格是房地产营销中最敏感的因素，量价平衡最考量操盘手对‘火候’的拿捏。”

定位、定价、定时、定量，操盘四大重点。价格策略，位居第二。

当我们衡量一个项目卖得好不好、操作是否成功时，往往就看两点：一是卖得快不快，二是卖得贵不贵。价格和速度，双料是神盘，单料是赢盘。

价格是房地产营销中最敏感的因素，量价平衡最考量操盘手对“火候”的拿捏。价格拥有“多重身份”：可以是项目的代言人，可以是项目的引流器，可以是销售中的销控表，更可以是客户的分流器和现场的逼定工具。

价格策略由四部分组成：定价、放价、调价、降价。

第一，定价。定价是价格策略组成中最重要的部分，定价即战略，定价即销控，定价定成败。定价首先是策略题，然后才是算数题。

（1）**板块价值、竞品参照、差异。**入市前的定价和成本没有半毛钱关系，你的价格和价值都不是由自己决定的，是由板块价值和竞争楼盘决定的，竞争关系和认知决定了你的售价。一个项目售价的八成权重来自所在板块，所在板块价值又是由板块内主流在售项目价格决定的（成熟板块还有二手房价格）。

注意：必须是“有价有市”的项目才有参考意义，有价无市、去化极慢的项目只能当作反面典型，不能参考；还要参照项目的战略属性，慢盘不要拿快盘的定价当参照。

当处于白热化的竞争环境、面对同质化的产品竞争时，唯有价格是撒手锏，价格是最有力的竞争手段。真正成功的定价是定一个令客户难以拒绝、令对手无法轻易反击的价格。定出这个价格，操盘就成功了一半。任何时候，价格本身都是最好的卖点、最好的引流手段。

先有产品差异，后有价格差价。要进行对比，有比较才有成交。在能比的环节不丢分，在无法比较的地方加分。

（2）定价的第一要点是对**量价关系的平衡**。单价和速度是永远的剪刀差关系，两者难以兼得，最终的价格往往是根据去化总量目标折中出来的。如同我们给开发商报开盘计划，都是不同的单价对应不同的去化目标。

大多数时候，**保量的重要性远远胜过保价**。

（3）**总价**是制约购房者有效需求产生的最大瓶颈，单价只是在总价基础上体现一下性价比。总价是大分，单价是小分。

（4）**楼王战略**是项目操盘中必不可少的营销手段，无论如何都要找出相对好的产品标出最高的价格，这就是楼王。**楼王是全盘的价格锚点，是其他产品价格的对比标杆**（详见本书《楼王战略》一文），全盘有楼王，期期有楼王。**定价即销控**。想卖的货量价格定低，打掩护的产品价格定高。

（5）定价推导，定价是一个从大到小的过程：全盘价——组团价/每期均价——楼座价——单元价——户型价；户型：垂直差、平面差、朝向景观差、采光通风差、噪音差。因为楼盘的资源禀赋差异巨大，这里面没有固定的差价系数去套，需要具体项目具体分析。这里要注意不同户型的极差和楼层的跳差。

户型定价大原则：优质户型，高价标杆，爱买不买；主流户型，实惠惊喜，平价快走；问题户型/缺陷户型，击穿底线，特价疾走。

（6）在垂直差定价上，很多高层项目犯了根本性错误，即由低到高逐层加价。除非具有特殊的景观优势，否则这个定价模式是非常错误的。传统的多层定价模式是典型的橄榄形、纺锤形定价，即第三、四层价格最高，第二、五层次之，顶底最低。到了高层时代，定价模式特别一致地变成了越高越贵，要知道那只是具备景观优势的楼盘采用的定价手法，却被很多人照搬。大部分客户对高区住宅是有一定抗性的，往往卖到最后的都是高楼层产品，最受欢迎的楼层价格出现了系统性低估，好楼层总是最先卖光，比如17层产品中的6~12层。两头略低中间高，才是确保均匀去化的合理定价方式。只有当低楼层有园景、高楼层有远景，中间楼层两头不靠时，才会出现中间便宜、两头贵的定价模式。

（7）爬楼定价。定价要爬楼，凡是不去工地现场实地勘察，只坐在办公室里看图纸定出来的价格表一定有问题。如果条件允许，每个能进去的房源都要走一遍，每套房子能进去的房间都要进一遍，进到每个房间，看遍每个窗口。

（8）在定价环节，最有发言权的人来自销售一线，他们最了解客户的心理和价格承受力，而且他们是最了解竞品的人。

（9）低开高走是永不过时的价格策略。项目启动区往往以整体低价入市，凭借最具竞争力的价格利器，取得开门红，然后形成稳步提价的销售势能，获得热销口碑和竞争优势。南方商人的老话叫“蚀头蚀尾赚中间”。

当然，所谓的低开不是绝对低，而是相对低，就是开盘时以低于绝大部分客户心理价位的价格开盘，这才是真正的低。最可怕的是不摸客户的底，只拍自己的脑门，自己幻想出一个“低价”。

（10）不要因为认筹量和推货量的供需比高就盲目提高价格，一次合理的定价必须是房源高比例去化，同时未成交客户高比例等待后续产品，如果出现首开之后大量退筹，只能证明你的价格还是定高了，被竞品阻击了。

第二，放价。放价先抬价，放价即测价。

任何人在买一样东西之前，都会在心里先行衡量这个东西值多少钱，形成一个心理价格，也称期望值。所谓的销售势能，就是指消费者对其购买的商品所感觉到的心理价格比实际价格高多少，心理价格高出实际价格越多，销售势能越大。势能越大，销量越大。

前期操盘工作有两个重点：一是积累客户数量，二是抬升客户心理价位，后者也可理解为培育客户质量。花大力气做售楼处、示范区、样板间，说白了就是为给足客户价值感，营造价差，抬升心理价位。

自我感觉抬价抬得差不多了，开盘时间临近了，就到了逐步放价的时候，你一边放价，一边对客户进行“心理测价”。

（1）放价分三步走：第一步不出价，只讲“价”，讲周边行情，讲自己产品；巩固客户对区域现有价格体系的认知，抬升客户对产品价值的认知。第二步出均价区间，同时率先释放楼王价格（商业项目则是铺王），锚定比价。第三步释放主推产品的价格区间。

（2）最后就是在开盘当天出准价，前三步解决物有所值的问题，最终才能呈现出物超所值的景象。

（3）每一次放价都是对客户心理价格探顶的尝试，我认为探顶可以，“触顶”不可以。我见过太多定价太高把自己顶住，甚至顶死的，也见过很多涨价太快、太猛把自己滞涨的。反而是那些整天抱怨价格卖低了的，还爽爽地活着。贪心必败、贪婪必死。

（4）所有价格都是**比较价格**，客户对你价格认知的高与低，来自内外两番比较：一是拿你的价格和竞品的价格比，二是拿你的实际价格和你营造给客户的心理价格比。你要明确自己是否真的已经把竞品价格体系吃透，因为对客户来说，最终的成交不是全盘均价大比拼，而是客户看中的户型与竞品同类产品的小比拼。要找到竞品价格体系中的问题和漏洞，根据对手的去化状况判断自己价格体系的正确度。你要感谢高素质竞品有力拉高比较价格。

第三，调价。价格策略是一场变速跑。

定价是先手，调价是后手，后手要留足。操盘是场变速跑，调整速度的能力决定收益，冲刺跑量时不犹豫，提价减速时有预期。

（1）调价需要内外看，内看蓄客量和工程进度，外看价格走势和成交行情。掌握市场价格的增值规律和增加幅度，尤其是板块内竞品的价格走势和对应销量。

（2）价格有四大节点：开盘价、封顶价、竣工价、交房价。四个节点价格依次上升，每一期产品都如此，只要给每次涨价找到充足的理由，涨价是压迫手头客户快速成交的最好法宝。

（3）买涨不买跌是客户正常心态，但在不合适的节点涨价过多会让客户感到受了伤害（因大势群盘普涨无妨）。看不到升值的理由，极容易被竞品瓦解。涨价的幅度跟推货量紧密相关，跟竞品价格走势紧密相关。

（4）促销有降价促销，也有涨价促销。凡是能促进销售的都是促销，促销并不是降价、打折的代名词，很多时候涨价才是最好的促销手段。降价是迎合贪婪，涨价是激发恐惧。比如，二期开盘前集中对一期剩余尾货扫尾，二期的高价预期就是清尾的利器。

（5）虚实结合，交替出货。调价如同冲锋，要互相掩护往前跑，不断调整房源间的比对关系，永远有主推，永远有掩护，用价格作为推介利器，用价格促定。调价的频率和幅度要在虚实中反复转换，有真涨，有假降；有假涨，有真降；有明提暗降，有明降暗提，这些都是提价障眼法。调价在很多时候就是放价格烟幕弹，是一种掩护型定价，让别人看不清你的真实价格体系，只有这样才能牵着客户走，牵着竞品走。

价格烟幕弹的真正含义不是好产品定高价，而是主推产品定平价，不想卖的产品定高价。价格烟幕弹在商业项目的销售中发挥的作用比住宅要大很多。

第四，降价。晚降不如早降，暗降不如明降。提价小步走，降价大步走。

当你遭遇市场寒冬时，当你面对资金困境时，不要犹豫，大胆降价。先降先赢，后降白降。要确保降价收回的资金足够你度过这场寒冬。

（1）**杜绝“空降”，不要“普降”**。降价不是盲目滥降，要拿出市场有需求、有目标客群的产品，而且这部分客群前期未成交的主要原因是价格过高，这样的降价才不是“空降”，才有的放矢。降价要选出部分房源降，最好不要对在售房源进行普降。

（2）**降价三要素：早、准、狠。**在淡季，那句老话是管用的——没有卖不出的房子，只有卖不出的价格，这是逆势的营销真理。在客户观望情绪刚起时，市场上还是存在大量真实需求的，所以，不降则已，降必惊人。①首轮降价必须一步到位，击穿底线。降价切忌“添油战术”、步步走低，只要一次没降到位，市场就会陷入彻底观望。②降价要限价、限量，要告诉客户，这就是底线，就卖这些，过时不候。③降价幅度小很容易引起对手的反击，刚刚形成的价格优势立刻荡然无存，所以降价幅度要大，大到对手必须仔细想想是否跟进，只有这样才能赢得时间、赢得战机。在价格上快刀斩乱麻，自助者天助。

（3）变相降价的招数有的是，精装变毛坯，毛坯送精装，工程抵账房，团购房，业主加购专享折扣，特殊人群特惠等。比如，业主加购专享折扣，第二套九折，第三套八折。再如“团购风暴”，每多一人购买，就降一部分价格，人越多，越便宜；价格上封顶、下不封底，降价幅度因盘而异。

降价四限：限时、限量、限价、限人。

（4）关于降价补偿——补。如何化解客户对于未来市场判断的悲观心态，唯有降价补偿。无论是“保值回购”还是“降价补差价”“房子降价不用怕，降价我们补差价”，这些口号都可以喊，并和客户签订《降价补偿协议书》。

如果降价能够带来此前已售两倍以上的成交量，那就降价。对于前期业主，要么直接补偿，要么变相补偿。全额补偿差价是最能给项目带来轰动效应，并且有效打击竞品的强势手段，也最能促动客带客成交。补偿的部分并不是全额损失，例如补装修，可以找合作单位，用市场化的报价，出装修套餐，最多花一半的钱。补过一次差价之后，无论你再喊什么口号，客户都信。

成大事都要付出代价，人必自救而后人救之。只有敢于降价补偿的开发商，才有资格赢得更多的利润。

物本无价，全在定价。没有比较，没有比价，何来性价比。

定价是决定营销成果的最核心要素，是决定竞争胜败的关键所在。一个项目的操盘成功，赢在定价，胜在推盘。操盘手一定是操纵房价的高手。

成功的定价，至少能够给你的项目额外创造1%～3%的利润。

4 楼王战略

> **一个没有楼王的操盘是失败的操盘，一个有楼王而不知充分利用的操盘则是彻头彻尾的失败营销。**

在所有的牌类游戏中，最厉害的牌通称“王牌”。如果把一个楼盘的全部产品比做一幅牌，其中必定有那张“王牌”，在地产营销中我们称之为“楼王”。

楼王、楼花等概念均源自早期的中国香港楼市，中国香港房地产市场以高层公寓为主力产品形态，其所宣传的“楼王”泛指公寓顶层面积最大、标价最贵的那几套房源单位。

如今，楼王战略是项目操盘中必不可少的营销手段，把最好的产品标出最高的价格，这就是楼王。项目全盘或每个组团必须有价格标杆产品，与其他产品形成价格反差，人造价格洼地。最贵的楼王就是锚品，是项目的比价标杆。

第一，楼王含义。

（1）大部分楼王是指项目里所有楼座中的“整栋楼座楼王”，只有在单体楼中，楼王是指屋王或户王；根据楼盘的规模差异，还会细分出更多品类，例如**楼王组团**，泛指超级大盘中的最佳区域内多个楼座共同组成的部分，楼王组团中往往还会出现楼王之王；再如一期楼王、二期楼王，泛指分期开发的楼盘中每一个开发周期内的楼王。

（2）大部分楼王是指一个楼盘中产品形态最高端的部分房源，典型如一个包含多种产品形态的综合社区中的别墅产品，又如一个拥有独栋、双拼、联排等产品类型的别墅社区中的独栋别墅。

（3）楼王还可以是综合各类要素后的最佳房源，这些要素包括环境、景观、朝向、户型设计等，其中尤以景观为评定楼王的最关键要素。越是大楼盘，其不同楼座间的资源差异性越大，楼王也越好分辨；楼王在社区中一定占据着最好的景观资源，拥有甚至独享最好的配套设施和最好的户型设计与配比等。

（4）户型最大、单价最贵、总价最高的房源被称为户型楼王。

第二，楼王作用。

地产营销中的楼王战略类似快消产品中的高端品类，既迎合了高端消费，也提升了整个产品线的档次。但最具实战性的价值在于价格参照，**楼王是全盘的价格锚点，是其他产品价格的对比标杆**。

在消费者眼里，商品的价值是“相对存在的”，这件商品到底值不值这么多钱，这个定价到底实惠与否，都需要一个可供参照的标准。价格锚点是我们自己设定的内部参照标准。

在同类产品中人为拔高、塑造出高端品牌或品类，具有同时满足实战需要与心理需要的双重功效，可谓一箭双雕。在奢侈品行业中，制造“锚点商品”是必备动作，个别价格高得离谱的商品，起到的作用就是充当“锚点”，有没有人买它并不重要，它的存在价值就在于与其他价格相对便宜的商品形成对比。

以水城国际项目为例，项目总建筑面积为25万平方米，南侧为市政规划的34万平方米的明潭湖公园，整个楼盘的产品形态延临湖一侧向北次第增高，由叠加别墅、小高层、高层组成。

经过分析，根据产品的资源稀缺度，我们认为该项目中的别墅产品部分对项目的重要意义来自三个方面：①作为最高端的产品形态，能够有力拉升社区整体档次与品质感；②占有了一线湖景资源，其垄断性、空前性的资源优势注定了别墅产品是项目中售价及利润双高的产品；③别墅数量不多，自身销售压力不大，理应成为其他类型产品的映衬，尤其是抬升高层单位售价。

在综合考虑了多方面因素后，我们将高层产品的价格定位在4500元/平方米左右，别墅价格定位在10000元/平方米。两种产品两倍多的价差，使得楼王诞生。开盘之后的情况与最初预计的如出一辙，购买别墅产品的客户并不在意价格，而且在高价别墅的映衬下，小高层与高层产品的定价亦令客户感到非常满意。

通过这个例子，我们可以清晰地认识到，楼王战略对于整个楼盘的营销实战具有三方面作用：

（1）若存在产品形态的差异，高于整体社区产品形态的高端产品能够有力拉升社区整体档次与品质感，吸引消费者关注；尤以别墅等低密度产品为最佳楼王候选产品。

（2）通过楼王的高额定价，使其成为其他住宅产品的重要参考价格，人为制造楼盘中的价格洼地，两相对比之下令消费者怦然心动。

（3）因不急于依赖楼王产品销售回款，故而楼王将成为利润最大化产品，并仍具有价格上浮空间。

同时，楼王战略的合理运用还可以充分满足业主的多种心理需要：①楼王买家心理满足，购买楼王成为一种身份的标志。即使在同一个社区内，购买了较佳房源的消费者仍然会有特定的心理优越感，如果他购买的房屋是楼盘营销推广中的楼王房源，这会成为其对外介绍新居的主打词汇。②社区内其他房源购买者的心理满足，他们会通过告之楼王的销售价格来尽可能提升自己所购楼盘的档次，同时突显自家房源的高性价比。人皆如此，炫耀小区里最贵的房子卖到了多少多少，从而衬托出自己的高超买房技巧。

有楼王映衬，自然皆大欢喜。

第三，楼王琐议。

（1）高低配的项目规划最容易找楼王，但只要你想找，即使在完全相同的产品中也能选出楼王。

（2）给楼王起个好名字。每个楼盘都有自己的楼王，但各不相同。近年来比较典型的楼王名称有山水楼王，水岸楼王（亲水、临水、湾畔、滨湖等），景观楼王（瞰景、海景、湖景、江景、河景等），半山楼王（占据最高位置、私密性强），空中楼王（顶层复式惯用），中央楼王，压轴楼王，品质楼王，巅峰楼王，至尊楼王等。

（3）在前期打造产品的时候，一定要刻意区分产品，楼王产品与其他房源应有明确的差异点，要有资源倾斜，产品形态要独特或者优点突出。后期也可通过精装修、独立物业等方式增加附加值。

（4）大胆定价。相同的物业形态价格差至少应拉开10%以上，必须与目前在售的产品拉开明显档次；低密度比高密度至少拉开30%～50%。楼王产品是锚品，在根本上与跑量产品不同，初期因为价格因素可能出现销售缓慢的情况，但往往随着行情的发展和现房的呈现，楼王单位会实现最高的利润值。

（5）可针对楼王产品进行独立的产品包装与推广工作。

（6）全盘有楼王，期期有楼王。

在今天的市场环境中，没有楼王的楼盘是不完美的。每个楼盘都有楼王，只要前期用心搞好产品，做出差异，后期用心做好营销，包装到位，你的楼王就会显现出来，并发挥巨大作用。

看好手里的牌，打好楼王这张牌。

5 赢在案场

“所有的推广和渠道是解决‘流量’问题，销售现场是解决‘留量’问题，销售团队的执行力是确保操盘目标的最后保障。”

销售经理每天十问：

（1）今天检查客户生日短信发送情况了吗？

（2）今天早会激励效果如何，任务布置是否到位？

（3）今天陪同/监督置业顾问接待客户了吗？走了几遍接待流程？

（4）今天给客户发沟通短信了吗？检查置业顾问朋友圈了吗？

（5）今天和策划人员沟通来访渠道和推广效果了吗？客户地图更新了吗？

（6）今天更新、完善销售说辞了吗？答客问了吗？

（7）今天仔细检查来电、来访、客户追踪本了吗？

（8）今天分析销控了吗？核查回款情况了吗？

（9）今天晚会开得有质量吗？分析客户到位吗？

（10）今天给相关领导发日报、周报了吗？提出个人工作建议了吗？

地产营销无非是解决两个环节的问题，一是客户来访，二是客

户转化。销售案场的关键职责就是负责客户转化和成交，所谓的销售水平高低，就在转化率上见功夫。再精准的操盘策略、再完善的营销方案，最终都要靠销售案场的团队强力兑现，在每一组来访客户身上用成交实现终极价值。所有的推广和渠道是解决**“流量”**问题，销售现场是解决**“留量”**问题，销售团队的执行力是确保操盘目标的最后保障。

一个销售案场的水平是由案场销售经理决定的，他的水平高一点，整个案场的水平就高一点；他的水平 low，全案场一起 low。上面那十个问题，就是每个销售经理必须天天自问的。

案场业绩好，首先是有标准化和规范化的管理，其次是销售人员个体执行力和单兵作战能力强，第三是团队协作配合好。故而，要带好团队，实现好业绩，一个好案场经理需要在四个管理维度上下功夫：

第一，整体管控。

新智盟目前的核心销售管理工具是“红黄蓝绿四大本”，红即《客户追踪本》、黄即《电话追踪本》、蓝即《早/晚会记录本》、绿即《周/月会记录本》，前两本是置业顾问使用的，后两本是经理和主管使用的。最关键的是《客户追踪本》，每天由销售经理在晚会上逐一分析来访客户，给来访客户评级。

我们新智盟的客户追踪本与众不同，封二上有清晰的客户评级标准。

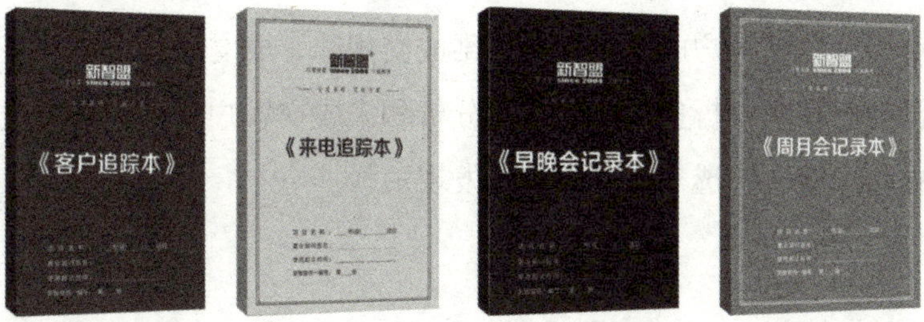

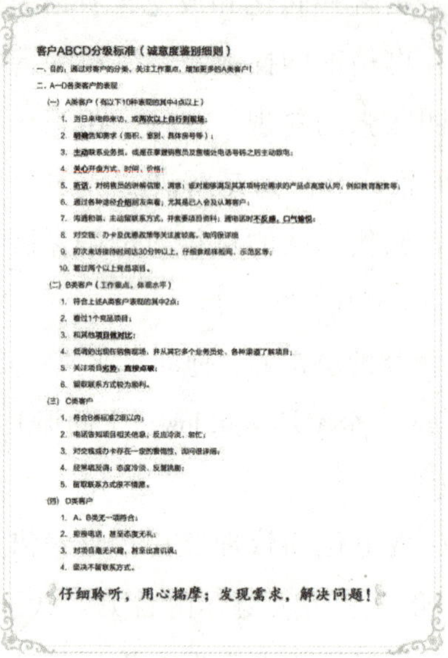

客户ABCD分级标准（诚意度鉴别细则）

一、目的：通过对客户的分类，关注工作重点，增加更多的A类客户！

二、A—D各类客户的表现

（一）A类客户（有以下10种表现的其中4点以上）

1. 当日来电即来访，或两次以上自行到现场；
2. 明确告知需求（面积、套型、具体房号等）；
3. 主动联系业务员，或是在掌握销售员及售楼处电话号码之后主动致电；
4. 关心开盘方式、时间、价格；
5. 听话，对销售员的讲解信服，满意；或对能够满足其某项特定需求的产品点高度认同，例如教育配套等；
6. 通过各种途径介绍朋友来看；尤其是已入会及认筹客户；
7. 沟通和谐，主动留联系方式，并索要项目资料；通电话时不反感，口气愉悦；
8. 对交筹、办卡及优惠政策等关注度较高，询问很详细
9. 初次来访接待时间达30分钟以上，仔细参观样板间、示范区等；
10. 看过两个以上竞品项目。

（二）B类客户（工作重点，体现水平）

1. 符合上述A类客户表现的其中2点；
2. 看过1个竞品项目；
3. 和其他项目做对比；
4. 低调的出现在销售现场，并从其它多个业务员处、各种渠道了解项目；
5. 关注项目劣势，直接点破；
6. 留取联系方式较为顺利。

（三）C类客户

1. 符合B类标准2项以内；
2. 电话告知项目相关信息，反应冷淡、匆忙；
3. 对交筹或办卡存在一定的警惕性，询问很详细；
4. 经常唱反调，态度冷淡、反复挑剔；
5. 留取联系方式很不情愿。

（四）D类客户

1. A、B类无一项符合；
2. 拒接电话，甚至态度无礼；
3. 对项目毫无兴趣，甚至出言讥讽；
4. 坚决不留联系方式。

仔细聆听，用心揣摩；发现需求，解决问题！

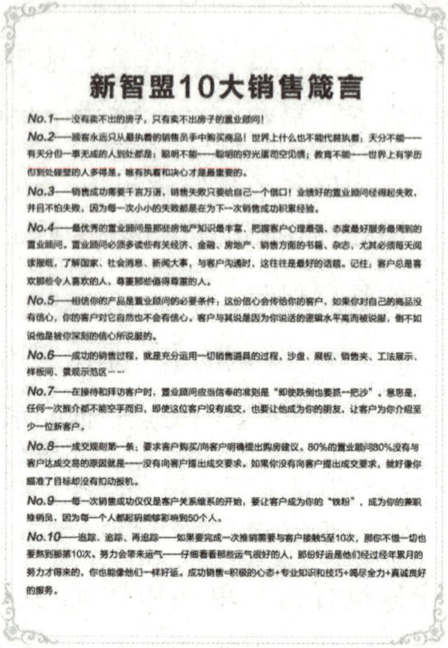

新智盟10大销售箴言

No.1——没有卖不出的房子，只有卖不出房子的置业顾问！

No.2——顾客永远只从最执着的销售员手中购买商品！世界上什么也不能代替执着；天分不能——有天分但一事无成的人到处都是；聪明不能——聪明的穷光蛋司空见惯；教育不能——世界上有学历但到处碰壁的人多得是。唯有执着和决心才是最重要的。

No.3——销售成功需要千言万语，销售失败只要给自己一个借口！业绩好的置业顾问经得起失败，并且不怕失败，因为每一次小小的失败都是在为下一次销售成功积累经验。

No.4——最优秀的置业顾问是那些房地产知识最丰富、把握客户心理最强、态度最好服务最周到的置业顾问。置业顾问必须多读些有关经济、金融、房地产、销售方面的书籍、杂志，尤其必须每天阅读报纸，了解国家、社会消息、新闻大事，与客户沟通时，这往往是最好的话题。记住：客户总是喜欢那些令人喜欢的人，尊重那些值得尊重的人。

No.5——相信你的产品是置业顾问的必要条件；这份信心会传给你的客户，如果你对自己的商品没有信心，你的客户对它自然也不会有信心。客户与其说是因为你说话的逻辑水平高而被说服，倒不如说他是被你深刻的信心所说服的。

No.6——成功的销售过程，就是充分运用一切销售道具的过程，沙盘、展板、销售夹、工法展示、样板间、景观示范区……

No.7——在接待和拜访客户时，置业顾问应当信奉的准则是“即使跌倒也要抓一把沙”。意思是，任何一次推介都不能空手而归，即使这位客户没有成交，也要让他成为你的朋友，让客户为你介绍至少一位新客户。

No.8——成交规则第一条：要求客户购买/向客户明确提出购房建议。80%的置业顾问80%没有与客户达成交易的原因就是——没有向客户提出成交要求。如果你没有向客户提出成交要求，就好像你瞄准了目标却没有扣动扳机。

No.9——每一次销售成功仅仅是客户关系维系的开始，要让客户成为你的“铁粉”，成为你的兼职推销员，因为每一个人都起码能够影响到50个人。

No.10——追踪、追踪、再追踪——如果要完成一次推销需要与客户接触5至10次，那你不惜一切也要熬到那第10次。努力会带来运气——仔细看看那些运气很好的人，那份好运是他们经过经年累月的努力才得来的，你也能像他们一样好运。成功销售=积极的心态+专业知识和技巧+竭尽全力+真诚良好的服务。

销售管理纯粹比拼的是执行力，是从上向下推进的执行力度，执行力的加强和改善绝不是仅仅通过“口头管理”就能完成的，必须落实到纸上，有据可查、有例可循。每个项目进场后第一件事就是打印全套销售管理制度，全员在每份管理文件上签字，然后张贴上墙，形成一面“制度墙”。其次要开项目启动会，制定目标、分解指标，定好保底红线业绩指标和绿线挑战指标，将阶段性目标分解到月、周、天的来访和电 Call，以明确的数字化指标树立奋斗意识，全体人员立下“军令状”，看板上墙。

合格的销售经理每天晚会都是在分析来访客户、盘点成交客户，让每位销售员分享客户成交过程、总结成交规律，成交客户典型特征、购买动机等。客户分析包括成交客户分析和未成交客户分析，研究成交客户是巩固长板，吃透未成交客户是发现短板。

客户追踪表

NO.____ / 客户类别（红笔标A~D）______.

客户基本信息	到访日期/周几		时间		客户姓名	
	性别		人数		联系方式	
	客户特征					
	客户年龄		单位/行业		职位	
	交通工具（车型/号牌）		家庭情况		认知渠道（可填多项）	
客户需求	物业类型		面积		楼层	
	关注问题					
客户承受力	现有物业		楼层		面积	
	地址（居住/工作）					
	购房目的		首付（万）		月供	

客户初次到访的接待过程（谈及重点信息、参观时长及过程、客户兴趣点、客户对竞品看法等）	成交障碍核心问题	下一步如何追踪？

客户追踪记录（客户再次来访、电话追访客户、客户来电、客户往来短信息要点等）

客户状态				陪同接待			
成交时间		房号		面积/单价/总价	m²		万元

成交客户的来访渠道要分析透彻——自然来访、广告来访、电 call 来访、老带新、拓客来访、经纪人……销售现场信息的反馈对策划部门制定和调整营销策略有着举足轻重的作用，要弄清楚有效渠道如何进行深耕、深拓，无效渠道是否存在问题，是否需要暂停或中止。推广和渠道是反馈意见，在定价和调价方面，销售经理是最有发言权的人。

制订出现场 SP 配合方案，营造现场氛围，协同逼定客户。

要进行案场团队激励，树立案场标杆。月度销冠、季度销冠、年度销冠、单价最高销冠、转化率冠军等要给予“奖牌+奖金”的奖励。

第二，团队专业管理，数据化管理。

将营销团队分为 ABC 三级，在分组 PK 时混合搭配，分梯次管理。对 A 类人员主要是激励和稳定，对 B 类人员主要是培训和提高，对 C 类人员主要是带教和鞭策。老带新，强带弱。C 类人员业绩不佳时，启动陪接制度，A 师傅提取 C 徒弟成交佣金的 10%作为奖励佣金，这样做一方面提高整体水准，另一方面不浪费客户，一举两得。

要对案场人员进行数据分析，每个人的总销金额、总销套数、总销均价、转化率分别是多少，尤其要关注销售人员转化率分析。要想提高项目的成交转化率，只有两种方法：一是当案场来客量不大、接待强度未饱和时，必须立刻停止低转化率人员接客，优先确保高转化率人员接客量，启动销冠接待制、明星接待制；二是在案场来客量较大、人员补充不及时的情况下，需进行突击培训，快速提高新进人员和落后人员的接待能力。

销冠分为两类：勤奋型销冠和杀手级销冠。杀手级销冠都是以转化率称王的。

只要有条件，就要多分组，每组不少于 4 人即可。4 人是黄金配置，1 名组长，3 名组员。组和组之间要竞争，组内也要有 PK。尤其在客户量不大的时候，可以按组轮接客户，实行组内销冠首接制，轮空人员负责 call 客和外拓类工作。

分析转化率最高的客群，找到最被关注、最具吸引力的成交关键点。**提高整体转化率是案场经理专业技术管理的重中之重**。个人转化率—小组转化率—案场转化率，层层提高，提高转化率才能不浪费客户，才能不浪费广告费、渠道费，转化率的提高是对营销费用的最大节省。

作为项目一线销售团队的管理者，案场经理的职责就是按照岗位要求完成“规定动作”，紧盯一线、事必躬亲，必须能够时刻发现问题、及时解决问题、迅速总结方法，早会、晚会、日报、周报、月报，要将每天、每周、每月的各种文件进行系统归类、整理，刨除那些日常工作，将自己在案场每一个阶段出现的每一个问题发生的根源、解决和杜绝办法一一记录在册，将一个项目从进场到结案的全程销管资料统计完整，每年编制“**□□案场□□年度销售管理文件汇编**”，在一个项目结案之后编制“**□□项目全案销售管理文件汇编**”。

第三，培训和考核。

销售管理的一半是培训，一半是考核。

地产行业的销售人员往往号称“置业顾问”，顾问的真正含义是具备丰富的专业知识，占有全面的行业资讯，能够为客户提供专业的咨询，在客户面前要具有权威的发言权。然而，因为置业顾问的年轻化问题，重复置业的购房者的专业水准甚至超越了销售人员。所以，如果没有系统的、高强度的培训流程，一个新人完全无法胜任地产销售的角色。

培训包括系统性培训、针对性培训、售前集中培训、售中持续性培训等。晚会之所以重要就在于全员要在经理的带领下，第一时间对市场情况、政策利好进行分享研讨，将最优说辞与大家共享，竞品应对话术要更新，销售说辞也要天天更新、天天补充。早会激励，晚会总结，分享总结就是培训的一部分。

先定目标，再行考核。案场经理要对团队成员的工作能力和工作状态进行评估，找准各人的优势和问题所在，然后不断给团队成员制定集体和个人目标，一个通过艰苦努力能够实现的可行性目标。优秀人员多分享成功经验，落后人员加大培训带教强度。实行看板管理，张贴业绩龙虎榜，前三名标红，后三名标黑。

差异化佣金——对不同产品制定不同的佣金政策，不同时期有不同的阶段性佣金政策；捆绑考核——难销户型与易销产品进行搭配考核；设置“收尾奖”——每栋楼卖出最后一套额外奖励。

第四，气氛营造与触点管理

现场决定现金，营销的基础是营造。没有看房人气，何来买房人气。每天卖一套房和周末一天卖七套是截然不同的效果，要尽可能把客户汇集起来，每周有两天集中上客，制造人气。案场人气是实现业绩目标的基础。

所谓的“客户触点管理”，就是在客户购房过程中的每一个接触点、每一个能够产生心理感受的环节，竭尽全力让客户满意，让客户享受购房的愉悦过程，让客户产生“赢”的感觉。客户从首次致电到首次来访的全流程，每个细节都要形成规范，确保标准统一。

给足成交客户面子，让客户的虚荣心膨胀到最大。客户成交之后，每个人都要恭喜客户，并由成交客户自己更新成交客户计数牌上的数字。客户离开时，置业顾问要送到门外，目送离开。只有把每一批成交客户服务到位，才能让上一次销售的结束成为下一次销售的开始。

做销售要始终秉承**没有任何一批客户是垃圾客户**、所有客户都是好客户的理念，用最热情的服务、最细致专业的宣讲、最中肯透彻的解答让客户满意，哪怕他是同行。客户也许不会买你的房子，但一定要让他有“学到了东西、增长了见识、这一趟没白来”的感受——这就是感动。只有感动了客户，才会让想买房的客户觉得不买对不起你，让不想买房的客户觉得不给你介绍客户对不起你。任何时候，宁可增加案场人数，也不能降低接待标准，不能删减接待流程，不能简化服务内容。

要让目标客户成交，要让无意向客户推销。当前大部分楼盘营销中有一个常犯的错误，就是只重视成交客户，希望通过他们实现“老带新”，实际上，未成交客户会“新带新”。营销口碑不只来自成交客户，“新带新”才最见功夫。当“未成交客户”给你带客户时，才证明你是一位优秀的置业顾问，这个案场才是一个优秀的案场。

对于一支销售队伍来说，其整体专业水准的提升、工作态度和战斗士气的维持、团队协作的紧密与融洽，都不是一朝一夕能够形成和改变的，靠的是点滴不辍的指正和提高，靠的是持之以恒的优化和改善。一个项目卖得好不好，进到案场用不了5分钟就能感觉得到。

定目标、抓过程、快调整、明奖惩；盘点房源，盘点客源，分析数据，盘整说辞，走动式管理，紧盯案场，辅助成交逼定。销售经理是现场指挥，不是幕后指挥；策划经理和项目经理可以看数据汇总，销售经理必须自己审数据、写汇报。销售经理置身一线，最靠近终端消费者，与市场有最直接的接触，对项目存在的问题最有发言权，如果项目制定的营销策略有问题，案场经理要负一半责任。

销售管理，永远是知易行难。

6 策划销售化，销售策划化

“不能讲沙盘的策划不是合格的策划，不能出推广方案的销售经理不是好销售经理。”

就操盘实战而言，策划与销售本身是不分家的。所谓操盘手，必须是一个能把策划与销售工作全盘统筹的人，既能从整体上把控项目的营销策略、推盘节奏，也能俯下身子从一线销售中发现问题并找到方法。

既然一切工作说到底都是为了销售，那么无论是项目总监还是策划经理，光看销售部的统计汇报，光听他们分析客户是绝对不够的，必须低下身子深度融入销售工作中去，唯有深入一线才能了解实情、辨伪存真。从销售主管到案场经理，一名合格的销售管理者，其实就是半个策划经理。作为天天和客户打交道的人，销售团队应该比任何人都更了解客户的心态、来访渠道、关注点、抗性点。根本无须拿着统计数据让策划人员去二次判断，由销售经理总结出来的客户分析，其实就已经指明了下一步的策划方向和推广策略。

以下几个方面工作都是策划和销售混合型工作：

一、卖点和买点

卖点和买点有时是两码事。卖点是前期未有成交客户之前，根据市场研究的结果和自身产品的特性提炼出来的，更多是站在“卖家”的主观角度，宣传“我最大的优点是什么，或者我与众不同的最大优点是什么”；买点则是从购房客户角度出发，站在个体角度去反馈“项目最打动我的是哪一点”“最终令我下定成交的是哪一点”，是真实的客户观，是基于对来访客户，尤其是成交客户的精准分析之后得出的结论，买点是站在“买家”的立场看待项目。

卖点和买点在实战中往往会有差异，如果说卖点是自说自话，那么，买点就是投其所好。有时候自己提的卖点对于客户是“无感”的。

你的卖点可能有一大堆，但在不同时期、面对不同客户，他们真正关心的点可能只有一两个。对于策划而言，卖点可以自己琢磨，但买点必须得听销售的反馈，而且必须听现场来访客户的声音。**策划找卖点，销售找买点。**

还有抗性点，很多时候令客户最终放弃购买的只是一个核心问题，所以，策划必须和销售一起用心，真正找到令客户放弃的理由，然后才能想方设法去规避、去弱化、去掩饰那个核心问题。

如果我们提出的 USP（在营销领域上代表独特的销售主张）恰好是打动客户的那一点，那恭喜你，很成功。但一般情况下，卖点都是在价格基础上建立了心理倾向而已，是一种加分的好感罢了。你的卖点要给客户十足的好感和心理认同，你的单价和总价才是最大的 USP。

卖点，就是一个很突出的优势，或者是你独有的，不是第一，就是唯一。对客户来说，卖点要满足他们的需要，要能够体现重要的利益诉求，比如，最低的公摊面积，最好的学区，是同类产品中总价最低的，是相同总价中最优的产品。

二、定价与推盘

定价策略和推盘节奏才是一个项目操盘中最见功夫的地方。

为什么要在开盘前花几十万元，甚至几百万元的广告费？为什么要花几百万元，甚至上千万元去做售楼处、样板间、示范区？说白了就是为了不断拉升客户的心理价位，让他们对项目的价格预判不断走高，当客户数量和心理价位都达到峰值后，在略低的定价和合理的推盘量映衬下，开盘自然火爆成功。

抛开大环境因素，定价的关键无非是吃透竞品和摸清客户。

在吃透竞品这个环节，传统意义上的策划发挥的作用似乎大过销售，往往是由策划人员负责深度跟进各个竞争楼盘，定期拿出竞品分析报告向销售部人员进行讲解，让他们知己知彼并对自己的项目产品有信心。但实际上，很多竞品的最新资讯都来自到访客户，最好的做法其实是置业顾问与客户进行深度交流，掌握客户对竞品的了解和认知。自己调研+客户摸底，这样才能避免信息漏洞，真正吃透竞品。

对客户的心理价位进行探底的时候，往往有三种情况需要注意：一是绝大多数客户都喜欢掩饰自己真实的心理价位，明明他觉得 8000 元可以接受，但说出来的最多是 7500 元，这也是人之常情；二是销售人员自己也会掩饰价格，他明明知道客户可以接受 8000 元的均价，但为了保险起见，他会故意报低客户的认知价位；第三是有些不成熟的销售员会盲目跟随别人的意见，明明他认为客户的心理价位是7500元，但听到别人说出了7000元，也就稀里糊涂地跟了上去。

在定价问题上，销售经理和策划经理必须都吃透竞品、摸清客户，必须在综合分析内外部因素之后拿出一致的价格方案，绝对不能有所谓谁主外、谁主内的分工问题，一次成功的定价一定是整个项目部在价格预判上达成了真正的一致。

定价如此，推盘节奏的把控亦如此。

三、推广策略

这一条是最浅显易懂的。

我们整天让销售人员统计上门和成交客户来访渠道，不就是为了省广告费，为了事半功倍吗?!

房地产推广牢牢遵循着“知道项目—产生兴趣—深度了解—最终决策”的层层递进的原则，要想做出好推广，必须深入了解每个环节。

长效长线提示类媒体有户外、高炮、精神堡垒；短线刺激类媒体有短信、平面媒体。推广分初级预热阶段，中级蓄水阶段和强势终极引爆阶段。你必须结合现场客户的质与量来调控推广强度和节奏。

策划必须销售化，不懂销售绝对做不好策划，必须用销售思维、从销售的角度思考策划方案。作为盯盘或驻场的策划人员，必须与销售团队深度融合，陪他们接客户，一起开早晚会分析客户情况，甚至可以在他们忙不过来的时候独自接客讲解，这样你才能真正了解客户的心态，并以此调整策划方向。

天天在办公室里坐着的人是绝对做不好策划的，如果你能像销售人员那样去正常接待客户，那你离优秀操盘手就不远了。最起码，在一个项目入场之后，策划人员应该给自己定个量，比如每天陪接三至五批客户。

销售必须策划化，从策划的角度看销售才能做得更好，从销售的角度去辅助策划。既然策划必须深度融入销售，那销售更应当积极介入策划工作，从客户情况的分析到各项数据的汇总，不仅要给策划和项目总监拿出最翔实的报告，还要主动给他们指出前期定位和推广途径的偏差，指出下一步调整的思路和方向，做到这一步，才是真正合格的销售管理者。

销售经理管理时要沉在一线，思考时必须把自己提升到全盘的高度，从操盘、策划的角度看问题。在很多地级市和县域城市里，项目的成功，销售所占权重已经大过策划，从销售经理成长为项目总监者已经多过策划经理。

不能讲沙盘的策划不是合格的策划，不能出推广方案的销售经理不是好销售经理。

前些年，我们公司搞了一次“辩论赛年会”，其中有一个辩题就是“销售与策划哪一个更重要”，这本身就是一个没有正确答案的问题。就如同你问：“散打和拳击哪种功夫更厉害”，功夫本身没有高下之分，只是练功夫的人有强弱之别。

在听到枪声的地方才能掌握“敌情”，也唯有听到枪声的人才能做出决策。销售策划化、策划销售化，这是任何一个想成为地产操盘手的人都必须走过的路，亦是一个项目成功营销的要点所在。

7 大销讲与小销讲

> “价值是讲出来的。”

但凡营销人，无论销售还是策划，能说擅讲都是第一位的。

新智盟的销售培训教材里有诸如“**销售三境界——口、脑、心**”之类的内容，但无论如何，**价值是讲出来的**，用嘴讲是最基本、最终极的表现方式。

做了十多年地产营销，我理解的“销讲”其实分为两个层面：**大销讲、小销讲**。小销讲好理解，就是置业顾问在案场常规接待客户时的销售讲解过程；大销讲则是常常被人们忽视，但恰恰又是最关键、最能体现出水平高下的环节，**主要是指在各种人数较多的产品说明会、联谊会、论坛/座谈会上的讲解和诠释**。

大销讲和小销讲都有相同的内容基础，但在具体的表现方式和价值呈现上差异巨大。

对于小销讲，无须赘言，无论你是杀客还是逼定能力多强的杀手级销售，在接待过程中把项目的价值点全面讲透是最基本的要求。这么多年来，我也曾遇到过极个别能力超群的销售高手，他们确实不需要按照标准化的说辞就能够迅速发现客户的“**关注点、痛点、买点**”，进而高效搞定客户，斩获销冠，但这终归是小概率人群。总体来说，业绩比较突出的置业顾问，往往都是那些能够把项目价值点吃透，并给客户讲透的人，这才是普适性的大概率事件。

在销售中，我们都知道一个最基本的成交规律——**首访接待时间越长，成交的可能性越大**。新智盟各个项目销售人员手中的《客户追踪本》上，都要求填写首访客户的接待时间，而且越是在淡市，越要尽可能延长接待时间，一方面是为了讲透，另一方面也是为了制造人气。那接待时间怎么保证？怎么延长？就靠讲，讲出内容，讲出价值。

一个已经进入正常销售的项目，暂且把“**拉关系、探需求、促成交**”等技巧性环节放在一边，假设初访客户是个哑巴，接待过程中一句话不说，如果一个销售人员的讲解时间低于 1 个小时，那么，要么是这个销售人员的水平不行，要么就是这个案场的销售管理水平太差。

作为一名置业顾问，除非你用业绩证明自己是个天才，次次能当销冠，否则的话，那就老老实实按照规定内容去完整讲透。当然，这可不是说置业顾问要像老师给小学生上课一样跟客户“填鸭式”讲解，而是强调在一个完整的接待过程中，在良好的沟通氛围里，项目的任何价值点都不能漏掉。

要把价值点讲透的根本原因无非两个：一是客户最终选择一个楼盘，也许触动其下定的关注点或痛点只有一个，但其他的价值点同样也在给项目加分，没有人不喜欢无限接近完美的东西；二是你不知道竞争对手在怎样攻击你，唯有通过讲全谈透来发现客户的抗性点，以优制劣、扬长避短，进而化解问题。

再来说说大销讲。以我自身为例，很有意思的是，我虽然不是销售线出身，但这些年新智盟做的所有项目，但凡搞产品说明会之类的活动，都是我上台“献艺”，有几次想让贤给弟兄们锻炼锻炼，但都被甲方逼上去了。这些年，我们自己操盘举办的活动，加上我观摩其他项目的不下 50 场，规模小的一两百人，规模大的上千人。

如今大多数项目的产品说明会都沦为走形式，都是一个套路：几个节目+几个讲话+几次抽奖，讲话的有开发商领导、规划设计人员、风水景观设计人员、业主代表或者是营销口的产品价值 PPT 详解等。同样的套路，却有截然不同的结果，有的说明会搞完之后会让客户觉得挺有收获，感觉项目真好，有的听了半天却索然无味，毫无印象，有的甚至只记住了某个节目。

产品说明会上最关键的环节就是产品价值解析，这是大销讲的价值所在。

结合自身感受，谈谈我对大销讲的心得体会：

第一，绝不能念稿。我认为这是产品说明会上最大的禁忌。

第二，正面面对观众，眼睛看着台下的时间不能低于70%，而且一定要与台下观众有眼神交流。第一条是这一条的基础，只要你念稿，这条肯定做不到。

第三，你所讲的70%的内容都不应该出现在PPT里，让观众有30%的注意力看屏幕，70%的注意力看着你、听你讲。用于产品说明的PPT如同报纸广告，大部分观众只看标题和图片，小字内容没几个人看，全靠嘴讲。

第四，别像根杆子一样杵在台上，必须要走起来、动起来，演讲就是“演+讲”，光动嘴不叫演讲，肢体语言必须用到位。

第五，台上、台下最好有互动点，台上也要有配合，当然一定是和自己人提前安排好的。

第六，要有强悍的“控场力”，无论是工作人员还是购房客户，要“恩威并举”，该呵斥就呵斥，当场下的杂音初起时，必须要控得住。

评价一个主讲人的一次大销讲是否成功，就看台下的杂音大小，你在台上说，底下听众交头接耳，这样的大销讲注定是失败的。

第七，要学会像说相声一样“抖包袱”，在每个节点要给后面的内容做铺垫、埋伏笔，内容之间要互有掩护，彼此印证。

第八，平铺直叙也是大忌，讲解中要有跳跃、有重申、有笑点、戳痛点；有些内容一带而过，有些内容则要一说再说；有时要高昂，有时要低沉。

第九，实物道具和现场声光效果要巧妙混搭。

第十，作为“硬件”的PPT，从内容到形式都必须精良，标题震撼、图片精美，且主讲人必须将内容烂熟于心。

运用之妙，存乎一心。能把这十点做到，你的大销讲定是业内顶级。

在一个人数众多的产品说明会上，如果只把PPT上的内容复述一遍，那对不起，观众们不需要你。PPT 上的内容大家都能看到，不需要你逐字逐句带大家玩识字游戏。大销讲的主讲人必须是一个活的演员，不是一个死的剧本，若想引人入胜，就得吸引观众注意，调动观众情绪。大销讲就是要在一个群体环境中触动客户的痛点，激发客户的购买冲动。

和练功一样，同样的套路和教程，有的人成了拳王，有的人一辈子当陪练。台上一分钟，台下十年功，用这句话来形容大销讲也很妥帖，**大销讲拼的是底蕴和积累**。

小销讲是大销讲的基础，如果你连常规小讲都不行，就别琢磨大讲的事儿了。只有在一种情况下小销讲可以模仿大销讲的模式，那就是当有高级领导或 VIP 到访时，就不能完全按照常规销讲的套路了。

从大销讲的角度说，如果一个项目组里有三个人都具备登台大销讲的能力，且个个出彩，那这个项目绝对无忧；如果一个项目中水平最高的营销人还只是念稿的水平，此盘堪忧。

8 微信营销

> **“微信时代，微信就是现场，手机就是工具。碎片化的时代要用碎片化的传播媒介，得朋友圈者，得天下。”**

网络的崛起导致传统媒体衰落，很长一段时间我们都找不到推广的“主流媒体”，微信的出现颠覆了大部分人的阅读习惯，所以这是一个微信时代。这是地产营销人，特别是房产销售人员的好时代。

生意就是用最低的成本获取流量，流量的本质是用户时间。微信是流量时代的王中王，其次是QQ空间。微信时代，受众参与到了传播中，不但成为传播的客体，也成为传播的主体，甚至是具有重大传播价值的核心主体。

微信时代改变了房地产推广的既定模式——电视、报纸、广播都成了边缘媒体或补充媒体。我们争夺的是“最后35厘米”——眼睛到手机屏幕的距离。

微信诞生之前，我非常强调短信的价值，微信诞生之后，短信的功用被微信完全超越。但超越并非完全替代。

对于营销团队，尤其是一线销售团队，微信的功能非常强大，用好微信，能够给你自己和项目带来无限的“流量”。对于全盘，微信可以说是“第二售楼处”、外展点，是拓展项目影响力和发掘客户的重要渠道；对于销售人员，微信就是一个个“私人接待中心”，是一座连接客户的桥梁。

用好微信的基本功如下：

第一，对内——进行客户沟通，提升客户管理价值。

作为销售人员，如何持续提升与客户的沟通成效，如何不断加深与客户的情感，这是需要通过各种方式去不懈努力的。从前靠短信，如今靠微信。微信可以说是沟通成效最好、性价比最高、覆盖面最广的沟通方式。

（1）**沟通备忘式**。接听客户电话之后，要第一时间询问电话号码是不是客户微信，获得肯定结论后立刻加客户微信，发送地址和标准信息。提高首访前的客户体验是获得高质量首次接待的重要“前戏”，而这部分工作可由微信全面完成。

注意：微信沟通时，必须用客户的“姓氏+称谓”问候；必须两次提示自己的名字；必须有祝福语句收尾；必须留下自己的手机号码和售楼处电话。

同理，客户每次来访、参加各类活动、入会、认筹、成交……之后，都要第一时间有微信跟进，或致谢、或祝贺。

（2）**给每位客户加上标签，分类管理**。根据客户状态及需要添加不同标签，便于快速找到客户，或者给客户加 A 或 AA。不同状态的客户统一在姓名签名前加“会员”“认筹”“成交”等字样，在通讯录里位置一致，便于查找，不至遗漏。

（3）**地产行情和项目动态告之**。在第一时间将项目的最新进展告之客户，例如，售楼处乔迁、样板房开放、开盘销售火爆、主体封顶、景观落成、交房成功等。

特别是对于成交客户，要加倍用心巩固，做到至少每两周一次图文并茂地向客户告知最新工程进度和项目自身利好（特别是项目涨价），尤其是客户所购楼座情况。对项目有利的时政新闻和市政新闻（道路翻新、市政升级、场馆建设等）都必须第一时间告知客户，持续不断地给客户传递信心。

（4）节日问候和天气提醒。所有的中西节日、所有的异常天气变化，都要给客户发微信祝福和提醒。

（5）每天最少送出 100 个赞和 20 条评论。要时时关注客户的朋友圈，发现其中隐藏的信息和价值。老人生日、孩子高考等。

这部分内容由销售经理负责日常检查和监督。

第二，对外——广告推广，传播价值。

在这个人人都是自媒体的时代，微信作为目前最重要的社交 App，是建立个人影响力、塑造个人品牌的核心媒体。用好微信，这就是你自己的“传媒”。每个销售人员都要充分利用微信，竭力把自己塑造成朋友圈里最值得信赖、最具权威性的地产专家。

对于销售人员：

（1）朋友圈封面是你个人的“户外广告位”，这个封面非常重要，可以和朋友圈头像保持一致，也可以根据项目进展发布不同内容的广告，但一定要注意，这广告画面上必须有你。朋友圈头像要换成标准职业照，让公司设计人员做上项目 logo；微信签名要保持稳定，平时可以放“历山吉第置业顾问郭忠峰”“历下区·解二小·学区现房”等，在重要操盘节点时要实时更换，例如，三期新品即将开盘。

（2）为达到“霸屏”效果，每天要发多个轮次的朋友圈，相同内容只保留一次即可。

（3）不要光发自己项目的广告和资讯，要发布跟置业有关的权威内容，甚至是对地产销售不利的消息。只有这样，才能逐步树立你在地产领域的专业性、权威性，才能让你值得信任。

（4）朋友圈里只发广告的销售都是失败的销售，你要把自己打造成一个“完整的人”，要有自己生活的内容，否则你的朋友圈会被大多数人屏蔽。

地产销售的朋友圈其实就是解决三个问题：我是谁？我为谁存在？为什么要找我（跟地产相关的事情）？风生水起靠自己，个人品牌靠微信。

这部分内容由策划经理负责日常检查和监督。

对于项目操盘手和策划人员：

（1）微信营销活动必须高频组织。转发类（一次转发赚千金），集赞类（集赞领礼品、点赞王中王、一赞抵百金），投票、拉票类。

（2）自造热点，每月至少有一次，你要让你的项目刷爆朋友圈；蹭热点，每逢热点事件爆发，就是热文冲击 10 万+的时刻，哪怕只是标题跟它有点关系，都会蹭上这一波红利。

（3）找到当地的微信大 V 和群主，作为微信合作的基础。

（4）公众号是品牌阵地，必须打理好。积极为项目公众号、服务号增粉、拓粉。公众号的阅读量和粉丝量全靠团队带动，掉粉容易、增粉难。

这部分工作由策划经理负责日常检查和监督。

第三，进行拓客价值。

微信是最柔和的拓客方式，能让你和客户保持紧密的时空联系。很多二手房经纪人都会通过“附近的人”功能狂加朋友、挖掘客户，还会通过投掷“漂流瓶”传递信息、推广自己，甚至连摇一摇都天天用。

（1）每个销售人员都要有自建群——客户群、渠道群、泛营销网络群（整合各类交际活跃人群，如移民、保险、银行、汽销、奢销、培训、酒销、高尔夫、旅游、酒店等）。必须通过每天发红包来确保活跃度，同时分享项目资讯和积极内容。

（2）置业顾问都应该取消添加好友权限，当客户加你的时候无须验证。

（3）面对有价值的人要马上进行“一扫二添三发四拉”，即扫码关注公众号、添加好友、发送信息、拉进适当的群中。

（4）一个合格的销售人员，必须给自己设定一个每天的“加微任务”，例如每天最少加 5 人，每周至少新进一个群。

这部分内容亦由销售经理负责日常检查和监督。

微信不止改变了我们的生活，而且改变了我们的工作方式。微信就是现场，手机就是工具。

碎片化的时代要用碎片化的传播媒介，这个时代当下属于微信，用好微信就是用碎片化的流量创造出整体化的价值。微信时代，得朋友圈者得天下。

9 项目总监决定项目操盘水准

“项目总监最少是半个操盘手。”

代理公司属于典型的“项目服务型企业”，项目是基本的业务运作单元，业务开展和推进都是以项目组为核心，辅以后台支持。项目总监作为公司委派的项目负责人，是项目的直接组织者和领导者，统领项目全员展开工作。类似于开发商的项目总经理，简称“项目总”。

能够到项目总监这个岗位上工作的，绝对是一个实力派角色，能够达到项目总监的水平，基本上就可以认定为项目的营销操盘手了，在公司最高层的指导和监控下，代表公司全权运营、操作一个甚至几个项目。

项目总监基本可以被视作代理公司的专业合伙人，能够成为项目总监，其“出身”往往分为两大类：一是专业类总监，如销售总监、策划总监等，因为某项目的重要性，从专业总监的位置上直接转任具体的项目总监；二是项目策划经理或销售经理，因为已经有比较丰富的盯盘经验，并在跟随原先项目总监的过程中获得了较大成长，故而能够在新项目中担任更高层次的职务，从未来发展趋势看，大部分项目总监都将从这部分人中产生。

不过，想成为一个项目总监，或者说成为一个好的项目总监并不容易，我一直持有这样一个观点：大公司看平台，小公司看操盘手；**一个小代理公司能做多少项目，关键就看其有多少位项目总监或操盘手级别的人。**

以下是我总结的项目总监的各项工作职责和范畴：

第一部分：接盘前期。

这是一位优秀项目总监最理想的前期工作，即从项目前期接洽便开始介入，直接以未来合作成功后准项目总监的身份出现。

从前期提案就介入合作有两大益处：一是便于获得未来甲方的深度认可，前期已经混熟了，可以大大降低未来沟通的磨合成本；二是可以深度理解一个项目，尤其是在前期与甲方的沟通中能够吃透甲方对项目的预期。

第二部分：全程操盘。

大部分项目总监都是在公司接盘之后，按照公司调度走马上岗的。一个合格的项目总监在项目全程操作过程中有三个方面的工作要完成，或者说是带领、督导属下和团队共同完成。

一、专业操盘

没有完全一样的项目，没有完全一样的甲方，作业成果在项目完成前是看不到的，项目总的价值就在于此。

一个项目的全部方案和文件都必须由项目总监来带队或督导完成，根据公司操盘战略，明确工作思路，形成具体计划并落地执行。在呈报公司领导和甲方之前，项目总监就是全部方案的终审者和所有文件的定稿者。同时，项目总监也是一个项目所有执行类工作的最高执行人和监督人。

1. 团队建设

根据项目情况和总监自身的工作能力与范畴，最终确定项目的管理架构，项目总监一般下辖策划经理、策划助理、销售经理等。项目总监更多的是要依靠领导力来影响和激励团队，靠沟通和协调推进项目，通过检验他人的工作能力，激发起团队的责任心。

2. 市场研究、竞品监控

系统且细致地掌握第一手详尽数据资料是决策的基础。持续进行区域市场与竞争对手监控，并定期完成报告后上报公司和甲方，大多为“月报”形式，这是一项贯穿操盘全程的工作。

3. 项目营销方案的制订与执行

①年度、季度、月份营销计划；②项目定位（市场定位、价格定位、目标客户群定位等），操盘模式，销售模式，入市时机，推盘步骤与产品组合，价格策略，促销策略等；③项目各阶段营销总结与分析，进入正常工作程序后，项目总监负责带队完成的阶段性汇报文件包括周报、月报、半年报、年报四类。上阶段的总结比下阶段的计划要重要得多。

4. 项目推广方案的制订与执行

①提炼核心卖点、统筹策划、设计项目的推广策略、设计项目命名与包装思路、制订广告推广预案、进行展会推广、进行公关行销、制订SP和PR活动方案等；②定期制订阶段性推广计划，包括“工程线”的开工奠基、封顶、开盘、认购、样板间和样板区开放、交房入伙等活动，以及时间线上的“五一”、“十一”、元旦、圣诞活动等；③与项目相关的所有广告创意、设计和文案制定，包括电视电台广告创意、各类宣传物料、平面广告的文案及设计、新闻宣传、营销中心的布置、楼体广告等。

5. 销售管理与督导（主要是督导专案经理）

①完善各类销售管理文件、建立销售体系、协助公司进行人员招聘、进行销售团队培训、进行现场管理等；②根据项目实际情况，制定系统化的销售管理文件，包括标准说辞、答客问、接待程序、销售现场管理表格、客户分析和客户资源管理等；③根据项目最新进展，随时调整相关销售道具和销讲内容。

二、内部管理

1. 对接公司上级

公司会有整体操盘策略，假如出现问题，项目总必须及时提出策略调整建议或是优化建议，定期（一般为每周）或及时向公司汇报项目和甲方的最新动态、最新要求，汇报项目操盘的具体进展和相关建议，及时提醒领导对接甲方或保持适当的出面频率，项目中的突发问题或自己解决不了的问题要第一时间汇报等。坚决不能捂问题，不能报喜不报忧，更不能加倍报忧。

2. 项目部人力资源管理，团队增补及调整

凝聚人心，让项目组和公司总部之间，公司各项目之间互动互访，操盘节点全力互助，提高归属感。贯彻企业文化并组织小团队活动，及时告之公司动态；审阅项目部成员的各类汇报文件，及时发现问题；通过定期谈话等形式，与大家保持良好的沟通，及时向公司领导反馈员工的心理动态和实际要求；组织并参加项目部的各类会议；本项目若有人员需要调整，要及时向公司上报增加或删减人员的建议；要对各岗位进行考核；要培养和发现人才，最好的项目总监是能够带出一个或两个新项目总监的人。团队建设、激励鼓舞是项目总的必备能力。

3. 成本管理

费用预算，开源节流，避免投入不足和投入过度。

4. 文件、资料汇集管理

跟项目有关的全部文件要分类，并统一管理好。

三、客户对接

建立沟通机制、汇报机制、成果确认机制，明确对接时间、沟通对象和汇报内容。

1. 沟通和公关

依照约定定期与甲方召开例会或沟通会，负责向甲方同级人员呈报各类方案和文件；文档和记录可以节省沟通时间，要及时地、不间断地与客户确认各项事宜。同时，要与甲方相关人员保持良好的沟通和对接状态，不盲目做出承诺，涉及公司利益的问题要全力争取，并与公司高层及时沟通。

沟通和协调是决定合作是否顺畅，甚至项目能否成功的关键因素之一，在某些时候，它们的作用甚至超越了技术因素。我们要根据不同的沟通对象选用适当的沟通方式、沟通模式、沟通技巧，因为不同的关系人会有不同的利益诉求，代表不同的派别，弄清谁是谁并不难，难的是要和不同的关系人都保持“润滑”的关系，满足他们不同的欲求。遇到困难和阻力时，冷静分析谁是项目的得利者，谁是失利者，力求获得高层支持。什么情况下必须硬抗，什么情况下需要绕着走都要弄清楚。

以前总觉得大公司内部的内耗很大，其实所有的小公司内耗也不小。

2. 项目风险和商务管理、诚信度预警、佣金结算

每月与甲方对接人核对业绩，依照约定结算佣金等费用。

3. 外部对接

包括与项目操作相关的各合作单位的对接与沟通，同时，要与规划、设计、建筑、监理、媒体、广告等关联企业保持良好的沟通状态。

取得甲方关键人的支持要依靠人际关系的维护，而人际关系靠的是“软技能”，管理和协调的对象全是人——客户、团队、上级、伙伴，项目总天天都在和人打交道。“软技能”不同，执行的效果完全不同。

第三部分：业务拓展。

在负责操作一个或几个项目的过程中，总会出现与新开发商见面或沟通的机会，优秀的项目总监应在做好本项目的基础上，积极向外部宣传，推广自己的公司，将公司的影响力尽可能拓展到最大，并争取为公司赢得新项目和新的合作机会。

以上这些，就是入行以来我对项目总监这个岗位的部分理解。**想做项目总监，必须成为一个复合型人才，专业强势、懂得管理、擅长沟通，三者缺一不可**。很多时候，功夫在专业之外。

项目总监必须从全盘考虑问题，并进行风险预判、预估，分析及应对方案；遇到困难不找借口，积极寻求解决问题的方法；勇于承担责任，而不是解释和推卸，在取得预期营销目标的基础上，获得客户的最满意评价，积累口碑；要对项目团队进行管理，使团队成员能够高效且愉快的工作，收获成长。

即使都为项目总监，不同的人依然有不同的操盘特点，有的人擅长多产品构成的复合住宅、综合体项目，有的人擅长商业投资类项目，有的人则有其他专业偏好，例如在销售管理与执行方面见长等。

全程盯过一个或几个盘，在实战中经过锤炼和磨砺之后，就可以同时负责多项目操盘了。但一般情况下区域项目总或客户项目总是不跨客户或不跨地域的。

当你在一个代理公司成为一名优秀的项目总监时，你离成为公司合伙人就只有一步之遥了。

10　开盘气场“马甲”造

> “流程马甲，是新智盟为地产营销领域做出的创意贡献。”

新智盟的红马甲是山东地产营销界的一道风景线，我们管它叫“**流程马甲**”，从目前掌握的情况看，基本可以确定是全国首创。

一次成功的开盘，必须要制造充足的现场卖压，烘托出雄厚的卖方氛围，只有这样才能搞定犹豫客户，压缩成交时间。

从2011年开始，随着几次集中开盘的经验积累，我开始琢磨如何更好地体现开盘的气场，更好地增强各岗位的衔接，以提高开盘效能等技术问题。彼时，各项目上普遍使用的外拓红马夹便成为新智盟“流程马甲”创意的起点。

几番总结和梳理之后，从最初所有开盘工作人员都身穿前后印有项目 logo 等信息的统一红马甲，到部分关键岗位开始穿印有岗位名称的定制马甲（如销控区、签约区、财务区等），再到 2013 年华峰·栋盛苑项目二期开盘，新智盟对“流程马甲”做了更加细致的区分，全面涵盖了从礼宾服务、进场控制、号码发放、进场审核、外场引导、外场总监、内场引导、内场总监、销控总监、销控助理、现场督导、财务专员、签约专员、审核专员、离场审核、礼品发放、摄影摄像、副总指挥、总指挥等 20 余个岗位，并全面投入使用。

从第一次全面使用便取得极佳的效果开始，“流程马甲”已成为新智盟各个项目开盘的标配利器，无论是活动开场的集体展示，还是活动过程中的无缝衔接，都有新智盟红马甲的身影。如今，新智盟红马甲横扫十多个城市，业绩虽有好坏之分，但开盘现场的气势、氛围都是大部分常规开盘无法比拟的。

我们有现场造势的三大“集体节目”：

第一，集体列队，开场口号。现场总指挥每次讲完选房事项，都会向全体工作人员发问：“某某城市最好的房子在哪里”“最好的学区房在哪里”“最具实力的开发企业是哪家?”所有工作人员都会齐声回答案名，气场无敌，相当震撼。每次红马甲统一亮相后，所有客户均进入“程序状态”。

第二，成交掌声。现场总指挥会随时播报成交量——突破 50 套、突破 100 套、200 套……，包括财务、签约、审核、礼品发放等在内的所有红马甲要全体起立，掌声响起。

第三，结束倒计时。开盘结束前的最后十秒，所有人要在总指挥的带领下从 10 到 1 一起倒数。每次开盘的结束，都像是一场大 Party 落幕。

新智盟开盘现场操控要点：

第一，分区明确，责任清晰，环环相扣，紧密衔接。“跟着马甲走，好房选到手。”从客户进入选房区开始，他的选房资料袋必须交到红马甲手里，直到客户离场走完最后的审核环节，资料袋要一直在红马甲之间无缝衔接。

第二，按号进场，房子“乱抢”。按顺序进入选房区，要打乱号码顺序、先选先得，让客户彼此挤压；当客户出现短时犹豫时，引导人员要将客户资料袋交给销控，继续引领下一位客户进场。

第三，一般采用“撕控”方式，房源条撕下后直接贴在客户资料袋上，完全避免了传统“贴控”出现错贴的情况。

第四，专业“导购”，强势促定。销控区人员必须高度熟悉产品，并对装房成果烂熟于心，根据提前设定的“暗语”与负责“内场引导”的销售人员进行配合，快速促进客户完成选房；选房区就要人声嘈杂，销控人员和内场引导人员互相“导房”的嗓门越高越好。

第五，每个环节的红马甲跑单员都要引领客户，在总指挥一声声“红马甲跑起来”的口令下，红马甲满场飞奔；为加大卖压，总指挥、副总指挥及现场督导会不时对某个岗位的工作人员提出“严厉批评”，如“签约区提高速度，压客严重”，全场可闻，其实是喊给内外场的客户听的。

第六，总指挥和现场督导会频频隔空喊话，“只要房源有，一定要出手”“今天不买，明天后悔”“看准房源，一次下手成功”；“销控区拥堵，停止带客”“签约区提高效率”等。

第七，根据客户储量，酌情确定选房结束时间，最后的20—30组客户一次性放进选房区。

第八，整个选房路线为单行线，单向流动、不可回流；客户进场时都贴上“身份识别贴”，一般都是“开盘大吉”，选房离开时由保安撕下，没有身份贴不得再进场，以避免现场混乱及客户反悔。

第九，倒计时之后，彻底清空销控板。

第十，送走最后几位选房客户，清场，合影留念。

经过近十年的历练，新智盟流水线开盘已经可以达到200余套/小时的认购量，如果财务、签约、审核环节继续增加人手，这个数量可以进一步放大。

如今，我们服务过的多个开发商都模仿我们的内容定制了自己的专用“流程马甲”，影响了很多代理同行。曾有多家代理同行自称“流程马甲”是其首创，但只要我一追问，尽皆偃旗息鼓，无以为对。

“流程马甲”只是面儿上的道具，所有容易复制的皆是表象和枝叶，开盘过程中的流程衔接、氛围营造以及现场把控力才是本质和主干。

现场节奏把控力，卖方气势营造力，紧张气氛渲染力，一次成功的开盘必须三力齐聚。

强大的开盘气场，能让解筹率/成交率提高 5%。

11 物料营销有乾坤

“小物料蕴藏大乾坤，用好物料，事半功倍。”

什么是物料？**狭义的物料就是指楼盘营销推广过程中制作的单页、折页、楼书等宣传物品，而广义的物料则包括与项目营销推广有关的所有物品，如印刷材料、各类纪念品、礼品、实用物品等**。

实用性物料相较于常规的广告印刷品，具有无可替代的传播价值和渗透价值，其实用性高、客户丢弃率低、使用和保管时间长、反复提示价值大、转手他人具有二次传播价值等。相较于大众媒体的宣传，其到达率和性价比都非常高。

从 2006 年我们在西王美郡项目上使用广告抽纸开始，经过多年积淀，不仅物料的种类越来越丰富，而且在物料的使用手法和传播性上也有一些独到的体会。

以我们在济南操作的实力·荣祥花园为例，针对荣祥花园客户群相对集中的特点，我们没有一味地在大众媒介进行狂轰滥炸，仅通过丰富的物料进行地面渗透，便取得了极佳的战果。比如台历，一到年头，我们都会向新老客户、周边单位员工等人群覆盖式发放；层贴，我们会先后制作两次，覆盖济南西部近 2000 栋楼宇；社区宣传栏根植于多个大型社区，既传播公益信息，又传递楼盘情况，可以通过层贴与社区宣传栏对周边长住居民进行“无微不至”的广告渗透；其他物料如手提袋、纸杯、小台灯、打火机、福字等，可以在不同阶段混合使用。这些价格低廉但使用周期相对较长的物料，对楼盘的长期宣传起到了潜移默化的作用，并有效地降低了推广成本。

一、物料的种类

经过长时间的经验积累，除去那些常用的印刷类宣传用品外，我们已经在操作过的众多项目上综合使用了30多种不同物料。

易耗品：手提袋、广告笔、便签、纸杯、抽纸盒、一次性火机、扇子、塑料袋。

耐用品：手机壳、笔记本、书签、层贴、雨伞、大遮阳伞、水杯、烟灰缸、围裙、T恤、环保购物袋、鼠标垫、防滑垫、挪车牌、开关贴、扑克、名片夹、优盘、手机座、钥匙扣、小台灯、手电筒、镇纸等。

高端类：保温杯、茶具、笔筒、商务摆件。

节气类：台历、年历卡、挂历、福字、春联、红包。

食品类：矿泉水、月饼、水饺、元宵、粽子。

二、适用的楼盘与作用

（1）主流媒体效果不佳或性价比较低的，客群较为分散的，其他传播渠道到达率不高的，都应当重视物料的制作和使用。

（2）销售周期较长的楼盘。物料的使用要贯穿楼盘的整个营销过程，根据不同时期特点，有针对性地使用，最适合赠送耐用型定制物料。

（3）客户群明确、集中的楼盘。推广这种楼盘，不见得一定要投入很多的广告费用，关键是要把信息准确地传递到每个目标消费者手中。尤其是在拔点作战中，物料的价值非常突出。

（4）区域内竞争激烈的情况下。在小区域内竞争对手众多的情况下，大家的产品品质又都相差不大，自己没有非常突出的特点时，在大众媒体投放的广告其实不是给自己做的，是给大家做的；消费者会在广告的指引下，把自己楼盘和周边楼盘看个遍；从这个角度看，大众媒体还比不上小众信息载体。好物料是竞品拦截的利器之一。

（5）广告预算不充足，不如竞品的项目。要多使用低价格、长期效、易显眼的物料，这些“小众媒介”是低成本营销的重要手段，性价比奇高。

（6）公关、促销、联谊等各类活动。来访礼、随手礼、上门礼……把各类物料当作礼品勤送，可以增加更多交流机会，拉近感情，还能增加售楼处人气。最典型的就是在适当节气赠送月饼、水饺、元宵、粽子等食品，对于增加人气多拉客效果极佳。

注意：物料的品质很关键，不能为了省小钱粗制滥造。制作精良的物料能够起到提升项目品质感的作用。

三、使用范例

鼠标垫+广告笔：；在上班时间去写字楼和单位门口发，连发三天，覆盖所有办公室。

硬盒抽纸+挪车牌+鼠标垫：在下班时间到路口发车，我们曾在一天内发掉30000盒抽纸，用小小的抽纸取得了满城皆知的轰动效应。

我“纸”爱你：我＝任何项目案名。纸盒抽纸是所有物料中最适合海量制作、传播效果最好且周期性和展示性双佳的物料。要集中在上班时间在单位门口发放，形成讨论效果，纸盒抽纸还特别适合作为加油站赠品。注意：直接发到消费者手中的必须找品牌厂家定制，品质和品牌要匹配；在酒店内大量派赠的可以选用成本略低的。

福字+红包：过年前集结好派发队伍，海量发放，海量张贴，一夜福满城。

大遮阳伞：所有单位的传达室都要送，所有商店、摊贩可以用一把旧伞换一把新伞，要让商业街上铺满自己的广告大伞。

雨伞：定做项目雨伞和伞架，给目标客群所在的单位、酒店、办公楼赠送。

环保购物袋：跟大商超联系好，派出外拓人员到结账口赠送，并帮客户装东西。

小黄帽：每个开学季联系好学校进行赠送，一般一送就是几千顶。

矿泉水：夏天给交通、城管、环卫等户外作业单位集体赠送。

小扇子：夏季推广利器，日夜发不停，尤其是夜拓广场舞大妈效果甚佳。

酒店拓客6件套：抽纸、烟缸、牙签筒、扑克、围裙、Wifi牌、打火机、酒起子（后面4个选2个），用这6件套铺满每个房间、每张桌子，同时换来大厅和房间的海报、展板上墙。

物料发放方法不一而足。

物料营销充分激发了人们的互惠心理，在产品推介，尤其是拓客环节发挥了不可替代的重要作用。记住：多派物料少派单。

任何一种物料的数量，都要达到某个群体全覆盖才能发挥最大价值，数量少了无意义。若在县域城市开展物料营销，要让每个家庭至少使用或保留一件有你项目标记的物料。

小物料内藏大乾坤。无论你的项目档次高低，物料可是“一个都不能少”啊。

12 电话营销利弊考

> 电话营销，用好了有效果、锦上添花；用不好惹人烦、适得其反。

电话营销由来已久，但就房地产行业而言，其泛滥程度之快绝对令人瞠目。

在房地产营销中，电话营销又称“电话拓客”，是指专门招募电话营销人员，直接通过电话拜访（且基本为“陌拜”）的方式推介项目，以促进上客。在项目放量、竞争充分的当下，电话拓客几乎成为大盘、滞销盘营销的标准动作。此处探讨的利弊，特指这种招募专职电话人员海量拨打的陌拜模式，置业顾问正常接访后的常规电话追访不在其中。

结合近年来市场标杆个案和我经手的项目的使用情况，在不清楚其他项目的真实成交情况与费效比的前提下，电话营销的成交概率不高且利弊参半，若使用不当，不仅不能为大部分项目创造正面价值，还会制造出很多“负能量”。

时间倒推三年，济南用电话营销的项目屈指可数。2014 年市场竞争白热化，诸多项目销售遇困，电话营销开始如脱缰的野马一般被大范围使用。结合这两三年的市场情况看，使用电话营销的项目基本分为两大类：一是追求全覆盖，力求短期内饱和推广、快速引爆的项目，用电话营销来填充推广空隙，以跑量大盘为代表，最典型的如中海·华山珑城，这类项目尚且算是正常的。第二类则是不怎么正常的项目，要么是依靠常规推广确实无效，蓄客实在没招，被逼无奈靠电话营销大海捞针的；要么是项目本身存在问题无法进行正常推广，想用电话营销拼一把的，比如，曾经出现过重大负面影响的项目，或是已进入半死不活状态的商业投资类项目。

电话营销，真是应了那句古话：“有法无法，有相无相，如鱼饮水，冷暖自知。”

毫无疑问，电话营销是有其存在价值的，但凡事讲究一个“度”，关键是看你把电话营销用到什么程度？你对电话营销依赖到什么程度？对于电话营销，我有这样几个理解：

第一，电话营销是整个营销系统的组成部分，不能成为地产营销的主流和主体。

电话营销如同吃饭时喝的粥，“填缝”的作用不可抹杀，那光喝粥能饱吗？也许饿不死，但对于大多数人来说，肯定吃不饱。你可以在营销组织架构中设置一个电话营销部，但人员不宜过多、任务不宜过重，抱着正常运用、填缺补漏的心态使用为宜。

同样是拓客，电话营销永远比不上人员外拓。

第二，电话营销最适合品牌开发商或是有较高知名度的企业使用，非知名企业不宜过度依赖。

房地产是高值商品，客户的决策比较谨慎，所以在买房之初解决客户对房企的信任度问题就非常重要。品牌房企或是具有一定知名度的企业更容易在电话营销中度过这一关，比如，万科使用电话营销的客户抗性就属于比较小的，中国第一房企嘛，人家一听是万科的楼盘，多少还是想了解了解情况的。但非知名企业就大大不同了，它们要想跨过信任度的门槛，需要耗费的气力是万科这样的房企的 N 倍。细想一下便知，人家对你的企业、你的项目一无所知，电话一接通你就狂拽，绝大多数情况下得到的结果都是被拒绝。

第三，管理有度，精细内控，适可而止，不可令人生厌。

我觉得**电话营销中最讨人嫌的一点就是针对同一个项目，会有 N 多人轮流给你打电话**。比如，济南的中海·华山珑城一期开盘前启用了多支电话营销队伍，包含数百名电话营销员，最多的一天，我居然接了 30 多个针对这个项目的首次陌拜+后续追访的电话。本来还想趁着一期便宜去看看，但被中海这样疯狂的电话营销彻底弄烦了。同一时间，在济南和我有同样遭遇的人不计其数。

除了最招人烦的这一点，还有诸如：在吃饭或午休时段打电话的，你说了“在开车”或“在开会”，可还想拼命灌输，语速快得让人心惊肉跳，语气生硬得像是找你要账，还有语调阴阳怪气，一听就火冒三丈的。

电话营销用不好，只会比垃圾短信更烦人。

第四，别把电话营销当作救命稻草。

不管什么项目，战略决定了生死，该活的活，该 Over 的迟早 Over。电话营销只是战术层面的手段，永远不要指望用战术层面的手段挽回战略层面的失败，电话营销救不了死盘。

电话营销怎么用好？我认为最适合的电话营销模式是这样的：

第一，专职电话销售员只负责“粗 Call”，只要客户有意向，则立刻转至常规置业顾问，力求保持后续追访（俗称“精 Call”）和邀约来访。置业顾问对项目的了解深度、对客户的把握程度都远远超出电话销售人员，针对置业顾问有一个很重要的考核指标“电转访率”，所以，由他们来深耕客户才是最妥帖的。

第二，“粗 Call”规则：

（1）电话销售人员数量不宜超过现场置业顾问的 50%，比如，现场有 20 个置业顾问，则配备 10 名电话销售人员足矣，这是一个接待量配比的问题。

（2）任务安排以人均 100 个/天有效拨打（注意：是有效拨打）为

底线即可，求多必滥；现在各个项目在电话营销中存在的最大问题就是过于求量。

（3）“怎么说”比“说什么”要关键，语音、语调和语速非常重要，必须竭尽全力降低“推销感”，更不能进行“复读机”式通话；如果你不能确保对方听着舒服，那就不要拿起电话。

（4）做好后台管控，尽量避免出现一个号码 N 人齐 Call 的情况，大部分客户的抵触情绪都是在这种情况下被引燃的，济南的悦动城和荣盛时代两个项目正在拼命地犯这个毛病。

（5）要以“客服”的名义致电（因涉及机密，具体说辞欠奉）。

（6）电话与短信紧密配合，对于有效接听客户，短信的跟进很重要。

如果你的项目现场有 20 名置业顾问，那么，适合配备 10 名电话销售人员，如果每人每天实现 100 个有效拨打/接听，则每天能够影响 1000 人，每月不低于 3 万人，每年不低于 30 万人……对于一个辅助性推广拓客的渠道，在保证质量的前提下，这个数量足够了。

电 Call 团队的存在不是为了创造多少业绩，而是为项目拓展知名度、烘托市场热度。不求量，求质。

记住：每人每天接通 100 个电话即可。

圈外的朋友常常问我：“是不是最近房子非常难卖？要不怎么天天都有那么多人拼命给我打电话推销房子？”你看，电话营销的泛滥，已经进一步放大了消费者对房地产市场销售难度的理解。

电话营销可以搞，但必须**用之有度，辅助拓客而非过度依赖，锲而不舍而非死缠烂打，适度铺开而非疯狂上量，管控有序而非信马由缰**。

电话营销，用好了有效果，锦上添花；用不好惹人烦，适得其反。

13 从来交房似开盘

“消费者的预期能否兑现，项目的口碑能否树立，市场美誉度能否引爆，就在交房这一刻。”

地产营销讲究势能营造，客户满意度同样如此。销售过程中的示范区“预告片”、销售人员的“口头造梦”，都将在交房一刻身临其境，购买时的预期与交房时的现实是落差，还是超越，决定了一个项目的口碑，也决定了后续营销的顺逆。

交房，既是一个工程节点（此部分是产品开发周期中的最后一个一级节点），又是一个营销节点。

交房，尤其是首次交房，是赢得客户信赖，提高美誉度，打牢市场口碑的关键战役，**要把首次交房当作首次开盘来对待**，程序严谨、规格要高，以最大化提高业主满意度。

开盘的功夫在开盘前，交房的功夫在交房前。最厉害的当属提前交房，能提前顺利交房的才是真正的高手，才是真正成熟的开发商。

从工程的角度看，若想降低质量风险，就要在开发计划中预留内部验房和整改时间，最少一个月。赶工期的时候最容易出现质量问题，施工甚至设计环节的缺陷会集中爆发。

真正成功的交房始于内部自检，大部分中小开发商没有客服部，那就要以物业为临时客服中心，牵头进行与工程和营销有关的工作。内部自检——发现问题、找到病因、全面整改——内部二检、确认效果——工地开放日（绿化及外部公共空间必须同期做好）。把质量问题统统解决在交房仪式前。很多项目在交房日出现混乱和纠纷，都是因为工程管控不利，交房筹备不到位。

内部验房后，每套房屋都要有独立的验房记录，要大致评估好后续维修的费用，协调相关施工方配备人力和各项资源。对出现的各类问题做好预案，哪些能够解决、哪些需要时间解决，各部门要形成统一说辞，以应对业主质询。

工程隐患排除之后，营销登台唱戏。

（1）成立交房筹备小组，以开发商总经理为组长，协调工程、财务、物业、营销等部门，明确交房流程，落实各自职责，统一培训对外说辞。

（2）拿出一部电话作为交房沟通/投诉专线，销售全员接听，最佳的方式是谁的客户谁沟通。交房之后若有保修，必须回访，而且要做到每天告知客户整改进度。在核心交房期，销售团队要停止接待新客户，全力支持交房，全程陪同客户验房、收房。

（3）成立业主监督委员会、业主工程质量监督组，定期通报并观摩项目工程进度，设立工地开放日；不定期组织以“共建好社区，听你提建议”为主题的业主座谈会，加强对发展商的了解和好感。每次活动都要在朋友圈里刷屏。

（4）收房要有小惊喜。当客户打开新房房门的那一刻，要让他们眼前一亮，哪怕只是客厅里“欢迎回家”的条幅……

（5）物料皆须精美。业主房屋验收表印刷精良，入伙通知书创作精美，最好要有《业主手册》；给客户准备好“交房大礼包”，给客户准备实用性的安家礼品，这份礼品最好是超越竞品楼盘的，值得让客户发朋友圈炫耀的；交房首日收房者，可参加“入伙大抽奖”、满意度大调查。无论礼包还是调查，一沓购房抵用券都是必不可少的。

（6）交房现场要布置得如同开盘一样，拱门、红毯、鲜花一样不能少；礼仪小姐、保安要配备齐全；工作人员要着正式工装；最好能够准备好水果、饮品、简餐。

（7）交房完成后，客户如果对房屋质量满意，就立刻让其手持金钥匙和“满意牌”合影。当天发朋友圈者可以领取礼物，7 天内获赞最多的有大奖。要选出业主代表，证明交房满意度，搞一本像样的《交房满意度白皮书》。**炒作交房的满意度和炒作开盘的火爆程度同样重要。**交房率和客户满意度的推广周期不要低于 1 个月，交房之后的时段是让业主为项目代言的最佳时机。

（8）借交房良机，巩固与各大众媒体、自媒体的关系，广派红包，全力炒作。

（9）整合资源，举办家具建材、生活用品团购会，尽量为业主争取到最低价格，这是为业主谋福利。

（10）业主走访季。对于最早入住的业主，尤其是那些为我们代言的业主，在他们入住后，销售团队要联合物业部门择机登门拜访，销售经理、营销总监、副总经理要全体出动，每人每天陪同置业顾问和物业负责人走访三户业主，带好礼物或物业抵用券。

做完以上这些事情，就可以筹备一个大活动了，比如业主联谊会、业主团圆宴。

如果交房有延期，就老老实实赔付；如果交房过程中出现问题，就认认真真整改。不要用任何理由辩解。

有营销无口碑必死，口碑来自业主。你没有第二次机会给客户留下完美产品的印象，所以，请你务必重视交房。消费者的预期能否兑现，项目的口碑能否树立，市场美誉度能否被引爆，就在交房这一刻。特别是第一次。

交房是建立、巩固、提高客户满意度最核心、最集中的节点，要好好把握，一次成功的交房，其后续影响力不亚于一次火爆的开盘。如果能像重视开盘一样重视交房，不久以后就会赢得像开盘一样的销售战果。

14 打好“营销阻击战”

操盘，既要阻击别人，又要防备被别人阻击。

在当前的房地产营销中，任何一个城市、区域、板块内，都会有**影响力等级**不同的多个楼盘，对于那些在规模、产品或者营销方面均为区域龙头的高影响力楼盘而言，他们几乎可以不用考虑这种**阻击营销**的形式，只要按照流程把自己该做的事做对、做好就足够了；但对于那些**低影响力楼盘**而言，则绝对需要**审时度势、把握时机、见缝插针地**打好几场“**营销阻击战**”。

一、谁打谁的阻击

1. 小盘打大盘

大盘的营销周期长、推广较为系统，附近小盘必须要充分运用好**跟随战略**，跟着大盘沾沾光。小盘的操盘手得明白，跟得好的话，是你跟着大盘沾光，分流大盘的客户；跟不好的话，是你让大盘沾光，大盘会掠光你的客户。

2. 低价盘打高价盘、中低端打高端盘

这里的低与高都是相对的，别人卖 10000 元/平方米，你卖 8000 元/平方米，你就是低价。在项目资源、配套设施、硬件条件相差不大的情况下，人家是低密度，你是高密度，那你就是相对低端的。

3. 尾盘打新盘、现房盘打期房盘

这个好理解，住宅沉淀的尾盘单位都是绝对利润，如果想抓紧套现，盯住刚入市的期房新盘打一场现房心理战就 OK 了！

二、如何打

1. **长期打**

在确定好**跟随目标和阻击能量**之后，尽可能在操盘节点的把握上、在营销策略的制定上、在广告推广的针对性上采取针锋相对的举措，这种方法非常适合都是新盘的情况。

2. **打节点**

一般而言，小盘对大盘、低端盘对高端盘、尾盘对新盘，**前后者之间的营销资源和市场热度是差距极大的**（市场影响力就是这样区分开的），故而，最明智的举动就是抓住几个最关键的操盘节点，用四两拨千斤的技术手段去打几场漂亮的阻击战、伏击战、奇袭战。

3. 打弱点、打差异

项目再大、卖点再多，也会有弱项，小盘的生存之道就是**差异化**，要找出自己与竞品相比最突出的一点狠狠打。

4. 拼执行、打截击

大盘客户量大，所以大盘能够引流，小盘就要分流，附近小盘的必备动作就是找准截击位置，稳稳分流大盘客户。

典型一：大盘搞认购，小盘玩大促。获知某大盘即将展开认购的准确信息（一般这种情况下其客户量在一定时期内都是非常庞大的），**立即制定相应的销售政策**（一般都是比对手更优惠、更刺激），**并通过精准传播分流对方客户**（可以在对方售楼处附近投放户外广告，和对方在同一天投放促销 NP，渠道小组雷霆出击等）；

典型二：新盘搞促销，尾盘搞抽奖。

操盘，既要阻击别人，又要防备被别人阻击。在开盘时间上放烟幕弹，就是为了防止被竞品打阻击；明明定好的开盘时间却要突然提前，就是因为对手已经出现了阻击动作；将开盘分为**“明开”和“暗开”**，就是要让对手摸不清阻击的节点，特别是在市场不好的时候，采用暗开策略能够更好地消化客户。

在市场形势一片大好的时候，大家打的是“友谊赛”，谁也不会伤到谁的筋骨；但当市场形势恶化、区域竞争愈演愈烈时，就是真正的“淘汰赛”了，这个时候，如果两个盘靠得太近了，就会出现不是你抢我的客户，就是我抢你的客户，或者不是你送我清盘，就是我送你热销的情况。

15 老业主是宝藏

“经营企业就是经营人心，老业主营销就是‘收心’之旅。营销拼到最后不是技术，而是心术。”

开发一个新客户的成本是维持一个老客户的六倍，那这些成本花在哪里了呢？每个购房者背后都有25个同样具有购买力的潜在客户，你挖出来多少呢？我们经常说要找到“意见领袖”扩大影响和口碑，但你知道真正的意见领袖在哪里找吗？

似乎每个人都知道老业主的重要性，因为那是一个蕴藏了无限宝藏的群体。但实际上，最容易被人忽视的也是老业主，老业主才是真正的意见领袖。

我们总会在某些营销节点推出“客带客”活动，但老客户真的会因为那点儿利益给你带客户吗？那些享受了“客带客”政策的新客户真的是老客户带来的吗？

大多数人对“客带客”政策都有误解，他们把它当成了促定的道具，而被销售人员滥用。但实际情况是，如果你没有在日常用心地去维护老客户，仅仅在需要的时候甩出“客带客”政策，那基本是无用的。没有建立在一定的老客户满意度基础上、匆匆上马的“客带客”政策没什么意义，只会沦为案场的成交促定手段，沦为销售团队自己做业绩的砝码。

我的观点是，**你必须要有一个系统的老业主维护计划，这个计划比任何营销计划都重要**。客户满意度的提高是一个综合性问题，在手续、产品、工程、承诺等要素没有出现大问题的前提下，客户满意度不仅是营销部门的责任，要靠整个团队去营造，是需要每一个成员进行感情投入的。记住：感情投资是所有投资中回报率最高的。“客带客”的前提是口碑，只有客户满意了，他才会向别人推荐你的房子。把生客做熟，把熟客做透，业主的忠诚度和美誉度最终都会反映到销售上。

就像万科的“万客会”，有系统的会员制度，并设置了积分奖励、客户通信、增值服务、联盟商家等项目，为会员提供更好的入会体验。客户对万科的产品有着很高的满意度，所以它的项目才会产生高比例的“客带客”。

做到以下几点，你的“客带客”比例一定是全城或全区域最高的：

第一，微信或短信+电话的常规维护。

从成交后刚走出售楼处的那一刻，销售人员就要给客户发致谢微信或短信（以下简称“微信”）——“感谢您明智的选择……”成交后的鼓励很重要，人总是在别人身上获取认可。

充分满足客户的知情权。早年万科客户满意度调研结果显示，客户在等待收房的漫长过程中，因对项目进展情况不了解而产生的焦虑心理，是影响客户总体满意度的重要因素之一。必须积极告知客户项目进展，让业主享受知情权是对业主的最大尊重，也是维护客户关系的最基础条件。

对于常规客户，要做到每两周一次图文并茂地告知最新工程进度和项目自身利好（特别是项目涨价告知），尤其是客户所购楼座情况。对项目有利的时政新闻、市政新闻（道路翻新、市政升级、场馆建设等）都必须第一时间告知客户。房产作为家庭购买的最大宗商品，各类维权事件频发，客户购买之后总会惴惴不安，所以，买房前你需要帮客户下定购买的决心，买房后更加需要持续不断地给他们注入信心。

所有的节日都要问候就不用说了。

第二，永远记得客户的生日。

从你得知客户的生日开始，每年的这一天都要把生日祝福送到。

客户生日管理要由置业顾问和案场秘书共同负责，每个置业顾问要有自己的客户生日表，案场秘书要有全部的客户生日表，根据日期进行排序，确保不会遗漏。每天上班后的第一件事或每天下班前的最后一件事就是查看客户的生日表。

要将业主进行分级，区别对待。普通业主可以送上一句祝福，稍微重要一些的业主要亲自送去鲜花和蛋糕；对项目高度认可、带客多、有影响力、交际活跃的业主必须加倍呵护。如果有固定的月度业主生日会最好，可以集中起来一起过生日，同时也可以聚拢人气；有超级影响力的业主可以单独举行生日 Party。

如今能够记住你生日的人已经不多了。所以，对于你送上的祝福，业主会非常在意。

第三，客户会与社群活动。

销售的最高境界是和客户成为朋友，更高的是让客户和客户成为朋友。

要让客户会成为客户生活圈里重要的一部分，要在客户会成员的群里展示客户的进步和成绩，展示小业主们的成长。为业主们搭建分享快乐、分享进步、分享资讯的平台，让业主们找到有共同爱好的朋友，找到事业的合作伙伴。

做社群就是聚人，聚人的根本是聚心。这一点奥伦达部落、阿那亚等神盘做得非常好，它们根据业主的兴趣爱好进行分类维系，确立发起人，把有相同爱好的人聚在一起，成立读书会、足球队、篮球队、诗歌朗诵团、音乐社团等，让大家高频率地聚到一起，有条件的甚至可以让工作人员亲自陪着客户。社群文化带来的是从人气的聚集到人心的聚拢。

人以群分，当项目上的老业主们建起几十个这样的群时，同样兴趣爱好的“外人”就会慢慢融进来，进而聚拢人心，找到客户、黏住客户。

第四，固化活动成节日。

首次开盘之后的业主答谢会或业主联谊会要成为规定动作，可以把每年的这一天定为“**年度感恩日**”，欢迎业主邀约亲朋好友一起来，这种大场面远远胜过一桌一桌的“家宴”。当然，重要客户要家宴单请。

要在答谢会上评选出十大明星业主、十大小明星业主、十大幸福家庭、十大爱心家庭、十大孝星等。同时，要给业主发奖，给他们十足的荣誉感；还可以给业主评级，三星、四星还是五星，把奖牌挂到门上；给那些考上重点高中或考上大学的业主子女发放奖学金。

第五，用参与感塑造客户黏性。

项目的每次加推和各类现场活动一定要通知老业主，所有的好处都要想着老业主。比如，全城派赠米和油时，老业主的分量要加倍，要让老客户时时占到便宜，感到暖心。还有端午节的粽子、中秋节的月饼、元宵节的元宵，都要想着老业主。

交房前要成立业主监督委员会和业主工程质量监督组，定期通报并邀请业主观摩项目进度，设立工地开放日；不定期召开以“共建好社区，听你提建议”等为主题的业主座谈会，加强业主对开发商的了解和好感。其实，业主并不懂如何看工程质量的好坏，只是需要给他一种受重视的感觉。

能够让业主发表意见的地方尽可能让业主多“掺和”，比如，园林风格二期评选、景观节点命名评选、物业人员制服评选等活动。要尽可能多地创造让老业主发表意见的机会，让他们真正有主人翁精神，当业主感到自己在为自己的社区当家作主了，他比你还会传播。

在项目绿地中留出“**业主亲情林地**”，每年植树节组织业主种植优良树种。自己种的树再普通，也赛过别人种的名贵树种。还可以组织春季、秋季业主趣味运动会等。

参与感是一种自恋的本能，人们对自己投入了感情和精力的事物有着超乎寻常的评价，**百分之九十的客户买房之后会在某些方面感到不满意，但百分之九十的客户买房之后会对亲友说他的房子买得很值。**

第六，老业主代言。一个没有用过老业主代言的楼盘在营销上是有缺失的。

第七，深挖老业主的生意资源，彼此互换，一起合作。比如，做装修建材生意的业主、开饭店的业主。

第八，其他。平时要积极关注城市热点，组织建立社区的公益社团、环保社团等，以此展现人文关怀、责任担当，同时，要多做公益、多献爱心，这些都是能够凝聚人心的事情。

还有三点必须注意：

1. 摒弃积分，即时奖励

我一直不是很认可大部分客户会的积分制，那是附属性的长周期奖励，要想激发客户，必须即时奖励，快速兑现。

2. **不要因为销售人员离职造成客户服务断档**

销售人员离职，其原有成交客户必须平稳过渡，由其先向老业主发信息告知，次日即由新的销售人员去电问候并承接业务。很多老业主的“丢失”都是销售人员离职造成的。

对于销售人员来说，你在一个项目上待得越久，老客户资源越多，成交量越高。做销冠，首当其冲地要做“客带客销冠”，无论公司有没有给政策。

3. 突破常规，借鉴直销，建立“客带客”阶梯优惠。

常规的“客带客”政策，往往是老客户介绍新客户成交后，新老客户同时享受一定额度的优惠，例如，新客户购房每平方米优惠50元，老客户减免一年的物业费。

但若要令老客户充满积极性地去“拉客”，必须制定有刺激性的政策，我们的方法有二：①加倍奖励。这种情况很好理解，老客户每多带来一单成交，享有的奖励会加倍，而不是简单地累加，这是比较吸引人的一种方式。②针对老客户的阶梯式奖励。这种方式类似于直销，例如，客户甲介绍客户乙成交后，双方享受“客带客”奖励，而客户乙又介绍了客户丙成交，则不仅仅是乙、丙两个人享受“客带客”奖励，客户甲也享有一定额度的奖励。第二种模式基本是仿照直销企业的业务员薪酬体系建立的，这种方式能够有效增加客户“粘性”，给老客户带来意外惊喜之余，也让他们的带客积极性倍增。但这种方式最多只能做到第三级。

以上两种方式组合使用效果更佳，在我们的很多项目上都曾出现一个老客户带来十多单新成交的例子。活跃型客户就是意见领袖中的领袖，意见领袖口碑传递的信任感和杀伤力远远强过一切营销力量。

客户的身份是在不断变化的——目标客户、来访客户、意向客户、成交客户、老业主、优质业主、铁粉/死忠。KANO模型把客户需求分成三类：基本型需求、期望型需求、兴奋型需求，做到以这些事情容，你已经能够满足客户的兴奋型需求了。

买不买房看环境，下不下定看户型，满不满意看服务。**“老带新”从来不是一个阶段性的突击措施，而是永续性的持久坚持**。让用户影响用户，客户感染客户。

服务老客户就是为了挖掘老客户的人脉资源，渗透关系链，这其中必然带有功利性，但正所谓“形而上者谓之道，形而下者谓之器”，如果你是真心关心老业主，那么，他们是能够感受到你的真诚的。成功的“客带客”，从来不是靠“客带客奖励”激发的。满意度和忠诚度才是“客带客”的本质，要让所有老业主都成为“种子客户”，只有让老业主变身兼职置业顾问，才能让优质客户源源不断。

经营企业就是经营人心，老业主营销就是“收心”之旅。把原本仅仅是交易关系的“弱关系”变成彼此关心的“强关系”，“客带客”自会源源不断。“品”字三张口，品牌、品质、品位全靠口口相传，“劝君不用镌顽石，路上行人口似碑”，有营销无口碑必败，口碑来自老业主。**营销拼到最后不是技术，而是心术。与人为善，善果自来。**

16　车位销售知难行易

> **车位卖好不容易，十大攻略在其中。**

“车位销售知难行易”不是说你知道了车位怎么卖就一定能卖好，而是等你明白了车位营销的本质之后，就不要再奢望所有项目的车位都能快销+多赚。

车位营销必须有明确的操作策略——到底是要快速回款，不留包袱，还是有利润要求，准备长线作战，这些问题要事先想明白。但你必须明白，即使你有明确的策略，也往往囿于条件无法兑现。

结合这些年做盘的经验，只有优改或再改楼盘遇上了好形势，才有机会借主房的热销，趁势在车位产品上实现走量，而且价格要实惠。除此之外，皆是难题。

车位销售初期的情况跟**入住紧迫度**密切相关，后期则跟入住率紧密相关，最有意思的反差是入住紧迫度高、交付之后入住快、入住率高的项目车位销售量小，因为这类项目往往是刚需或刚改盘，购买力受限；而购买力没问题的再改或高改项目，则又受到入住率低的掣肘，业主不着急住，也就不着急买车位。

刚需或刚改盘项目交付首年车位销售率通常不超过3成，而优改或再改项目做得好的能超过5成，这两种境况采取了截然不同的操作手法。

车位营销的本质问题：

第一，**佣金低到没动力**。

在常规销售期中，无论是开发商自销，还是代理公司代销，目前在车位销售上提取的佣金都是采用主房销售提取的佣金比例。假定销售人员佣金为2‰，卖出一套总价200万元的房子和卖出一个售价15万~20万元的车位，佣金差距非常大。所以，当车位销售对主房销售造成一丁点儿影响的时候，所有销售团队都会避之不及，更别提什么未雨绸缪、主动献策了。

在同等佣金比例的情况下，卖车位是件费力不讨好的事情，大家自然无心恋战。

第二，**市场大势与竞争态势**。如果市场处于上升通道，而且无强势竞品时，捆绑车位销售是有可能的。但这时的捆绑，基本上都是平价或成本价出货，而且因为还不具备销售条件，往往不是硬捆，仅仅是协议捆绑或定金捆绑。

第三，**入住紧迫度和入住率**。这两项中任何一项指标低的项目，车位都不好卖。但凡买房后不急于入住的，都不着急买车位。尤其是那些投资类客户，就不要指望他们买车位了。最近几年市场行情飞涨，部分项目投资类客户占比很高，车位销售自然艰难。写字楼和公寓的车位难卖同属此类。

第四，**车位/主房的总价比**。我评判车位的销售难易度，主要看车位总价与主房总价的比值。就二线以下城市常规住宅项目而言，如果车位总价/主房总价=5%，则是购买车位的轻松线，如果车位总价/主房总价=10%，则是购买车位的困难线，高于10%就是高压线了。以总价200万元的房子为例，车位卖10万元是稀松平常的，卖15万元可以保证去化正常，如果卖到20万元销售就会比较吃力。但是，北京的房子动辄千万元，这样车位总价与主房总价的比值就非常低了。总之，凡是车位定价占主房总价5%~8%的车位都不难卖。

所以，不用看车的价值，看这个比值就行了。这是那些中低端项目车位难卖的另类真相。

车位的销售逻辑就是激发停车需求，引爆停车恐慌。

车位销售十大攻略如下：

第一，刚需/刚改项目，车位涨价空间不大，容易滞涨，所以能跑量就坚定不移地跑量；用“认购车位、主房有额外折扣”“买车位送储藏室”等手法皆有效果，必须有力度才能大批出货。这样操作，虽然不挣钱，但是很安全。

第二，纯改善类项目，车位涨价空间大，价格要保持稳定上涨，小幅多频，坚持不懈，让客户有恐惧感。但要注意：一方面，要把握提价的幅度，另一方面，也要把握提价的时机，最好不要空提，在手头有意向客户的时候提价最佳，促定效果明显。在正常情况下，除去老年无车家庭，改善类项目的车位销售量与入住量是同向推进的。

第三，车位必须要根据楼座电梯口位置进行分区，也要考虑入住情况酌情调整。分区能增加客户的紧迫感，变相增加领域感；距离也是制定车位价差的重要依据。

第四，主房一房一价，车位一位一价。价格永远是最好的销售理由，有比较才有成交，有差异才能引导。车位的尺寸无论长宽皆有差异，哪怕是微小的差别，只要先界定好标准车位，就能延伸出略宽或略窄、略长或略短的车位，甚至是独立车位、子母车位、微型车位、靠墙车位等。比如双柱三联车位，中间的最便宜，副驾靠柱的居中，驾驶靠柱的最贵；靠墙车位副驾靠墙要有优惠，主驾靠墙更要便宜；子母车位的长度一般为常规车位的 1.5 倍，人防车位的长度一般为产权车位的 85%。情况颇多，尚未言尽。

第五，用利益捆绑客户，同时制造价格差异。要把车位抵用券当作常备品，开盘时发一万元，联谊时送一千元，参加活动时送 300 元等。车位开放参观之后，可以实勘送礼，洗车卡之类的。这样积少成多、逐步捆牢业主。业主加购车位一定要有额外优惠，家里车越多的业主，购买力越强。还可以设计各种促销“小把戏”，比如今年没违章，奖励 1000 元；能够一把倒车入库，车位打九折。

第六，车位的总体价值、价格上涨以及车位升值等要时刻向对业主进行提示，给业主算账，如果有条件就做出“**车库样板间**”。“有车位的房子才好转手；车会越来越不值钱，但车位会越来越值钱；没人看管的路边车被盗抢率是有地下车位车辆的 100 倍，损毁率尤其是被砸玻璃的概率是 300 倍”。抓住严寒酷暑、狂风暴雨等“黄金气候”时机，辅以强势说辞：“狂风把树刮倒，不仅砸到车还砸到人；地下车位对车辆的保护，至少可以提升车辆寿命 5 年；把车停在外面的停车费、修车费以及时间成本也非常高等。”记住：要用事实和数据给客户算账，让客户感到十足的恐惧。

尤其是夏季，针对暴晒的说辞最能制造恐惧效果——暴晒极易导致线路老化，使车辆自燃率升高；胎压升高，轮胎老化，爆胎可能性增大；机油温度过高，发动机内部受损等。

第七，源头端。①能做车库就做车库，不管是地上还是地下，车库都比车位好卖一百倍；②地下车位能少做就少做；③尽可能做到人车分流，地上不要规划车位，地上能停多少车，地下就少卖多少车位；④地下的机械车位很难卖，也卖不上价，能保本就快卖；⑤多联合 4S 店搞“业主购车节”之类的展销活动，刺激消费，让业主多买车、换新车。

第八，强化管理。车位号与车号匹配录入系统，无位车辆绝不放行，有位车辆也不能乱停。不仅自己项目的车位绝对不租，而且要强力整治外围，减少外围停车空间。只要外部车位可租或免费停车位充足，你的车位永远“啃不动”，尤其是刚需或刚改盘。送货车辆也务必严管。车位试用是个好招，但不能在入住率低的时候用。

第九，但凡改善型项目，一定要做成“五星级地下车库”。车库每平方米多花 100 元，总价起码能找回 2 万元，而且销售难度急剧降低。停车场出入口一定要有车牌识别系统，地下停车场一定要干净（有各类美化点缀更好），灯光一定要亮，监控摄像头一定要大，辅助停车标识一定要全（墙柱面分色、地面标线清晰），拐弯转角处一定要有凸面镜，车位锁一定要上（必要时上两把），减速带一定要多，已售车位的权属提示牌一定要挂。

第十，能不能集中开盘、何时开盘取决于对客户的把握。只有极少数客户会主动咨询车位的销售事宜，所以要主动出击。对客户底细的探查从买房时就要开始，逐步摸清客户是否有车？什么车？有几辆？是否交房后就入住？可以通过填写有奖问卷的形式进行。“车贴推广”其实有一个很重要的作用，就是和有车的业主加深感情。

车位开盘和主房开盘一样，都要走认筹、装房程序，也要有氛围，要有卖压。不管哪类项目，同批车位最多只有一次集中开盘销售的机会，成或不成，之后皆是平销。

附赠一条：如果剩下一批车位自己卖不动了，那就找外面的机构谈包销代销吧，条件合适的话，一下就可以脱手了。

车位的投资价值是由它的紧缺程度决定的，当你想租都租不到的时候，车位的投资价值才能真正体现，只要还能够租到，车位的投资价值就是个伪命题。

此外，我并不赞同那些使用“车位宝”之类的金融手段卖车位的伎俩，与其这般，不如成本价出手，或是找个专业公司谈个底价，直接把车位打包卖掉。

车位本难卖，主要看心态。

17 赚在尾盘

> “尾盘都是利润，做好尾盘才能盈利。 唯有慎始，方能善终。”

对于开发商来说，尾盘就是沉淀的利润，卖尾盘才是真正的赚钱。

一、尾盘概念的界定

顾名思义，**尾盘就是楼盘的销售率达到某个较低的比例数值时，剩余单位的统称。**

1. **比例说**

对于剩下多少房子算尾盘，业内其实没有标准答案，10%～30%都有，而且大家都没有明确这个比例到底是面积还是套数。我的理解是，大盘与小盘不能用同一比例去界定，如果从面积去衡量，那么剩余5%～15%的就算尾盘，楼盘规模越大，相应比例越小；如果从套数去衡量，那么剩余5%左右才称得上尾盘，因为剩在后面的房源绝大部分是高总价的大户型。

2. **利润说**

当年搞“尾盘集中赢”时，我曾经提出过一个观点：**实现项目预期利润后剩余的房源就是尾盘。**这个当年在圈子里掀起了一阵热烈讨论的概念，现在看来其实是**尾盘最恰当的定性与定量标准。**

二、尾盘的形成与区分

首先纠正大家的一种片面认识——不要认为尾盘都是不好卖的差房子，错了。

我认为，广义的尾盘有两类：主动性尾盘、被动性尾盘。

主动性尾盘是指有计划、有目的、有组织地进入尾盘营销阶段的项目。例如：①开发商后续无项目或后续项目短期内不开，故将部分保留房源的销售周期刻意拉长，以保持企业的市场影响力。②营销策略明确且执行得当，保留部分优质房源甚至最佳房源到销售后期，以实现最大利润。当然，此类尾盘必须基于两个前提：市场大势极佳和操盘经验丰富。

衡量是否为主动性尾盘的基本方法：①看房源是不是散乱；②看项目的工程进度，凡是尚在交房前就剩余少量房源的项目基本都是主动的。

被动性尾盘就是通常认为的“卖到最后卖不动”的产品，这类尾盘的成因分为以下几种：①部分产品的市场定位出现重大偏差，典型症状如户型过大、总价过高；②在所难免的产品瑕疵，例如环境（产品沿街或建在公建上、临近高压线和变电站等），采光（北向、有遮挡等），通风，楼层（底层或高层），户型，景观（没有景观或有墓地类的不良景观等）存在硬伤或缺陷；③营销环节失误，例如房源无销控、价格无壁垒；④特殊成因，例如部分楼座存在手续问题、违规现象或重大质量问题。在市场大势不佳时，此类尾盘能占到全部尾盘项目的90%以上。

三、消灭尾盘

对于开发商来说，尾盘就是沉淀的利润，卖尾盘才是真正的赚钱。那么，尾盘销售的快慢多寡就决定了一个项目的利润指标。

对于房地产项目而言，真正的高级操盘手不是有本事、有能力、有方法解决问题的人，而是事先嗅知问题、规避问题并化解问题于无形的人。前者事倍功半，后者事半功倍。

（一）上策：唯有善始、方能善终，把尾盘消灭在前期是最高境界

1. 产品方面

要打造出真正的具有均好性且无硬伤的优质产品，最彻底的解决办法其实是**把尾盘消灭在图纸上**。当产品在规划、单体、户型等各个方面无大懈可击时，所谓的难卖的尾盘就已消弭于无形中。

2. 营销方面

面对在所难免的瑕疵产品，应在项目入市前就做好应对策略，优劣搭配、严谨销控，将此部分产品逐批、坚决、混搭推出，通过价格的巧妙制定把此类产品消化在前期。一个优劣房源搭配得当的项目，在楼盘强销期，是完全可以混搭走量的。作为开发商与操盘手必须谨记，整个项目是不指望这部分产品赚大钱的，利润点不在此。

（二）中策：营销诊断+精细营销

能够认识错误、发现问题，但并不意味着肯定能够解决问题、挽回颓势，这只是解决问题的起点。但凡滞销发生，就必须从头梳理整个项目的产品与营销流程。营销环节的问题主要体现在房源卖乱、价格定位失误，**没有通过形成价格壁垒的手段留优去劣**。

1. **分期开发的大盘，新房源带动老房源，通过真实的价格差或价格烟幕弹形成价值洼地**

如果是分期开发的大盘，那么前期尾盘的销售压力相对较轻，因为首期到尾盘时，二期大多才开始内部认购或筹备开盘，这时最好的促销手段就是通过二期的高价衬托一期的低价，二期价格只有高于一期尾盘，一期尾盘的问题才会迎刃而解。

2. **聚合资源，整体放盘**

此举主要针对同期开发楼盘数量较多的大型开发商，如果每个楼盘剩下几十套房源，盘多了就是几百套，涉及少则几千万元、多则几亿元

资金。故而此类开发商应将房源、推广、促销等进行整合。例如，北京天鸿集团早在2001年底就开始开设尾盘超市，将旗下20多个项目的400多套尾盘房源进行整体包装与销售。

3. 根据产品情况找出优势所在，重新定位目标客户群

例如，无电梯的多层顶楼，尽管冬冷夏热、爬楼烦累，但视野开阔、空气清新，可以针对青年置业者大力促销；再如，点式高层的西北角，虽然光照、通风欠佳，但可以充分挖掘景观视野、户型实用、价格等要素优势，吸引追求实惠的购买者。

4. 改进、优化产品，包括硬件与软件

时间长了，尾盘产品不是过时，就是过剩。我们曾经操作过一个复式改平层、一户变两户的案例，但是因为住宅产品在现房阶段进行楼体改动的难度很大，所以改进户型的可能性微乎其微，这就**要在软件改进上多下功夫**。例如，若产品存量偏大，可考虑大幅度改善楼盘整体品质，如增加配套服务、增加入学指标、优化景观环境、提升物业服务质量等；另如，可以进行装修引导，分析整理每一户型的优缺点，进行空间优化，请高级设计师有针对性地进行室内设计，合理利用空间、精心布置家具配饰，向客户呈现出掩饰缺点后的户型；对于总价较高的大户型，甚至可以随房配赠装修、家具等，提升“整体价值”。

5. 用好朋友圈

很多开发商都是这样，大头的广告费花在楼盘开盘期和强销期，尾盘时则偃旗息鼓，没动静了，尾盘最怕“静卖”，悄无声息最容易造成认知误差——外界会认为房子售罄，无房在卖。朋友圈是清尾的最优广告媒体。

6. 重视那些低价值、长期效的广告物料

在楼盘推广的中后期，必须要有打攻坚战的心理准备，并筹备推出部分有针对性的低成本、实用型物料作为宣传品。例如，我们曾经在众多项目中充分发挥了物料的作用——扇子、抽纸、打火机、鼠标垫等，这些物品使用时间和见效时间都很长。

7. **口碑传播与客户关系营销（俗称“客带客”）**

任何一个楼盘到了交房入住期，最不能忽略的群体就是已经成交和入住的老客户，因为他们的口碑是对项目最好的推销，他们的一言胜过我们的万语。在服务好他们并联络好感情的基础上，通过各种奖励措施，如送礼品、送现金、送管理费等，调动老业主的积极性，让客户关系营销为楼盘扫尾做出贡献。我们在操作中通常都会对此类成交做出“**双向奖励**”，无论是介绍人，还是成交者都能享受优惠，还可以分成几个等级，介绍的客户越多，获得的奖励越高，以此鼓励老客户多多推荐新客户。

8. 拓宽营销渠道，转入三级市场

成熟社区的尾盘市场半径小，客户就在附近，属于“步行市场半径”。此类尾盘的客户群体目标性或目的性很强，与二手房客户具有极高的重合度，因此需充分调动大量二手房门店的集群效应，让他们成为我们的一个个分销点。

9. 相当一部分存量尾盘都是交房后成为现房的产品，**现房的一切优势就是尾盘的优势**

①市场中总会有那么一部分骤然产生的“急需”购房者，比如拆迁、婚嫁等，即买即住绝对是针对这部分购房者的第一卖点。②如果你对社区物业水平很有信心，就可以卖物业、卖体验。③如果社区中人群素质较高，就可以卖人群、卖邻居，有些购房者特别认这个。

10. **借助大势，寻求新的增值性卖点**

例如，市场宏观供应量走低、城市规划走向转移、城市大型配套建设（公园）、干道开通等，这些都将对楼盘销售产生较大影响。宏观大势是最能够大幅度拉动楼盘升值和投资价值的因素，适当地炒作与跟风都将促进尾盘的顺利消化。

11. 借助不易表达的部分销售伎俩。例如，善意的销控与说辞。

（三）下策：价格战

没有卖不出的住宅，只有卖不出的价格。

（1）存量不多的、急于回款的项目，可以显性降价，特价出击。与其打个九八折或九七折，搁置几个月，不如来个九二折或九三折或“直降800元/平方米”迅速变现。

（2）大部分尾盘不宜采取整体降价打折的方式，必须针对不同产品制定差异明显的折扣。

（3）高价高折。按照操盘规律，一般正常操作的楼盘卖到后期，一定会产生部分高价单位。针对尾盘，我们可以比照高价单位甚至楼王来定价，然后推出撼人的折扣，此法尤其适合高品质楼盘中的大户尾盘。

（4）隐性降价。可以通过一些灵活变通的方式来处理，比如降低首付款或代垫首付款、送装修（装修还能掩盖户型瑕疵）、送家具家电、送物业费、送会所消费卡、送花园、送车或送配房、送创业基金等。

我们经常会碰上遭遇尾盘难题的甲方，其中**最大量的尾盘形成是因为开发商在前期对市场过于乐观，对自身产品过于自信，对自身营销体系疏于管控**，为追求业绩，不管不顾，一味地接受客户自然挑选或只推荐客户容易接受的好户型，对一些瑕疵单位根本不进行引导，导致很多楼盘的销售在后期遇阻。

每个尾盘都有不同的特性，具体问题需要具体分析。**唯有慎始，方能善终。**

18　有关招商的三疑三解

> “商业难做，难在知之不易；凡知之彻底者，行之必易。”

我这些年做过各种类型的商业项目，从综合商业、专业商场、专业市场到商业街，虽然自己的本职工作是销售，并没怎么专注去做招商，但因为经常参与项目的前期定位与后期包装推广，而且销售和招商的很多工作密不可分，再加上我也参与过一些主力店和品牌商家的沟通、谈判，所以，也窥见了招商的一些门道。

思考和求知都是伴随着疑问而来的，从最初对招商毫无了解，到后来随着介入程度的加深、频次的增多和思考的深入，当初的几个疑问便逐渐解开了。

第一，为什么很多商业项目开业初期招商火爆、迅速旺场，但这种势头保持不了多久，有时甚至只能维持两三个月呢？

首先，绝对是因为项目整体定位有问题，也许是地段与基础客群，也许是项目内外部等硬件问题不支持该种业态，所以，用各种优惠政策招来的商家其实并不是最适合本项目的经营者，他们会在入场不长时间便感知到这种情况，故而，来得快，走得也快。这种情况近年来非常多见，你会看到不少商业项目会在很短的时间内更换多个业态主题，忽而是小商品，忽而是家居城，忽而又变成了服装卖场等。**在短期内彻底变换经营业态便是典型的前期定位出了问题！**

其次，很多商户是抱着观望的态度进场的，他们在其他地方有铺位，如果这个新店能火起来那就扎根在这干，如果短期内火不起来那就走人，反正前期的优惠政策不用白不用，就当是新添了一个货品展示区，再不济当个临时仓库也行。在当前招商项目众多的情况下，抱着这种心态的商家不在少数。

最后，这种情况的发生也和项目的招商公司或招商负责人有直接干系。在招商前期，因为很多开发商不是很懂商业，所以招商部门的利益只跟短期招商业绩挂钩，这就容易产生招商者不管商户质量、只顾商户数量的短视问题，不管这个商户以前是否干过、干得如何，先签约进场再说。**很多项目出现运营困境，也与初次创业商户比例过高有很大关系。**

可见，很多时候初期招商的成功只是泡沫支撑的火爆。

第二，招商公司真的能带来客户资源，商家真的能跟着招商公司走吗？

我曾经陪同甲方接触过几家专门搞招商的公司，他们喜欢炫耀自己有很多客户资源，有很多商家会跟着他们走，那么，事实到底是怎样的呢？

所有商家可以被分为两大类：一类是自己有完善的选址规则的品牌商家、品牌总代、主力店，主力店包括商场类的银座、贵和，卖场类的大润发、家乐福，餐饮类的必胜客、麦当劳等；另一类是老板们说了算的经营散户、私营个体商家，最典型的就是那些专业市场中的商户。

对于第一类商家来说，招商公司纯粹只能起到中间联络的作用，项目有问题或者不合适，根本无法引入这些商家，**关系再好也无法超越规则**。现在各个行业和品类的品牌商家，其实都可以通过各种公开渠道取得联系，而且，这些品牌商家也在到处苦苦寻觅可以拓展店面的优良商业项目，只要项目没问题，引进这些商家是顺理成章的事情。

对于第二类商家来说，我们首先要弄明白一个问题——**所有需要选新店址的商家无非出于四种考虑：①原址不佳，更换良址；②原店照开，新增分店；③老手起家，这种是指以前和别人合伙干，如今自己另辟山头者；④新手创业，指那些初次开店创业者**。一个中大型商业项目最好选择前两种商家，因为他们已经有相对成熟的经营渠道、客群以及丰富的经营经验，有经验的商户越多，项目后期运营的难度越小，整体生命力也越强。其实，这样的商户并不难找，他们就存在于当前的各个商场、市场之中。他们也和那些品牌商家一样，希望有更好、更旺的经营场所，如果你能够搞定那些大型品牌商家，搞定这批人就相对容易多了。

可见，任何一个招商公司都不可能有一批所谓的“铁杆商户”跟着走，如果项目不合适、赚不到钱，只有傻瓜商户才会入驻，所以，关键还是看项目、看产品、看运营。

第三，对于一个商业项目而言，招商是不是最关键的环节?

招商确实非常重要，但我们要非常透彻地理解招商这件事，看看它到底是不是最重要的。

几年前，我曾在济南市的北园大街策划过一个家居商场项目，市场研究和项目定位搞了一个多月，找到了一个比较专的市场空白，果然，招商只用了不到半个月就满了，可谓火爆。而且当时那批招商人员全都是没有任何招商经验的小姑娘，招商广告一亮相，商户就挤破门了，为什么呢？因为市场空间存在，定位清晰明确，招商政策合理。

然而，经过几年的运营之后，原有的业态难以维系，就又更换了一个新业态。为这事儿我痛心了很久，也思考了很久——那么清晰的市场定位，近乎无竞争的市场状态，当初招商那么火爆，很多人还找关系往里挤，怎么会关门呢?

后来，我终于想明白了，**能够运营好几年才更换主题业态，这就不是当初定位的问题了，问题一定出在后期。对于一个商业项目而言，跟前期定位和后期运营相比，招商并不是最重要的环节，只能排在第三位。**

结合前面两点的内容得出这样的结论：决定一个商业项目生死成败的最关键环节是前期的市场定位、项目定位，在这个环节上若出现了问题，后期的工作是极难进行的。前期定位合理、业态配比科学、招商政策优惠，到了纯粹的招商环节就不会那么艰难，关键是抓好招商政策的制定和提升招商团队的执行力。

定位明确，招商完成。说到根上，无论多么好的定位、多么火爆的招商，如果在运营阶段不用心、不投入，那么前期的一切工作都将白费，我在本节提到的那个案例便是明证。

所以，对于一个商业项目而言，前期定位最关键，其次是后期运营，第三才是招商。

商业难做，难在知之不易；凡知之彻底者，行之必易。

19 别把总结当复盘

“没有经过复盘的操盘不叫操盘，仅仅就是参与而已。复盘，就是发现问题背后的问题，探寻逻辑背后的逻辑，知晓答案背后的答案。”

对于复盘，很多人都理解错了，包括企业界最早喊出复盘概念的**柳传志**。

大部分人都把复盘单纯地理解成总结，虽然两者具有很多共性和很大兼容性，但两者的差别还是很明显的：**总结的出发点是自己，**站在自己的角度看自己，**是从内向内看；复盘的出发点是对比，**站在对手的角度看自己，**是从外向内看**。

复盘，本身是个围棋术语，指对弈完毕后，棋手把刚才的棋局再重复一遍，复演该盘棋的记录，以检查局中招法的优劣、双方攻守的漏洞与成败关键。可见，**有对抗性的总结才叫复盘**。军事上的沙盘推演和复盘具有相同的意义，差别只在于事前和事后。

所有的总结都有晕轮效应，自说自话甚至自我美化。总结难辨成败，但复盘可以。

地产操盘手的复盘守则：

一、锁定竞品深度监控

操盘成功与否是比出来的，复盘是围绕已盘与竞品展开的。所以，操盘和复盘的第一步就是找准参照物，锁定核心竞品。

在《市场调研与竞品监控》一文中我已写到**“竞品的动态监控体系”**：把竞品的所有动态严密监控、彻底掌握，掌握竞品手续办理、施工进度、推盘节点、推广力度、渠道政策、促销动作等，摸清其产品推售组合、去化状况和价格调整等情况。

当我们衡量一个项目操作是否成功、卖得好不好时，往往就是跟核心竞品对比：一是卖得快不快，同等价格是否比对于卖得快；二是卖得贵不贵，同等去化量，价格是否比对手卖得高。

要带着问题去复盘，问题有三类：①自己的目标没完成；②自己和竞品都完成了各自的目标；③不仅完成目标，而且超额30%以上。

没有吃透竞品、掌握数据、深度对比，复盘则无从谈起。

二、何时复盘

围棋对局一般分为三个阶段：布局、中盘、收官。这三个阶段的划分取决于棋局的发展和对局者的决断，中盘最为关键。当水平差距明显时，往往出现“中盘告负”“中盘胜”的情况。

地产操盘则是以敌我节点为复盘关键点，包括：①己盘和竞品每次推盘后，特别是近间距推盘；②固定的时间节点，如半年度和整年度；③项目每期收尾后；④全盘结案后。此时复盘最为重要，这是为下个盘做准备，为遇到下一个类似的对手做准备。特别是对于代理公司而言，每个项目完成后，必须进行项目的全盘回顾和知识总结，完成这一步工作，才算真正结案。

一次到位的复盘，才意味着一个阶段的付出没有白费，复盘是为了更好地开始。

三、复盘要点

围棋当中把一步棋称作“一手”——**先手、问题手、手筋（妙手）、俗手、恶手、胜负手**等。为了争取主动，每下一子迫使对方必应，这叫先手；问题手是指不够妥善，值得推敲的一着棋；俗手是小错；恶手是大错；决定一盘棋胜败的最紧要处叫胜负手。是不是和地产操盘很像？

要点1：围绕节点比数据，反思推盘计划。

围棋棋手的主要能力包括计算能力、掌控全局能力和形势判断能力，主要战术包括进攻、防守、手筋、死活、打入、侵消等。与地产操盘如出一辙。

复盘第一步就是列出时间轴，把所有竞品和己盘平行并列，标出敌我双方的推盘节点、货量组合、各自业绩；跟竞品比价格、比销量、比幅度。不仅是数量对比，还要辅以两个图表：价格提升对比图、价格与去化量对照图，两两对照，找出差异。如果同一周期内竞品也卖得很好，量与价都没有拉开距离，那就是大势的功劳了。所谓的操盘胜利，要么是同等价格卖得快，要么是同等销量卖得贵。

详细回顾操盘过程，从每个节点倒推过程，并分析透彻当时目标制定的背景和源头：自己的推盘节点当时是如何制定的，为什么“走”这一步，货量组合是否恰当，竞品是如何阻击和反击的，各自效果如何；获悉竞品推盘节点后，我们是怎么做的，有没有抢开抢推，有没有阻滞动作，成效如何等。复盘是双向交流，反思原因，对自己、对对方走的每一步的成败得失进行分析，同时站在两个角度提出假设：如果当初计划不这样做，结果会如何？怎样才是最佳方案？

对比之后，再决定下一步推盘计划，是否调整推盘节奏，是否调整量价关系。

要点2：营销强度和团队对比，反思执行水准。

同样是横向比对：推广投放对比、渠道政策对比、案场和外拓团队对比；跟竞品比费效比，比成交周期，比管控水准。之后要根据认筹、成交等核心数据倒推反馈数据，评判集客效能和转化比例。

对比之后调整营销强度，敌之所急是否为我之所急，敌之所需是否为我之所需，以此重新确定推广和渠道发力点，决定是否增补人员，是否改善营销组织架构和激励体系。

要点3：明确战略定位。

根据市场营销影响力和市占率，盘整竞争关系，敌强我弱还是敌弱我强，继续保持还是调整定位，领导者、追随者、挑战者……调整对手，界定身份。

要点4：站在营销角度提出开发建议。

是否调整后续产品，提高还是降低开发速度等，之后再根据销售进度，为项目开发进程提出建议。参考阅读本书《站在营销角度建言开发进度》一文。

要点5：客户回访，深耕市场。

客户是最好的老师，也是最好的情报员，更是最好的推销员。对一定比例的成交客户和未成交客户的回访，是复盘中的关键一步。针对老业主的回访参见本书《老业主是宝藏》一文。

针对成交客户，需要分析客户定位是否准确，调整客户描摹等，最容易忽视的是对于未成交客户的分析。凡是有效的来访客户，如果不在你这里成交，一定会在别处成交，而且八成在竞品盘。对未成交客户的深度回访，是绝大多数操盘中的缺失项，而这一项比分析成交客户更重要。

合格的销售管理，除了统计清楚未成交客户的流失去向，更要探明他们流失的理由，是对项目价值点不认可，还是性价比不认可，或者是错失了成交时机，抑或对销售接待不满意。虽然未成交，但关系不能裂，通过回访这些老客户，辨清问题点，达成好口碑。

提高客户满意度，指的不仅仅是成交客户的满意度。当所有来访客户的满意度整体提高时，才是市场全面打开时。

要点6：优化价值体系，巩固买点、卖点。

进入中盘阶段后，棋局变幻莫测。所以，中盘战斗力是棋手真实实力的比拼，和地产操盘一样，相持阶段拼的是实力和价值力。

地产营销只有两种赢法：绝对优势的瞬间释放和相对优势的持续保持。前者往往出现在开盘，绝对优势的体现就是极高的性价比，但真正的操盘常态却是后者——如何持续保持相对优势。这是体系与体系、平台与平台、团队与团队之间的长期对抗，靠的是项目价值力的稳定维护和提升，以及团队的稳定发挥。

项目价值力的体现有二：一是同类同质产品的价格是否在持续走高；二是在市场全部同品类产品中的市场占有率。

要点 7：集体复盘。

复盘不是几个人的事情，而是项目全员的集体回顾，群策群力，坚定问责，深挖根源。在复盘中，只有大家的思维都被打开，彼此激发，才能让复盘的成果被大家共享，才能让复盘的价值放大，从个体价值变成集体价值。

水平是比出来的，不比不知道自己的斤两以及与对手的差距。个人如此，团队亦如此。

战略需要回头看，成败需要比着看；操盘多复盘，复盘要比对。只有真正的复盘之后，你才能知道是运气使然，还是实力所致。是否跑赢了大势，是否跑赢了对手，是否跑赢了自己。

没有经过复盘的操盘不叫操盘，仅仅就是参与而已。只有经过复盘的经历才能真正转化为有价值的经验，**发现问题背后的问题，探寻逻辑背后的逻辑，知晓答案背后的答案**。知其然更知其所以然，复盘就是找规律，面对同样的境遇、同样的对手，不犯同样的错误。

通过复盘，当某种趋势的端倪显现，当某种竞争格局扭转，当某类竞品采用某类竞争手段时，你能够迅速启动知识链接，在过往的复盘案例中挑出最适合的应对之道和制胜之法，为下一步工作作出判断，进而完成新一轮沙盘推演。可以败给一个对手，但不能败给一类对手。

总结是最重要的学习能力，复盘是最重要的操盘能力；复盘是棋手增长棋力的最重要方法，对于地产操盘手同理。

围棋最紧要处谓之胜负手，愿你在一次又一次复盘中积累出自己独有的胜负手。

20 问诊“低密高端”

“没有解决‘三认’、不具备‘三力’，再稀缺的低密产品也会陷入滞销囧境。”

做地产营销这些年，接触的一半以上的项目不是新盘，大多数都是开发商曾经自销或是找过其他同行代销过的“二手盘”。“二手盘”找代理、换代理，往往是销售遇到了问题。

这些“二手盘”中，非常典型的便是别墅、类别墅等定位高端的低密度项目。每次面对这样的项目，开发商的疑惑基本都是相同的：“为什么这么稀缺的低密度产品还能卖不好？”这篇文章就以这类极具代表性的低密项目，尤其是别墅项目作为剖析对象。

虽然通常情况下，低密盘往往被认为是“稀缺产品”，但恰恰就是这样的“通识”，容易导致自视过高、定位混乱，进而陷入囧境。

低密项目的问题往往由下列原因导致：①板块冷或板块差。低密项目往往处于城市边缘，甚至是远郊，周边配套及居住氛围极不成熟，即使略有山水资源，但实际距离和心理距离“双远”。②开发商品牌弱，无成功案例或知名项目，客户对企业实力存疑，尤其是远郊小盘。③贪心或高估导致定价偏高或涨价过快，客户心态从抵触变成“高抗”。④高估了项目的去化速度，抱着做快盘的心态做慢盘，很容易陷入资金链危机。

我们要抛开宏观形势因素，从项目本体分析问题，从客户买房的认知逻辑和成交路径去溯源，常规项目通常是，认可板块—认可项目—认可产品；低密项目则比较特殊，往往是倒置逻辑：**认可产品—认可项目—认可板块**。热销项目都是“三认”，非热销项目往往是“一认”或

“两认”。如果板块没有认知度、项目没有影响力、产品缺乏价值力，这样“三不认”的项目就属于高危了。

扭转“三不认”，通常需要三步走：**重新定义、改写需求、“三力”齐发**。

第一步：重新定义，抢占心智。

成熟企业、成熟区域、成熟产品，“三熟”齐聚最安全；陌生企业、陌生区域、陌生产品，**“三陌”集合最危险**。

从不认可到认可，是一个改写心智的过程，需要重新定义产品、项目和板块的价值。**一个成功的项目通常都是成功的定义者。**

1. 定义产品，重塑价值，代际价值和庭院价值是核心

大部分低密项目都是在拿着容积率反复讲稀缺，而稀缺背后的真正价值却很少能讲透。其实，低密产品和高密产品最大的差异在于价值趋势，**低密产品的价值走向是递增，高密产品的价值走向是递减**。

高密度、高容积率、高层的“三高”产品，随着时间的推移，产品的折旧速度会日益加快，公共区域的衰败和“**互损性**”日渐突出（互损性是指受到上下左右房屋的损毁而产生的损坏）。“三高”产品因为密度高，拆迁补偿的成本巨大，所以随着时间的推移，产品价值将会逐渐归零；而低密度、低容积率、低层的“三低”产品，尤其是别墅类产品，因为独立性高、公共区域少，具有无限修缮的自生功能，价值不仅不会损失，反而会随着时间推移而逐渐完善。**价值的递增性是比当下的稀缺性更重要的价值**。

低密项目是保富、传富的最佳工具，别墅这种产品可以代代相传，因为存在“**代际价值**”，所以从某种意义上说，最贵的别墅反而最便宜。“**珍贵，真不贵**”——低密产品的价值存在于认知，一旦把价值认知植入客户心智，这份价值便牢不可破。

对于低密产品，其**内部核心价值在于功能分层**、互不干扰，这是和大平层最大的使用区隔；其**外部核心价值在于庭院**，庭院才是真正的核

心竞争力，有天、有地、有院子，见天地、见自己。

2. 定义项目，首先是定位问题

定位问题的根源在于，很多项目没有搞清楚自己的产品是客户的第一居所，还是第二居所；是锁定顶豪，还是瞄准“别墅首置”。定位不准就容易出现当第一居所太小，当第二居所太大，或者顶豪看不上，“别墅首置”买不起的尴尬状况。**低密项目比普宅项目更讲究定位**，必须清楚地知道要把什么产品卖给什么人。

当然，还要**定义生活**，因为目前大部分中国人还没有形成所谓的生活方式，房子大了无法“填充”，所以卖低密高端项目就要给客户“描绘”未来的生活方式，你甚至要出一本《别墅拾乐》《别墅哲学》，或者是《别墅生活手册》之类的书，去放大别墅生活，令之生活化、鲜活化。一个成功的别墅项目，要有一本在圈子里洛阳纸贵的好楼书。

在常规居住用途之上，还要给客户营造一个想象中的最佳用途——私人会所、私人酒窖、私人影院、私人 KTV、私人图书馆、私人棋牌室、私人体育馆、私人禅堂、私人茶社、私人画室、私人博物馆、私人红木馆等。要用一个**虚拟的产品主张**给客户一个坚定的购买念想和具有个性的购买理由，这也是客户自传播的最佳借口。

定义项目还要**品牌借力**，借树开花。如果你是一个当地不知名的开发企业，就必须借外力，用关联品牌的公信力和价值力来提高自己的公信力和价值力。例如，万科、绿城之类的大品牌物业公司，全国大型施工企业，以及当地鲁班奖获奖最多的施工企业，他们使用的各类建材、电器都是国际品牌，就是希望利用合作品牌的影响力提升自身的品牌影响力，借船出海，借树开花。

3. 定义板块，价值洼地

板块之争是项目之争的前提，也是给项目定义的前提。很多低密项目的问题往往不是定价脱离板块价值，而是板块自身位置偏远或项目少，没有参照和对标，无法估值。不能定义板块价值，便无法有效化解区域抗性。

板块价值需要演绎，要用放大镜的效果，去放大未来的规划远景，把未来搬到眼前；板块内的任何资源，哪怕是小山小水之类的“微资源”，也要像使用显微镜一样，全力放大。所有的板块从价值体现上无非可以分成两类：成熟板块——黄金地段，不成熟板块——价值洼地。低密项目只要红线外没有硬伤，没有严重影响居住的“负环境”，是可以通过产品价值突破板块价值的。

第二步：改写需求，营造虚荣。

买别墅的人都不缺房子，从纯粹的使用功能和消费禀性上看，别墅是弹性需求产品。弹性置业的最大问题在于可买可不买、可早买可晚买，这就导致了别墅的购买周期长、议价空间大。

从实际功能上看，人的需求总是有限的，但欲望是无限的。改写需求的本质就是把需求激发成欲望，把需求变为“欲求”。**通过改写需求，让弹性需求变刚性需求，让别墅成为高端人群的刚需**，特别是对于“别墅首置”人群。

无论何种层次的城市，所有的财富人群都需要通过一定的消费手段来彰显实力和昭示财富“段位”，而房产是其中不可或缺的，甚至是最重要的“归类工具”。高端房产就是一张居住名片。

真正的圈层营销，不是从别的圈子里拉人来买房，而是要给自己的业主定义一个圈层，自造一个圈层。比如，星河湾力求打造“生活、事业、修为的平台”，不卖房子卖圈子，而且卖的是自己的圈子。

房子是实力的载体，是身份、地位、社会层级、财富量级的符号和表征，要把这种理念用各种推广渠道贯彻到位。让客户明白之后想了解，了解之后想来看，来看之后想掏钱。从需要到想要，从想要到必要。当把弹性的非必要需求改写成硬性的必要需求时，项目的营销问题便已解决了一半。需求有限，欲望无限。

中国的富人分为“显富”和“隐贵”，但即使所谓的“隐贵”，也不过是在大众群体面前“隐”，在富豪圈子里依然是“显”。他们无时无刻不在攀比和鄙视，“隐贵”人群只是具有比“显富”人群更高端、更昂贵的鄙视链而已。

从人以群分到“**人以墅分**”，豪宅营销的本质是虚荣心营销。城市越小，这一招越好用。

第三步：“三力”齐发。

三力是指**影响力、展示力、销售力**。

1. 影响力

虽然豪宅是少数人购买的，但当前社会发展阶段中的富人尚处于“显富”阶段，他们迫切需要让更多人知道自己的豪宅价值——你们买不起很正常，但你们要知道我的房子很贵。高端项目的成功营销，前期需要强大的影响力，后期需要海洋般的舆论环境。

高端项目最适合找代言人、搞演唱会之类的活动，能够在短时间内形成轰动效应。特别是很多低密项目所处的板块不属于热点板块，冷板块上的项目更需要“热启动”。制造热点，引发关注。

要自己制造一个良好的“舆论环境”，网络和微信公众号相加，至少要有几十篇点击量高的推广文章，让客户每一次搜索都有一种正面资讯扑面而来的感觉。

2. 展示力

如今常规项目的体验区都讲究“有震撼，无遗憾”，况乎豪宅？项目支撑要足，现场营造要足，住宅本身要可观、环境要可赏、配套要可用、服务要可心。高端项目的价值基本都是通过现场展示出来的，豪宅现场先要靠硬件和业主斗富，然后用服务把客户捧上天，最大化激发其虚荣心，方能促进成交。项目越高端，来访量越低，全靠提高转化率。

中国人的“面子哲学”，本质就是花钱买认可。把钱花在刀刃上，把面子上的功夫做足。

3. 销售力

销售力分内外。从内部而言，常规项目接待讲究标准，但高端项目则是典型的“非标”接待。从常规项目的“一对多”销售服务，即一个销售人员独自对接无数客户，转变为**多层次的“多对一”服务，即**多个部门的人员对接一个客户。只有“多对一”才能让客户产生尊贵感和特权感。

成交在现场之外。**顾问式营销**（广聘圈内有影响力的人物为顾问）和**泛营销网络打造**（豪车、高尔夫、俱乐部等具有高端人脉资源的群体）相结合，**密密织网，广泛撒网，准确收网**。

做低密高端项目，**产品要有筋、骨、皮**，筋是装修，是样板房；骨是建筑，是户型；皮是环境，是庭院。**营销要有精、气、神**，精是价值体系，产品体系；气是操盘气势，团队士气；神是项目包装，概念穿心。

没有成功，只有成长。营销是门遗憾的艺术，回头看，皆无完满，每一个项目只是下一个项目的依据和积累。

本文借低密高端项目说事，希望能有举一反三、触类旁通的功效。

第三章　战斗诀

定位清晰，自然胜之有道。

定位，即界定一个位置，强占一个位置，搞定一个位置。

形象定位是抢占客户的心智资源，在客户的心智中建立认知优势，也称为占位。

客群定位是锁定某个群体或区域竭力挖掘，在群体或区域中实现压倒性优势。

无定位，不操盘。

1 “尾盘集中赢”——创意主题，实效促销

> 创意主题+实效内容+精准传播+充分准备=目标达成

在此，我们将“集中营”一词进行了演化，取谐音“集中赢”。通过尝试，我们把它用在了一个住宅项目的促销活动中，并让其充当主角，取得了非常出色的销售业绩。

一、操盘背景

鲁贤家苑，位于济南市济微路70号，总建筑面积50000多平方米，因前期销控工作略有失误及一些特殊情况，导致剩余房源大部分是120平方米左右的大户型，这些户型不仅设计不够科学，利用率偏低，而且单价及总价均较高，剩余房源约180套。

（1）从小环境来看，鲁贤家苑所处区域竞争激烈，直线500米范围内有六个在售项目，我们的售楼处和最近的竞品售楼处距离50米。附近楼盘的定位与我们的项目定位雷同，区域环境、配套设施也没有很大区别，近乎共享状态，争夺的是完全相同的客户群。

（2）作为山东省省会的济南市，是一个典型的内向型城市，人们的消费习惯比较传统，喜欢实实在在的东西，消费心理及消费行为相对保守，呈内敛方式。

（3）购房心理处于初级向中级发展的过渡阶段，尚不成熟，有一定的从众心理。一般的购房周期为两个月左右，消费者会反复比较各项因素以区别项目优劣，但购房周期呈现缩短趋势。

（4）价格（第一因素）、位置、户型仍然是购房者考虑的三大因素。

二、“尾盘集中赢”全程记录

2002 年 10 月，房地产市场的传统旺季到来，我们知道在鲁贤家苑现有的情况下，绝不能放过这样一个难得的良机，必须推出强有力的促销措施，力争通过这个销售季的强力促销，消化掉大量房源。

（一）市场不利因素

（1）在鲁贤家苑项目北侧约 1.5 公里处有一个大型项目将在 2003 年初开盘，基础正待开工，工地广告围板已经竖起，吸引了相当一部分目标客户持币观望。

（2）周边竞争项目纷纷出台促销计划，折扣优惠、送地下室、送电器等，折合到房屋单价中，优惠幅度在 50~120 元/平方米。

（二）对策分析

济南地产圈的习惯是在项目剩余 15%左右时，才公开说自己进入清盘阶段，而我们认为该项目达到利润目标后所剩房源就是尾盘。

（1）尾盘的操作是一个对楼盘再定位的过程，需要重新定位目标消费者。我们通过分析近期来客区域，制定了“抓大放小”的推广策略，即以项目为圆心，三公里范围内的长住居民为重点目标客户，将绝大部分介绍、追踪、谈判的精力投入到争取这部分客户的工作上来，放弃争取“泛竞争”区域内的客户。

（2）通过对客户的购房心理进行分析，有两条重要收获：一是他们希望在离原居住地最近的地方购房置业，多是给孩子或老人准备的，这是区域内客户的一个重要特点。老济南人在一个地方住了很多年之后，已习惯了区域环境和生活氛围，希望家人之间能够住得近一点，可以相互照顾，因此再买房越近越好。二是当周边可选择的项目较多时，他们必定选择销售进度最快，可以尽快入住，物业管理能够尽快到位的房子。这个时候，哪个项目能够营造出最火热的销售气氛，能够最大限度地加快销售步伐，谁就能赢得客户，获得成功。

在对目标消费者有了明确的了解后，我们决定打一场价格战。对开发企业来说，项目的尾盘运作是对企业发展战略的一次调整。因为我们的合作伙伴下一步有新的开发项目，如果鲁贤家苑项目已达到预期目标，就应该加快资金回流速度，减轻 2003 年度的销售压力，把更多精力投入到能给企业带来更大利润的新项目上去。在竞争这样激烈的情况下，谁动作快谁就能赢得市场。

（三）方案制定

在对竞争项目的促销方式和优惠力度有了充分认识后，我们当即决定用最为犀利和最能让消费者感到实惠的价格武器进行强力促销，起码要在表面上超过所有竞争对手的优惠额度，至少在传播的效果和受众的理解上是这样的。

我们有针对性地选择存量最少的楼层作为让利最大的房源，这样既能增加促销力度，又能降低促销成本。于是最大的让利出现在仅剩两套房子的某栋楼阁楼，降价幅度达 240 元/平方米，其余楼座的每一层也都有不同的让利幅度，最少的是降价 60 元/平方米，平均降价幅度为 80 元/平方米。

但是这次促销活动的推广主题和广告语把我们难住了。市场化以来，济南房地产市场上先后出现过几百个住宅项目，2002 年，以让利、折扣、送家电、送装修、送阳台、送地下室等为主题的房地产促销广告几乎天天见，花样频出的促销活动消费者也见多了，从任何角度看，再重复出现类似的词汇都没有新意，极易被淹没在旺季的广告海洋中，很难达到最佳的传播效果。我们采用的是最简单的价格促销，所以更需要一个有创意的促销主题概念。

“尾盘”两字最先被敲定，主动提出尾盘概念，加大紧迫感，“迫使”前期老客户抓紧下定签单。经过斟酌、推敲、反思，“尾盘集中赢”正式出炉。“集中赢”在当时的济南是前所未有的！

在整个的促销方案中，我们本着尽可能为开发商省钱的思路，制定了如下推广内容：

（1）制作“尾盘集中赢”促销主题传单，集中销售人员在项目3公里范围内进行覆盖式派发，确保所有住户达到两次以上的收单率。我们严格要求销售人员，不能盲目追求派单量，求量更要求“质”，在派单的同时要进行15秒、30秒或2分钟的标准销讲词讲解，声图并茂，加强传播力度。

（2）参加2002年11月8日在济南国际会展中心举行的“济南秋季房展会”，因为所有标准展位价格都是相同的，所以在考察完展会现场后，我们立刻选定了二楼正对扶梯口的58号展位。就是这个很多参展者都没有注意到，但其实位置绝佳的普通展位，为我们的项目在展会上吸引目光、出尽风头，埋下了伏笔。

（3）制作4.5米×10米的巨型布幅三条，在济微路沿途楼体上悬挂，充当临时户外广告，向路人传递信息。

（4）制作展板、小型布幅等装饰售楼中心，提升销售氛围。其中有一块是倒计板，悬挂在售楼中心，上面写着“您还剩□□个选择机会，只剩□□天可以享受优惠”之类的话，每天修改一次，很多客户购房的积极情绪就是被这些一天天减少的数字调动起来的。

（5）为营造出红红火火的销售氛围，达到最好的传播效果，我们将红色运用到所有的传播载体上，传单、**促销期间的专用名片**、布幅、展板、倒计板、展位背景、导引牌、绶带、地毯等全是醒目的大红色。

我们的计划是在2002年10月中旬到2003年1月，完成120套的销售目标。

（四）房展会上出风头

2002年11月8日，济南国际会展中心“济南秋季房展会”现场。

所有乘扶梯来到二楼展厅的来宾，都会被在扶梯口收到的一张鲜红的小传单吸引，在整整一个页面上只有“尾盘集中赢”几个大字，它的尺寸很小（26厘米×18.5厘米），但吸引力却大过尺寸、厚度都是它几倍的各种宣传材料，进而吸引来宾的是近在咫尺、鲜艳夺目的红色展位和热情有礼、百问不厌的销售人员。

更出人意料的是，我们安排销售人员手举“请速到58号展位”“尾盘集中赢”的导引牌在人群中不停游走，吸引了所有来客的目光。

我们在展会上制定的工作方针是简要介绍项目、突出让利幅度，每组客户的接待时间控制在4分钟之内。为节省空间、加强对客户的把握，意向较明显的客户均由免费看楼车接到项目现场和售楼中心进行详细讲解。

参展的三天内，我们接待客户咨询3500多人，三部看楼车接送300多位消费者到售楼中心详细咨询，签订购房意向书60多份，签订正式购房合同17份。

（五）实效促销见真功

房展会上的成功为我们的促销战役开了个好头，极大地鼓舞了销售人员的士气和开发商的信心。

随着宣传单页地不断派发和悬挂起的巨型布幅不断闯入路人的视线，“尾盘集中赢”极大地引起了济微路附近居民的关注。

在“尾盘集中赢”的活动期内，众多持币观望者和前期看过房子的客户纷纷坚定了购买信心，果断下定交款。

最后，我们在 4 个月的时间里总计销售 96~124 平方米的住宅 145 套，月均销售 36 套，成交面积 1.7 万余平方米。其中，2002 年 11 月销量最高达 66 套，2003 年 1 月销量最低为 18 套（因春节将至，大部分人已无心购房）。“尾盘集中赢”圆满完成任务并合理超出既定目标。

同期，根据我们多方“侦察”得到的数据分析，附近的几个竞争楼盘中销售最好的一个项目，销量最佳的一个月才卖了 11 套，不及我们的最低月销量，最少的则没有开张。

三、收获与思考

“尾盘集中赢”顺利实施完成后，我们有很多收获和思考，希望与大家分享和讨论：

（1）并不是有了一个新颖，充满个性的促销主题就会赢得好业绩，关键在于促销的实际内容。若不是有强大和巧妙的价格优惠超出了消费者的心理预期，单靠“尾盘集中赢”的文字演绎是绝对不可能产生如此好的效果的。经历过诸多实战案例后我们发现，对于中小规模、中低档次的住宅项目而言，“价格战”的运用在大多情况下都是成败的关键。

（2）宣传推广只是一部分，能否成交的关键在销售现场。若没有专业、训练有素的销售人员，36 套/月的销量也是不可能完成的任务。

（3）大规模促销活动不一定要投入很多广告费，关键是要把信息准确地传递到每个目标消费者手中。如果受众不是目标客户群，知道的人再多也没有任何意义。

（4）对宣传工作的评估验证，不能只是简单计算每天有多少个咨询电话打进来，也不能只是简单计算来客总量，而是要看“反馈质量”。比如，在我们的“讲解式派单”下，来电咨询或登门看房的客户都是品质极高、意向极准的客户。

（5）在小区域内竞争对手众多的情况下，如果大家的产品品质相差不大，自己又没有非常突出的特点时，在大众媒体投放的广告其实不是给自己做的，而是给大家做的，消费者会在广告的指引下，把己楼盘和周边楼盘看个遍。对于区域性极强的中档住宅项目，大众媒体的效果还比不上小众信息载体。

（6）**人员的充分准备**。在活动前，我们预料到看房的客户人数必定大大超过正常来客量，于是提前在其他案场抽调了部分人员进行突击培训，补充到了鲁贤家苑售楼中心，将销售人员的人数增加了一倍。这些销售人员的到达，减轻了销售压力，提高了待客能力，保证了讲解质量，高素质人员是完成总任务的法宝。

（7）**销售说辞的准备**。关键之一：要向目标客户说清楚降价的原因，不能让他们认为是房子卖不动了所以降价，你的说辞可以是，因为广大客户的厚爱，鲁贤家苑项目销售火爆，在总体销售任务已经完成的情况下，这次降价既是实实在在地给您让利，也是想抓紧卖完，好开新项目。关键之二：**让老客户明白他买的房子没有贬值**，你的说辞可以是，您买的房子是最好的户型、最便宜的楼层，是性价比最高的，您的房子已经升值不少了，后边的人买的都是您挑剩下的（不能简单地跟他们比价格）；再说，只有加快销售进度、提高入住率才能完善物业管理，这也是为您好。果然，充分准备过的说辞会将众多新客户的顾虑和老客户的不满轻轻松松消除。

（8）**目标没完成是失败，目标超额完成过多也是失败**。我们制订的销售目标是120套，实际销售145套，这个超额幅度是基本合理的。如果超出目标50%以上，就是我们对市场情况没有摸透，对竞争形势和对楼盘定位的评估出现了重大偏差。如果对目标任务的预测偏差过大，这样的策划和没完成目标一样是失败的。

创意主题+实效内容+精准传播+充分准备=目标达成。

从2002年至今，“尾盘集中赢”这个概念被上百个地产项目照搬，以上这个案例也被收录到数十本营销图书中，并被编入多个高等院校教材。

2　财智交融·基业长青——融基大厦操盘案例

案例要点

一、定位清晰，锁定“商”“投”。

二、两次借势，奠定佳绩。

1. 借势竞争对手

巧妙借助竞争对手炒作的两种概念，顺势提出“双核心地段”，既有效地吸引了目标客户的关注，又压制了竞争楼盘的气势；

2. 借势“神舟五号”

凭借敏锐的触觉，率先窥探到媒体的焦点，于 2003 年 10 月 16 日当天抢占了《济南时报》的头版，为项目的宣传推广起到了极大的推动作用。

一、产品定位及营销策略

1. 产品简介

二建·融基大厦位于济南市花园路，总规划面积约 6.8 万平方米，大厦一期定于 2003 年 10 月 17 日正式开盘。

济南二建集团为济南老牌建筑企业，但是作为开发企业，这是它的第一个纯市场项目。对于其企业形象而言，融基大厦能否成功运作意义重大。

2. 潜心调研，锁定“商”“投”

融基大厦为高层临街商住两用项目，一期总占地面积不足 4000 平方米（容积率较高），地上 26 层，地下两层，一层八户，有四种户型，面积从 114~176 平方米不等。项目周边金融、科教、商务、娱乐、交通等配套设施较为完善。

在对项目属性、户型定位、竞争项目和两层辐射圈（核心层、重点层）内客户群进行了调研分析后，我们发现融基大厦的功能属性更倾向于办公而不是居住。在细化调研后，我们对目标客户群做了如下锁定：

①在济南东部创业的、规模 15 人（公司总部稳定办公人员）左右的发展型小公司（广告、IT、律师、办事处、咨询类为主），购买属性为“**首次商务置业**”。

②长线型投资客户即购买物业后，以长期出租为投资收益方式的客户。

我们的预判是商务办公类+投资类客户不低于九成。

在长期的销售实战中我们认识到，目标消费群体的界定对一个项目的成功运作具有重大意义，目标消费群体的清晰界定对控制销售周期、制定传播策略起着决定性作用。

3. 竞争态势白热化

融基大厦附近项目竞争激烈，十分钟车程范围内，各类商住、纯商项目达七个，在售供应总量不低于 70 万平方米，销售单价及单位总价均较为接近。激烈的竞争使得稀有客户资源被争夺，周边项目广告费用投入普遍较高，以数码港为代表的几个项目都在短期内投入了超过百万元的广告费用。

周边部分项目已成现房或主体工程竣工，对部分急需用房的客户产生了强大的吸引力，占得了市场先机。

济南的房地产项目普遍存在性价比不高、同质化严重的情况，且受区域经济总量及购买力限制，单位总价超过 50 万元的项目销售普遍缓慢。

4. 客户分析

目标客户认同本案的动机：认同本案的规划设计功能及附加价值优于附近其他个案；与竞争个案比较后认同本案价值；区域性客户想在此长久发展；认为本区域具有长远规划且地段发展有升值潜力；信赖开发商的企业规模和经济实力。

目标锁定：30~50岁事业有成的精英群体，男性为主。以项目为核心，半径三公里范围内各类商务公司。

5. 销售指标与预期市场占有率

我们跟客户制订的销售计划是九个月内（截至2004年6月）实现一期95%的销售率，实际销售均价不低于3800元/平方米，预期回收资金不低于1.3亿元。

二、把握良机，创新推广——营销推广策略

摆脱“商住楼”名声的尴尬境地，以项目的形象广告为主，重点推广“**财智交融·基业长青**”的项目推广理念和商务特征，结合精细买点进行宣传；塑造项目市场差异化特征，形成项目特有市场个性，以促进消费者对项目的关注；选择主流媒体，集中推广宣传。

1. 核心概念，触动心弦

我们认为，物业的价值可以分为“基本值”和“**附加值**”两部分，基本值就是项目本身的功能属性，在地段接近的情况下，房地产项目自身的基本值是大致相同的。附加值是目标客户对物业的心理认知和感受，这是项目先天并不具备的，需要通过人为策划、包装去塑造和推广。房地产产品是价值最大、关注度最高的商品（远远超过汽车），大部分购买行为的产生都需要一个较长的理性比较和判断过程。同时，由于供过于求的市场环境和同质化的项目属性，客户的可选择面非常广，因此，在核心产品基本值相差不大的前提下，住宅其实卖

得是一种生活方式，是对家的真切理解和美好梦想；**商务项目则卖得是一种事业主张**，是对商界生涯的透彻感悟和深刻洞察。融基大厦的推广必须用感性去触动目标客户的理性心弦，令其产生心声共鸣，进而激发购买冲动。

经过缜密的思考，郑振飞提出了**“财智交融·基业长青”**的核心推广概念，不仅将案名“融”“基”两字融入其中，同时最大限度地迎合了目标客户群的特性和愿景——他们都是有财、有智的时代新富；他们都希望自己的公司可以做大，事业可以长青。

这句感性的推广概念给人以很好的第一印象和心理感受，既是对客户个人能力的肯定，又对其事业做出了完美的评定，并表达了祝愿，极大地提升了项目形象。

同时，在整个营销的过程中，我们将世界管理名著**《基业长青》**一书作为礼品赠送给所有的购房客户及社会友人。

2. 演绎“双核心地段”——第一次“借势”

理性概念，“地段”支撑。融基大厦所处位置恰好是被济南多个项目爆炒概念的 CID（科技商务中心区）和东部 CLD（中心生活区）的中间地段，鉴于地段的重要性和特殊性，针对商务客户和投资客户这样一个理性群体，我们拟定了“**CID/CLD 双核心地段建筑典范**”这样一个理性推广概念。周边竞争项目在这个时候炒作概念，恰恰为我们的“双核心地段”概念的提出和推广打下了坚实基础。

消费者购买的“房屋”其实是一个“整体产品”，房屋作为这个整体中的“核心产品”处于重要的位置，但只有在附加了产品形象、物业管理、人文环境、倡导概念等因素之后，才能成为真正意义上的房地产消费品。**在项目核心产品无法产生重大突破的情况下，必须着力提升项目附加值，深入挖掘项目内外优势，将融基大厦塑造成一个具有较高档次和个性品位的独特楼盘。**

因此，“财智交融·基业长青”与“CID/CLD 双核心地段”两个概念的提出，极大地充实了项目的内涵，将融基大厦作为整体产品进行了迅捷的塑造。

3. 抢占黄金头版，缔造传播佳绩——第二次“借势”

2003 年 10 月初，开盘的筹备工作全部完成。当我们正在考虑如何才能结合社会上的某个热点为推盘造势时，猛然发现，中国航天事业的发展已成为热门话题。

10 月 13 日，我们从媒体朋友那得知，10 月 16 日的《济南时报》头版新闻版位将为“庆祝神舟五号成功发射”预留，版式格局已经大体确定。随即，我们放弃了已经确定好的内版版位，敲定了头版版位。

根据以往经验，每当有社会热点事件、大众关注问题被刊登时，报纸的印量和销量都会有较大幅度提高，而且各报摊都会把当天的报纸展示出来。

果然不出所料，10 月 16 日的《济南时报》出来后，融基大厦的效果图恰好处在“神舟五号”正下方，从整体效果看，融基大厦既像第二个“神舟五号”，又给人以旺销、腾飞的无限联想，与此同时，各个报摊都成了我们的“微型户外广告牌”。

虽然我们的几个竞争对手在发现了“神舟五号”这个大热门之后奋起直追，也都在短期内加强了各自的广告力度，但融基大厦的广告早已和那份珍贵的、有纪念意义的《济南时报》一起，被数万泉城人民永久珍藏起来。

三、成效评估

1. 传播到位，超前、超额完成任务

开盘第一天，两百多位准客户将不大的售楼处挤了个满满当当，当日即成交 46 套。借助开盘的火爆态势，融基大厦（一期）的销售价格在一个月内，已由最初的 4000 元/平方米攀升至均价 4500 元/平方米，并仍具有升值潜力，这远远超出了客户的期望目标；三个月销售量达到整体房源数量的 65%，赢得了市场的热烈追捧。

经过分析统计，融基大厦购房者的性质以商务和投资为主，这类客户数量约占全部客户数量的 90%，与我们最初的预计基本一致。

2. 火爆旺销，引领市场

截至 2004 年 3 月初，短短 5 个月内，融基大厦销售率达到 90%，实现全盘预期的销售总额——1. 3 亿元。根据我们对市场竞争楼盘的调查数据分析，融基大厦推盘期间是当之无愧的销售冠军，附近楼盘月均销售量多在 10 套左右。

3. 消费者实用与心理的双重满足

融基大厦的案名在核心推广概念“财智交融 · 基业长青”的诠释之下深得业主之心，一位经营数码产品的业主在购房后甚至将公司名称改为济南融基数码有限公司，而这句项目 slogan 从此也成为济南融基置业的企业 slogan。

4. 低投入、高产出的典范

2003 年 10 月 16 日抢占《济南时报》头版的行为，对项目的宣传推广起到了极大的推动作用，连同随后的一次广告，两次广告总投入不到 10 万元，但反馈效果之佳却是 100 万元也达不到的，此后，针对该项目的来电、来客量巨大。2004 年 3 月，融基大厦已经进入清盘扫尾

阶段，推广总投入不到 20 万元，这是区域内竞争楼盘中最低的，更是济南所有楼盘中投入产出最优的。

当然，融基大厦的操作亦有不完美之处，最典型的就是价差过小，定价不够大胆，再就是初期销控不利，中户销售滞后，后期方才用力挽回。

3 解密“成品家”

“成品家的实质是让消费者从买一套海边房升级为拥有一个‘海边的家’。在市场局势极端不利、生存空间极端狭小的情况下，‘成品家’的推出力挽狂澜，成为扭转颓势的起点。”

海尚海位于山东威海的乳山市，属于滨海度假类项目，总建筑面积 6 万多平方米，由 14 栋多层住宅组成。项目自 2003 年年中开始，在山东济南、青岛、淄博三个地市展开销售，但因市场竞争日趋白热化及各方面运作因素影响，销售一直非常被动，销售情况不容乐观。截至 2004 年 6 月与我公司合作前，一年时间总计销售量为 50 余套，尚不足项目总量的 1/15。

2004 年 6 月，我们接手了海尚海项目。

一、市场环境

自 2003 年起，一股新的置业风潮引起了山东省每一个对房地产有所关注的人——到滨海城市买房置业，这股置业新风的出现源自省会济南。

“住在海边”对于内陆地区的消费者来说，具有很大的吸引力。滨海楼盘凭借优良的自然环境与巨大的升值潜力吸引了济南的众多买家。随着乳山的众多项目涌进济南，异地置业这样一个以往只是针对高收入阶层与炒房一族的名词开始走进济南的寻常百姓家，逐步发展壮大的富裕阶层成为异地置业的生力军。

（1）济南的空气质量差，夏季温度高，环境因素是刺激有购买力的消费者“走出济南”，到滨海城市置业的“催化剂”。

（2）以威海乳山地产项目为代表的滨海楼盘，其相对低廉的售价吸引了投资者的广泛关注。

虽然市场存在需求，大势发展较好，但是竞争环境非常严峻：

（1）截至2004年7月，在济南市设立销售接待处的滨海楼盘总数达25个，总供应量约200万平方米，仅济南市核心区域的泉城广场周围就有8个项目在售，况且消费者能够接触和了解的楼盘远不止于此，据不完全统计，这样的楼盘有40余个，总供应量不少于440余万平方米。

（2）由于前期几个近海楼盘的炒作，消费者心中已经形成了“买海边房子就要离海越近越好”的购房观念，而我们的海尚海项目距离海边约1公里，并不为消费者看好。

（3）作为旅游地产范畴的滨海房产，其消费形态非常接近酒店，40—60平方米的小户型因其低总价最受欢迎，但海尚海最小的户型为66平方米，最大的户型达到120平方米，价格方面亦无优势，销售抗性极大。

（4）在济南销售的楼盘来自威海、日照、莱州等多个地市，乳山的距离最远，车程在6个小时。

海尚海面临的市场环境用最简单的话概括，就是市场局势极端不利，生存空间极度狭小。

在对项目和市场情况进行了充分了解后，我们认为市场机会是有的，关键是如何找到自身独特、鲜明的卖点，形成短期内竞争对手无法超越的USP（独特销售主张）。

二、“成品家”激活市场

根据海尚海项目特征，可确定项目目标对象为：①以养生、养老为购房目的的中老年人，以济南市党政机关、大型企事业单位的在职及退休人员为主；②以度假休闲为目的中青年人，拥有固定假期的教师等；③长线投资客户，认可滨海房产具有较大的升值潜力。

如何与“推窗见海”的项目竞争，如何与小户型竞争，是我们面临的最大难题！

分析一：目前，沿海项目的客户大多是来自内陆的异地客户，在购买毛坯房后，还要进行装修，并采购家具、家电等大量生活用品，其过程不但繁杂，耗时耗力，而且单户成本极高。

分析二：仔细想一想可以发现，几乎所有的商品在出售时都是“成品”，购买后可以立刻使用，恰恰房屋这种投入最大、关注度最高的商品却大多是在卖“半成品”，购买之后还要投入财力与精力装修并配置各类家居用品。

分析三：在海边买房的大多数都是有购房经验的人，但他们对在异地购房、“安家”一般都缺乏经验，或者说考虑不足。

分析四：事实上，对于普通购房者来说，到外地购房，距离不是主要因素，省心、省力、省钱非常重要，成熟度与发展前景才是最关键的。因此，奉献给消费者一个“成品家”的想法就此形成。

经过我们的分析与定义，赋予“成品家”中的“成品”三个层面的意义：

第一个层面是住房本身。海尚海项目一期已是准现房，加以精装修，并为购房者提供了必需的家具、家电和生活用品，连牙膏、牙刷都准备好了。购房者只需带上随身衣物即可入住。

第二个层面是社区环境。“成品”的概念绝不止于住房本身，虽然海尚海项目离海较远，但周边生活设施还是比较齐全的，医院、邮局、银行、超市都很近，所以我们把这一点提出来作为重要推广点。

第三个层面是服务。我们提出了一个“度假式物业管理”的概念，并与当地医院联合建立“业主健康档案”，让业主在饮食起居方面享受便捷的同时，也获得养生的完美感受。

“成品家”的实质就是让消费者从买一套海边的房子升级为拥有一个“海边的家”。

“成品家”交房标准

房间名称	装修					配套设施	家用电器
	地面	墙面	门	灯具	顶棚		
客厅	木地板	乳胶漆	板门	吸顶灯	乳胶漆	电视柜、鞋柜、沙发、纱窗、窗帘	29 寸电视
卧室	木地板	乳胶漆	板门	吸顶灯	乳胶漆	大小衣柜各一个、双人床、单人床、床垫两套、全套床上用品、窗帘两套、纱窗	空调
厨房	地砖	瓷砖		吸顶灯	吊顶	洗菜盆、橱柜、橡胶手套、拖把、扫帚、挫子、餐洗净、全套锅碗瓢盆、烧水壶、暖瓶	油烟机、燃气灶
卫生间	地砖	瓷砖	板门	吸顶灯	吊顶	手盆、马桶、毛巾架、镜子、手纸架、毛巾、拖鞋、牙具、香皂、洁厕液	热水器、洗衣机
餐厅	木地板	乳胶漆		吸顶灯	乳胶漆	餐桌椅、餐具	冰箱
阳台	瓷砖	乳胶漆		吸顶灯	乳胶漆	晾衣架	

找到推广方向后，我们便开始进行大规模推广。硬广告与软性文章组合投放，把“异地置业”与“成品家”作为一个议题进行分析和研讨。同时，我们推出了“首付 1 万元即可入住”的联合促销活动。期待已久的火爆销售局面终于到来，“成品家购房计划”推出的前两周销售量达到 150 套，目前的成交量稳定在 100 套/月。

海尚海从几十个竞争楼盘中脱颖而出，在 2004 年 6—7 月成为销售冠军。截至 8 月底，海尚海一期 300 余套已所剩无几。

三、“成品家”前景展望

经过几个月的市场检验证明，“成品家”策略对海尚海项目竞争力的加强和销售的促进具有重大意义，策划方向正确无误。凭借个性鲜明的项目主题和出众的性价比，“成品家”已经深入人心。

此时，竞争对手纷纷跟进，赠送装修、家电的广告此起彼伏，基于此，我们认识到，只有进一步深化“成品家”的内涵，深入挖掘“养生”和“文化”等多方面需求，将“成品家”步步“升级”，才能进一步巩固目前的领先优势，步步为“赢”。

“成品家”的横空出世，改变了开发企业的传统思路，更改变了消费者的思维定式，一时间成为热门话题。从行业的长远发展看，异地置业与“成品家”必将是一个不可分离的整体。

4 山东会展地产第一盘
——济南新东方花园“借势营销”全记录

一、操盘关键词

会展地产，新城重心——项目核心定位与推广语；

借最大的“势”会展经济，推出“会展地产”的崭新概念，提升项目附加值，强化美好前景；

借势济南东部新城建设，描绘项目未来前景，弱化销售抗性。

二、新东方花园项目概况

新东方花园位于济南市高新区康虹路，总建筑面积17万平方米。

现实状况：仍处待发展区域，尚有成片的麦田和林立的庄稼，很难找到都市的感觉；周边购物、医疗、教育、休闲等相关生活配套并不完备，生活条件很不成熟，公共交通不便利。

三、优劣分析

（一）优势

1. 社会的关注点

随着东部新城开发的热情地逐渐高涨，特别是众多优秀楼盘出自东部新城，使人们对东部新城的开发期望值持续升高，倍受济南人瞩目。加之济南人有“住东不住西”的传统观念，所以东部将成为人们投资兴业和居住的理想之地。政府对该区域的大力扶持，更是从宏观上给予了该项目有力的支持，前景一片大好。

2. 发展的社区

本项目所在地作为东部新城的重点发展区域，虽然目前各方面情况还不甚理想，但该片区的配套、社区环境及人文环境都在走向成熟。

3. 项目规模较大

虽然该片区项目不少，但 15 万平方米以上的楼盘并不多，从规模上看，本案具有较大发挥空间。

4. 公司实力与影响力

天业地产是一家专业从事房地产开发的集团公司，已有天业翠苑一期、二期以及创展中心的成功先例，可以从这方面对本案的客户进行诱导。

（二）劣势

（1）生活氛围不成熟。

（2）区域内待开发的项目众多，竞争压力大。

（3）消费者观望心理严重。“好房子越来越多”是众多客户的潜在心理，由于东部新城开发的进度加快和项目选择面大，造成消费者购房较迟疑。

（4）产品无亮点，且户型偏大，以 103—117 平方米的两室及 137—143 平方米的三室为主，甚至有 140 多平方米的两室。**独特卖点亟待深度挖掘。**

新东方花园是一个挑战与机遇同在、机会与风险共存的项目。

四、客群分析

本区域处于高新产业地带，齐鲁软件园、环保科技园、大学科技园等几大园区为本区域的住宅项目提供了重要的客群资源。但仅依靠区域内人群无法实现新东方项目两年内清盘的计划，必须以独特卖点吸引东部市区人群，以实现**客户扩容**。从地块因素分析，客群可做如下划分：

（1）在开发区及二环东路附近工作的政府公务员、白领阶层将是消化本项目的重要客群组成部分。

（2）部分高收入群体出于改善居住环境的需求会选择本区域，公交车的缺乏将不会成为他们选择此地主要的阻碍因素，他们一般都会购置私家车。

（3）声势浩大的东部规划和建设热潮会吸引部分有眼光的投资者的注意力，他们会因本区巨大的升值潜力做出投资性置业尝试。

（4）部分个体经营者会以二次投资的方式购置房产，以静观其变（几年来济南房产价格一直在上涨）。

（5）高新区建设和拓展速度加快，使周边城市化进程也稳步加快。城市化进程的加快和市区的扩张将使得周边区域内原有居民对生活和居住质量的要求迅速提升。

五、发现大"势"

显然，受到市政配套等硬件设施的影响，目前的东部新城并不适合居家生活，但其投资潜力和未来发展前景是有目共睹的。东部新城正以超乎想象的速度崛起于济南这座古老的城市。可以预见，随着相关市政配套的完善和整个区域的发展，几年后东部新城必将成为济南市版图上最具生机和活力的一部分。以国际会展中心、高新科技文化广场、高新区管委会为依托，项目片区也会成为东部新城之重心。

第一次实地调研时我们就意识到，济南国际会展中心将对整个区域的提升产生重大影响。当你站在国际会展中心前，只需一眼，就能被它深深地吸引——庞大的体量、新颖的建筑结构，都给人强烈的震撼。会展中心总建筑面积 35 万平方米，总投资逾 10 亿元，由天业地产和高新区管委会共同投资兴建，是集会展、购物、休闲于一体的大型综合建筑。建成后将成为全国第三、江北最大的国际性展览中心。

看到这座雄伟的建筑后，我们找到了策划方向。在此之前，高新板块虽然在东部新城规划中占据重要地位，但缺乏一个强劲的引擎来启动这片“热土”。板块配套极度缺乏，生活氛围不成熟；开发项目众多，竞争激烈；消费者持币观望心理严重。我们相信会展中心就是引擎，就是我们要借的最大的“势”。

高新科技文化广场已基本完工，整个广场总占地面积近十万平方米，略小于泉城广场，虽然在建筑标准、景观绿化等方面无法与泉城广场相媲美，但这里必将成为该区域居民一个重要的休闲娱乐场所，其所带来的广场经济必将凸显。

六、操盘解析

（一）“会展地产”创领者

在项目自身各项要素尚未落实之前，我们把推广重心放在了描绘大形势、阐述未来前景等外在感性要素上。精练、提升后，以会展中心为策略原点，郑振飞提出了“**会展地产，新城重心**”的宏观理念作为推广主线，一切广告宣传都围绕此概念展开。

2004 年 7 月，正当新东方花园紧锣密鼓地筹备开盘之时，作为主要客源通道的工业南路开始封闭拓宽改造，为新东方花园的来客咨询制造了很大麻烦，来客到项目现场只能绕道经十路。形势所迫，只能延期开盘。

2004 年 10 月 22 日，山东省首届住交会在舜耕国际会展中心隆重召开，新东方花园趁势开盘。清新的绿色背景，简洁大气的造型——新东方花园成了首届住交会上一道亮丽的风景。本届住交会，新东方花园可谓风光无限，一亮相便赢得了满堂喝彩，得到买家的热烈追捧，为项目的整体推广和销售开了个好头。

启动团购。对于这样的片区和项目，若有团购自然应该敞开胸怀。经过一番用心沟通，最终与高速集团、高新地税、电力三个单位达成了5栋整楼、6万多平方米的团购协议。

（二）“会展地产”塑造记

1. 核心概念和卖点提炼

slogan——会展地产，新城重心，一切围绕区域优势、发展前景和会展地产概念展开。

山东会展地产第一盘。会展经济圈，新城核心地。

会展地产，领舞济南。济南会展第一盘，未来新城重心区位。

自新东方花园之后，会展地产概念深入人心，成为东部所有项目必然提及和重点演绎的卖点。新智盟是山东“会展地产”的创领者！

2. 捆绑式广告投放

在新东方花园的推广过程中，充分运用了“硬广告+软文的形式”，在主流报纸投放广告时，采用“上软下硬”的捆绑式投放方式，不仅视觉冲击力强大，而且可以深入阐述楼盘理念，软硬结合、情理交融，取得了极佳效果。以下是前期部分软硬搭配：

- 硬广《会展地产，欲现济南》+软文《会展地产，激扬楼市》
- 硬广《东方领秀，领秀东方》+软文《地方开发与会展经济》
- 硬广《山东会展地产第一盘》+软文《会展地产展露锋芒》
- 硬广《会展地产，全城追捧》+软文《解析会展地产》
- 硬广《上层区位，名门所归》+软文《地产开发与区域经济》
- 硬广《三圈交汇，东方领舞》+软文《地产开发与城市定位》

（三）塑造天业地产品牌形象

1. 胸纳天下、立业百年

作为新东方花园的操盘合作伙伴和天业集团的品牌顾问，我们在新东方花园的推广过程中，一直致力于帮助开发商建立统一、清晰、有实质内涵的品牌形象，用天业品牌核心统领所有传播活动。借企业品牌的建立，增强天业地产旗下楼盘在消费者心目中的认同感，以带动天业旗下其他项目的销售。

郑振飞提出了天业地产 slogan——胸纳天下，立业百年，将“天业”二字融入其中。从此，这句话成为天业地产集团的企业精神理念与核心推广语。

核心主题一：**胸纳天下、立业百年**

核心主题二：**谱写发展传奇，成就万千梦想**

2. 整合资源，节省推广开支

在同期服务新东方花园、天业翠苑、永安大厦的过程中，将整合资源、全盘推广的操盘模式发挥到极致，为企业节省了大量资源。

（四）成交客户分析

- 区域性明显，基本集中在历城、历下、高新及济钢区域，主要看好区域良好的发展前景。

• 购买三室房型的客户基本为首改客户，购买两室房型的基本为首置客户。

• 散售客户中，2007 年以前购买的，用于投资的占比较高；2007 年以后购买的，90%以上是自用。

• 成交渠道以报广、派单及人际介绍为主，项目后期客带客比例大约为 20%。

• 购买抗性主要来自小区品质感较差，尤其是教育配套不完善。

七、收获

新东方花园项目开盘 14 个月，销售 14 万平方米，团购 6 万平方米，散售 8 万平方米，后期销售时因部分产品难去化而延期较多。截至 2008 年 8 月，新东方花园全部售罄，总销金额额逾 6 亿元。

新东方花园项目以会展地产为市场切入点和引爆点，整合东部新城、高新 CLD 的未来发展概念，在项目自身无亮点、产品无优势的情况下，借船出海、炒作远景、渲染未来。新东方花园项目的入市带动了整个高新板块住宅市场的发展。新智盟为新东方花园首创的“会展地产”概念，已成为济南东部所有楼盘的第一推盘动力和首席卖点。

5　再定位的胜利
——定位清晰，自然胜之有道

> “定位清晰，自然胜之有道。”

定位理论由特劳特开创，所谓定位，就是让品牌在消费者心中占据最有利的位置，使品牌成为某个类别或某种特性的代表。当消费者产生相关消费需求时，第一时间会联想到这个品牌，将其作为首选。定位，也称占位。

定位，目前是所有品类的商品入市前首要的营销策划工作，要么找到市场空白，要么找到客群最集中的市场。定位在地产营销中，有多种不同的展现形式，就我们曾经操作过的多个项目而言，比较有代表性的由定位转变对全盘产生巨大影响的典型案例分为四类，其中有专业商城的定位转变，有项目形象的定位改写，也有住宅项目的客群重新定位锁定。

一、银座欧亚办公家具城——改写业态定位，招商取得“瞬爆”

济南银座欧亚家具城营业面积 2 万多平方米，位于济南市传统家居商圈北园大街。最初整个商场没有明确的市场定位，与济南众多家具商场一样“大而全”，对经营品种、产品品质基本无限制。由于济南各大综合家具商场间的竞争日趋激烈，而欧亚商城作为一个后来者，加之面积小，一直没有形成自己独特的竞争优势，故经营始终平平淡淡。2003 年 7 月，欧亚商城决定对整个商场进行二次装修和二次招商。

我们介入这个项目之后发现，家具市场已经根据产品档次、种类等多方面因素向专业化、细分化方向发展，一是知名、时尚且档次高的品牌多向富雅家居集中；二是中高档及部分专业品牌纷纷进驻规模最大的东亚家居，包括红木家具、办公家具、沙发市场等；三是中低档产品的零售和批发业务大部分集中在清河、国贸等家具城。欧亚商城的生存空间几乎被挤没，如果没有自己独特的经营思路和超常之举，再继续走民用家具的老路子，前景不容乐观。

在调研中我们发现，济南还没有一家专业且独立经营的大型办公家具卖场，而分布在北园各大家具商场内零零散散的办公家具厂商约 200 家，总营业面积 4 万多平方米，经营办公家具的业户对民办混杂、处处民用家具优先的经营状况是不满意的。就此，市场空白出现。

济南银座欧亚家具城本身具有四大特点：面积适当，目标客户集中；停车位充足；装修一新，消费环境匹配；专业化定位，济南第一。我们把欧亚商城定位为“办公家具一站购齐”的专业办公家具商场。

清晰的定位+精准的客群+适当的租金=两周之内完成全面积招商，租金大幅提高。

二、空间定位转化、区域价值再造

消费者购买房屋往往遵循“认可一个区域—认可一个项目—认可某套房源”的认知路径，所以区域价值是项目的第一重价值。任何项目若要获得成功操盘，第一步都是对区域价值进行深挖、升华和再造。

1. 实力·荣祥花园

济南实力·荣祥花园原先的核心推广主题是“西部首席高层健康生态社区”，这样的主题不仅内容冗长难记，而且“西部”“高层”等字眼恰恰令济南消费者难以接受，济南多年来一直有“买东不买西”的置业观念，至于“健康生态”则更是虚无缥缈，毫无支撑。

对于客户，项目的距离分为**空间距离和心理距离**两种，在实际距离无法改变的情况下，我们只能尽力去改变客户的心理距离。基于此，我们首先意识到必须摒弃“西部”这个尴尬的字眼，既然项目紧临济南第一城市大道——经十西路，那么“经十路”就是我们的第一卖点。再结合项目的水景景观，核心推广语“**经十路·水景华庭**”就此提出。这个定位**在思维上彻底扭转了楼盘的空间概念，巧妙拉近了与消费者的心理距离**。

在后期销售中，很多客户甚至把“水景华庭”当作了项目案名，完全忘记了昔日的荣祥花园，很多人甚至直接跟亲友说买的是“经十路·水景华庭”。

2. 冠华·历山吉第

冠华·历山吉第位于济南市车站北街，这是一个比较尴尬的位置，尴尬不仅因为临近铁路，最关键的是虽然这里在行政区划上属于历下区，却处于天桥区的包围之中，颇似历下区的一块“飞地”。

历下区的市政配套、城区环境、教育资源都是济南最好的，天桥区和历下区根本无法相提并论。只是在济南人的印象里，一提起车站北街，毫无疑问都直接指向天桥区。

在此前的营销过程中，历山吉第也把“历下区”作为一个卖点，但始终没有提高到战略和定位的高度，直接导致虽然项目操作了好几年，但市场始终对项目具体的行政区划存疑。

我们接手项目之后，第一件事就是把项目的区域价值提高到战略高度，打一场区域价值更新战，猛打历下区。结合项目其他卖点，我们直接把“**历下区·解二小·学区现房**”作为项目的核心定位语和主导性广告语，每次推广都是用大字报的形式把这句话打出去。

无论是荣祥花园，还是历山吉第，区域价值的重塑和高举，都是改写了消费者心中的“鄙视链”，前者是“我住在经十路边上”，后者是“我住历下区”。

三、全盘形象再定位——从浙江五金建材城到博纳·城市广场

博纳·城市广场，总建筑面积80多万平方米，涵盖专业市场、综合商场、住宅、写字楼、公寓、酒店等全地产业态，再也没有比这更典型的城市综合体了。

这个项目的启动区受到政府主导，从专业市场——浙江五金建材城

起步，五金城招商销售接近尾声的时候，才进入后续产品的开发。明明是一个城市综合体，却被五金建材城的定位先入为主。

造成这一局面的原因是开发商和彼时的代理公司对全盘形象的不重视，自己把自己“化整为零”，埋下了一根小小的形象定位错乱导火线，也直接导致后续产品陷入各自为战、全盘形象高度混乱的局面，消费者对这个项目出现了严重误读，经常以为五金建材城和后续的项目不是一家开发商。

2013 年，我们介入该项目之后，恰逢主力店银座商城签约，而且全盘形象重塑已经刻不容缓，必须把全盘捏在一起，重新“化零为整”。面对五金建材城、银座商城、龙域天城（住宅）、总部中心（办公楼）、银座公寓五大产品，它们各有各的案名，各有各的 logo，我们决定把这“三城一心一寓”捆在一起，亮出了博纳·城市广场的大案名，重新统一了形象。

此后，所有推广都以这个大案名为主推，以全盘 logo 为主标。坚持一段时间以后，市场慢慢理解和接受了这座综合体，并逐渐明白了城市综合体的价值，这为后续不同产品的旺销打下了坚实的基础。

博纳·城市广场连续多年都是济阳的热销盘，更在 2017 年以 10 亿元的年度总销金额拿下了济阳销冠。

四、客群定位，锁定营销发力方向

客群定位决定着项目营销的发力方向和推广导向，即使初期有一段“盲打”时光，但从出现来访和成交客户开始，就必须在精研客户之后有的放矢。**先盘客，再拓客。**精准锁定，精确打击。

从我的操盘经验来看，在客户锁定上，越是成熟的区域越容易遵循“**同心圆+放射线**”的规律，所谓的同心圆，是以项目为圆心逐层外扩的区域；所谓的放射线，就是项目周边的主干道沿线。

比如，济南的鲁铁 1 号，因为与竞争楼盘争夺的是完全相同的客户群导致前期销售吃力，加之没有位置和规模优势，所以我们决定避其锋芒，一方面，使用地推队伍反复深耕周边 3 公里范围内的人群，另一方面，因为其开发商属于铁路系统，我们就把主要精力放在了铁路系统职工上，不做“广告”，只做“准告”，猛攻 8 个老铁路宿舍区，做守点派发和讲解。

再比如，德州的三和梅园项目，因为地处德州城区的最北侧，紧邻河北，我们接手之后发现，相邻的河北吴桥县和景县的客户占到全盘客户的近 80%。有了这个比例，发力方向自然清晰明了。

定位清晰，自然胜之有道。

我们操盘的项目，用定位创造价值的例子非常多，比如，华地·碧海华庭——济南人海边的家，界定人群，实现心理认同；龙翔永泰地产——高唐买房，认准龙翔，打造高唐地产行业领导者的形象，实现心理占位。

定位，即界定一个位置，抢占一个位置，搞定一个位置。**形象定位是抢占客户的心智资源，在客户的心智中建立认知优势**，也称之为占位。客群定位是锁定一个人群或区域竭力挖掘，在某个群体和区域中实现压倒性优势。

无定位，不操盘。

6 老盘何处焕新生
——从“滞销荣祥”到“华庭绽放”

案例要点

1. 新概念的提出能够扭转颓势
2. 实用物料的大规模使用，实现低投入、高产出
3. 快速推盘，小步快跑，决胜销售现场

一、老盘受困

实力·荣祥花园由济南实力房地产开发公司开发建设，项目位于济南市经十西路南侧，规划总建筑面30万平方米。因前期营销推广环节存在诸多问题，致使项目在2008年出现了较为严重的滞销（甚至连续几个月月均销售量不足5套）。因为项目滞销了近一年，很多购房者甚至误以为实力·荣祥花园已经开发完毕无房可卖了。就是在这种情况下，我们接手了荣祥花园。

二、市场背景

1. 济南房地产市场最显著的消费特点

“住东不住西，住南不住北”是济南房地产市场最突出的特征。

首先，济南的东部和南部两个区域集中了济南市最优良、最齐全的城市配套与生活资源，其中东部凭借林立的政府机关与高等院校拥有较好的人文环境，南部则是济南公认的最佳居住区域，因自然环境出众被称为“济南的绿肺”。

其次，济南西部和北部的众多成功人士与高收入群体，多会选择脱

离原住地，到东部、南部购房置业，这更进一步强化了济南东部和南部的人群素质高与购买力强的优势。

2. 竞争对手异常强劲，区域市场竞争白热化

我们对项目周边直接和间接的竞争楼盘做了全面调研，共有十余个项目进入本次调研范围。济南西部住宅市场呈现“**存量巨大、分布集中**”的突出特征：

阳光100国际新城、新世界阳光花园、连城水岸、凯旋新城、外海·中央花园、翡翠郡、泉城花园、金色阳光花园、景绣苑……统统是我们的调查对象，调查内容涵盖位置交通、周边环境、小区配套、户型配比、产品形态及规模、整体规划、物业管理、外立面形象、销售状况、价格分析十大门类、六十余个因素。

区域内依据产品品质与竞争烈度大体可做以下划分：

（1）以阳光100（总建筑面积200万平方米）、新世界阳光花园为代表的市场影响力大的楼盘，将济南西部高端消费群体的注意力牢牢吸引。前者是济南两个超级大盘之一，客户群体面向济南中高端人群；后者为济南西部第一高端楼盘，主要消费群体为政府官员、企业高管、私营业主及垄断行业的高收入人群；

（2）以近在咫尺的连城水岸（总建筑面积20万平方米）、凯旋新城（总建筑面积30万平方米）、外海·中央花园（总建筑面积88万平方米）、景绣苑四个项目为代表的中档产品，与我项目形成了激烈竞争，大量分流了客户。同时，这四个项目与我项目同处在3分钟车程范围内，并排列在一条直线上，沿着经十西路自东向西依次为凯旋新城、连城水岸、荣祥花园、景绣苑、外海·中央花园，价格十分接近。

（3）各项目特点突出，广告投入普遍较高。阳光100作为超级大盘，仅销售中心投入就逾千万元，通过多年运作，向消费者不间断地传递着时尚、现代的生活方式；凯旋新城由山东莱钢集团开发建设，以钢

结构住宅引领居住潮流，户型设计合理且得房率高于普通住宅；外海·中央花园拥有88万平方米的磅礴体量，容积率低，资源占有率高，且刚刚入市，前期价格优势明显。

三、老盘业障

对于一个已经运作多年的老盘，再也没有比认清自己的问题更重要的了。

1. 产品落伍

（1）荣祥花园在建、在售产品均为塔楼，此种产品形态在与板楼的竞争中毫无优势，落于下风。

（2）常年施工，开发进度迟缓，在建楼座严重影响了社区整体景观、交通以及卫生状况，进而严重影响了先期入住业主的生活质量，口碑不佳。

（3）项目一期产品老化，从立面到院落，展示出来的形象对楼盘后期运作起了减分作用。

（4）塔楼的产品形态进一步加剧了户型设计的不合理。

（5）楼盘在立面设计、景观、物业、智能化等方面均无突出亮点。

（6）容积率高、楼间距小，楼座分布相对密集，拉低了小区档次。

2. 营销乏术

（1）项目包装与推广不利

①没有统一的形象包装，无法在客户心中留下清晰的品牌印记；②卖点挖掘不够，没有鲜明的项目特色，无法激发目标客户群的购买欲望；③广告推广内容比较虚浮，连贯性不强，冲击力不够，很难引起目标客户群的关注；④宣传物料仅有一份单张，品种不丰富，档次较低。

（2）销售环节积弊已久

①售楼处给人年久失修的感觉；②销售团队不专业，销售人员水平良莠不齐，销售技巧尚欠火候，对客户心理把握不到位，无法达到掌控

整个谈判进程的水准；③营销体系不完整，缺乏系统考核与培训制度，没有统一说辞和答客问；④销售道具不完备；⑤销售人员之间缺乏团队配合，互不支援、各自为战。

（3）整体操盘失当

①房源销控不当，优质户型总是提早低价售罄；②没有“长蓄短爆”的操盘技巧，销售周期漫长且无高潮；③营销活动匮乏；④价格策略使用不当。

综上所述，我们接手的是一个问题百出、困难重重的实力·荣祥花园。

四、营销策划目标

（1）对实力·荣祥花园进行品牌形象重塑。

（2）我们接手时，新建楼座及前期剩余房源总计约5万平方米，力争达到90%的年度销售目标，完成资金的及时回笼。

五、核心客群分析

通过对项目地块、交通、户型等多方面因素的综合分析，可对荣祥花园客群做如下划分：

（1）在槐荫区及经十路沿线辐射区域工作的政府公务员、事业单位人员、驻地部队军官等是消化本项目的重要客群组成。

（2）以项目为圆心，半径3公里范围内的大型国有企业人员、私营业主和个体老板、白领阶层等。济南西部城市建设和西进拓展速度加快，使周边城市化进程稳步提速。城市化进程的加快和市区的扩张将使得周边区域内原有居民对生活和居住质量的要求迅速提高。

（3）城市的拆迁改造产生了一批手中持有现金、急需住房的人。

（4）无力购买市区房产的部分中青年白领阶层、工薪阶层，他们的共同特点是有一份相对稳定的工作，但收入不是很高，同时手中又有一些积蓄，购买只是为了满足基本生活需求。

我们对目标客户群进行了细致分析，希望**通过对楼盘形象的重新塑造，首先留住区域内的高购买力刚性客户，再吸引经十路沿线市区内的客户购买。**

六、老盘蝶变，精彩涅槃——经十路·水景华庭焕新营销三部曲

（一）第一步：蛹动

1. 崭新概念，动人心弦

荣祥花园原先的核心推广主题是“**西部首席高层健康生态社区**”，不仅内容冗长难记，而且“西部”“高层”等字眼都是让济南消费者难以接受的，“健康生态”则更是虚无缥缈，毫无支撑。

基于此，我们首先摒弃了“西部”这个自暴其短的字眼，既然项目紧临济南第一城市大道——经十路，那么，经十路就要作为第一卖点。同时，实力房地产开发公司已经认识到自身产品的不足，正在打造一条贯穿整个小区南北的水景带，在社区入口设计有一个主题景观喷泉，社区中央坐落有一片中央水景园林，可以想见，项目建成后，水景将是该项目的最大优势——“水景华庭”破土而出。

“经十路·水景华庭”概念的成功提出源于三点：第一，**在思维上彻底扭转了楼盘的空间概念，巧妙拉近了与消费者的心理距离**；第二，将产品的核心特色与价值感直接概括出来，跳出了周边竞争对手的包围圈；第三，将老概念的五个元素减少为两个，易读、易记、易传播。在后期的推广中进一步得到证实，新概念彻底征服了消费者，很多客户甚至把“水景华庭”当作了项目案名，完全忘记了昔日的荣祥花园，很多人甚至直接跟亲友说买的是“经十路·水景华庭”。

2. 全面包装，新鲜亮相

(1) 围绕“经十路·水景华庭”这个全新的概念，首先，我们重新包装了售楼处，增加户外指示牌、工地围挡、社区围墙，起导引作用；

统一内外形象，把项目主要卖点制作成展板，在售楼处悬挂；鲜亮的广告看板、吊旗等对营造良好的销售氛围起到了巨大的烘托作用。其次，完善了楼盘导视系统，将楼盘的新 logo 渗透到社区内部的每一个细节。最后，完善了项目的宣传物料，单张、楼书、客户通讯录一一筹备到位。

（2）在深入了解楼盘现状之后，鉴于规划、单体、户型等主要产品因素已成定局，我们建议开发商在软性环境和细节方面对楼盘进行改造，增加项目的附加值，主要包括水景的建设与维护、物业服务的提升、绿植及建筑小品的增设、社区内 VI 导视系统的完善等。在宣传推广中，结合产品的优化情况，从园林、配套、交通、户型、产权、物业、装修标准、社区配套、发展潜力等方面描绘出楼盘品质的全面升级，从而支撑项目实现从老盘到水景华庭的全新飞跃。

这一切改变都给新老客户耳目一新的楼盘印象。

（3）针对项目中不同的产品，我们在不同阶段塑造出了不同的产品主题。例如，把位置最佳的 7 号楼定位为**“水景华庭 · 至尊王座”**，并在产品景观上寻找支持，打造出独有的水景大堂；针对北向大户型现房，推出“三居水景大宅”概念，针对这部分早出晚归的客户群，推出“月光族”系列报广，包装定位为**“月光族水景大宅”**；针对 115 套 30—80 平方米小户型，推出了**“爱情 · 梦想 · 家”**的感性主题系列广告。

就这样，一个老盘不断地向市场展示出自己的新形象与独特魅力，让一批又一批购房者倾慕而来，并安家于此。

（二）第二步：蝶变

1. 活动缤纷，亮点不断

（1）2008 年 10 月 22 日，参加济南房展。此次房展是实力·荣祥花园在重新定位为“经十路·水景华庭”后的第一次公开亮相，高调拉开了项目新形象推广的序幕。

（2）2008 年 11 月初，位于社区正门、投资逾百万元建设的七星音乐喷泉即将完工，这是“经十路·水景华庭”概念的关键产品支撑点之一。2008 年 11 月 12 日，主题景观落成仪式隆重举行，实力房地产开发公司领导、相关政府领导分别致辞，济南各大媒体均前来捧场。“经十路·水景华庭”在房展会之后再掀一次媒体风暴，落成仪式后的两天内“水景华庭，全新绽放”的报道充斥着济南各大平面与网络媒体，济南电视台还特意制作了一期专题节目。

这次主体景观落成仪式的成功举行，使得“经十路·水景华庭”的概念深入人心。

（3）2009 年春节，推出“实力送福”活动，将印刷精美的“福”字张贴到社区所有住户的门上，并连同台历、年历卡等节庆物料进行海量派送。

（4）2009 年 4 月 6 日，在房展现场我们推出了 50 套“月光族三居水景大宅”。

（5）2009 年 5 月 1 日，推出“五一”特惠活动，凡“五一”期间购买现房单位的，在享受总房款 9.8 折的基础上再享 9.8 折优惠；购买期房产品的，在打折基础上送现金，且交房同时即赠送精装修+壁挂燃气炉+品牌空调。

（6）2009 年 5 月起，我们推出了“客带客奖励措施”，已购房业主介绍亲友成功购房，双方可享受到不同的优惠奖励。

（7）“母亲节亲情献花”活动。

（8）“儿童节亲子游艺”活动。

（9）“水景华庭社区十大景观征名”活动。

（10）2009 年 10 月，房展现场举行“实力房产发钱啦”活动，派送 1000 元的购房礼券。

……

这一次次展示、联谊、优惠活动贯穿在项目操作过程中，**让已经购房的老业主保持激情的同时，也令关注楼盘的消费者倍觉新鲜。**各种活动的综合使用增加了参与感、提升了亲和力，而且影响面也更加广泛。

2. 整合推广，精确打击

（1）大众媒体科学组合

以报纸广告为主要推广形式，主要用来塑造形象和宣传不同时期的核心推广主题，同时辅以长期户外广告（在济南西部的商业中心嘉华购物广场投放）、阶段性路旗（经十路沿线）、车体、网络（制作了楼盘主页，并在主要网站进行推广）、短信（促销活动时效果较好）、电视专题等。

户外广告

路旗

社区宣传栏

层贴

车体广告

（2）小众媒体“物料”的广泛使用

在小区域内竞争对手众多的情况下，在大众媒体投放的广告其实不是给自己做的，是给大家做的；消费者会在广告的指引下，把自己楼盘和周边楼盘看个遍；从这个角度看，大众媒体还比不上小众信息载体。好物料是竞品拦截的利器之一。所以，地产营销一定要重视物料的力量。

针对荣祥花园客户群相对集中的特点，我们没有一味地在大众媒介上进行高空轰炸，而是通过丰富的物料进行地面渗透，在竞争对手忽视的细节上取得了极佳的战果。例如，我们先后两次制作了层贴，覆盖了济南西部1000多栋楼宇；将社区宣传栏放进多个大型社区，既传播公益信息又传递楼盘信息，通过层贴与社区宣传栏，对周边长住居民进行“无微不至”的广告渗透。其他如手提袋、台历、年历卡、纸杯、台灯、打火机、福字等，都在不同阶段混合使用，**这些价格低廉但使用周期相对较长的物料，对楼盘的长期宣传起到了潜移默化的作用**。

（三）第三步：涅槃

1. 节奏推盘，高潮迭起

地产营销最忌讳平铺直叙的推盘手法，若想获得最佳的营销效果，必须进行长期的客户积累，有针对性地推售房源，我们称之为长蓄短爆。在荣祥花园的销售过程中，我们把这一手法运用得淋漓尽致。

（1）在我们的专业销售团队入场后，并不急于立刻实现销售，而是稳扎稳打、积累客户，直到2007年1月1日，我们手中积累的客户量接近300批时，才推出首批117套房源。这次推盘完成了近90%的成交率，将客户流失降到了最低。

（2）2009年3月31日，我们再次推出131套房源，均价有较大幅度上调，即使这样，本次推盘成交率仍达到83%。

（3）2009年4月6日，房展现场我们推出了48套“月光族三居水景大宅”，但因这批房源面积普遍较大且居北向，故活动当月销售率偏低，约为50%，后期逐渐消化完毕。

（4）2009年7月19日，开始销售115套30—80平方米的小户型，较低的总价令青年消费者疯狂，8月底售罄。

通过四次推盘，消化了绝大部分待售房源，其余零星房源在扫尾期逐步实现了去化。截至 2009 年 10 月底，整个销售年度内实现了近 5 万平方米的销售量，销售总额近 3 亿元。

2. 专业团队，决胜现场

宣传推广只是一部分，能否成交的关键在销售现场。房地产项目营销环节的成功，50%在于前期策划，30%在于项目包装与推广，20%归功于销售执行，前面 80%的工作要依靠销售执行来兑现，而销售执行的最终推销工作 100%是由销售团队来完成的。若没有专业、训练有素、配合到位的销售团队，两亿元的销售总量也是不可能完成的任务

七、收获与思索

经过一年的精心运作，在甲方的大力配合与支持下，这个已销售四年的老楼盘仿若重生，焕发出新的生命之光。从营销策划的角度看，荣祥花园在三个方面实现了成功：

1. 形象力

“经十路·水景华庭”概念的提出不仅彻底规避了楼盘的劣势，而且把项目的潜在优势与附加值提升到了前所未有的高度，触动了消费者的心弦，赢得了青睐。所以，形象力是荣祥花园成功营销中高不可攀的塔尖。

2. 传播力

狂轰滥炸式的广告推广不齿为道，荣祥花园的广告推广巧就巧在把大众媒体的高空轰炸、高屋建瓴与实用物料的地面渗透、精确打击巧妙结合、无缝对接，低投入、高产出，为楼盘实现了最大的“拉力”。因此，传播力如同连接塔尖与塔基的塔身。

3. 销售力

广告为“拉力”，把客户拉进来；现场销售团队为“推力”，把楼盘推销出去。完善的销售管理体系、系统的培训考核机制、细致统一的对外推介说辞、实战经验丰富的销售人员、筹备充分的现场销售道具，这一切构成了荣祥花园销售火爆的塔基。

老盘就这样蝶变，新生就这样焕发。一个大家公认的销售平淡的普通楼盘成了区域内的龙头项目，在顺应市场大势的前提下，荣祥花园销售均价提高了20%却依然热销，引领了区域内的价格走势。“经十路·水景华庭”已经成为济南西部房地产市场的标杆楼盘，为荣祥花园的后续开发，为实力房地产开发公司下一步的发展奠定了稳固的基础。

7 资源豪宅，标杆营销
——山东地级市豪宅东营城发·水城国际操盘范例

> “地级市资源型豪宅操盘典范。”

城发·水城国际项目位于东营市东城区，总建筑面积25万多平方米，产品形态包括叠拼别墅、小高层、高层。这是一个自诞生之日就广为市场瞩目的资源型豪宅楼盘，在南至黄河路，北至淮河路，东至郑州路，西至东二路的围合内，只有开放式的明潭湖公园和水城国际住宅项目，公园面积35万多平方米，仅湖面面积就接近20万平方米，项目最南侧的观景楼座与湖面近乎无缝对接。

从第一次与开发商接触，新智盟团队就与甲方达成了共识：**这是一个非常好卖的项目，操盘的关键在于价格**。从2007年10月31日的第一次提案开始，新智盟对水城国际项目的价格预判就超出了甲方和其他所有竞标同行的认知——叠拼别墅均价不低于 6500 元/平方米，小高层和高层整体均价不低于 4500 元/平方米。这在今天看来稀松平常的实际售价，在当年的甲方看来不啻石破天惊。一次精彩的合作就此开始。

操盘成功点之一：清醒认知，拒绝团购

水城国际的综合品质实在太出众，在项目尚未正式面世前（售楼处尚未完工、围挡正在制作），就有大量单位客户前来洽谈团购事宜。甲方领导对这些团购客户非常重视，希望我们营销方积极接洽，并有所斩获。

我们采用定向单位推介会的方式对各团购单位进行了集中楼盘展示，但与这些希望团购的客户深度沟通之后，我们立刻对甲方摆明了姿态：**除非资金状况异常吃紧，否则我们将拒绝一切团购**。

团购客户最终关注的焦点，是通过团购获得远超散客的大额度优惠。但根据我们对市场状况的了解和项目的把握，别墅及小高层根本不需要通过团购的方式去消化，而所有团购客户都对小高层产品虎视眈眈。在这重矛盾之下，假如团购客户将优质房源低价消化，对项目的实际赢利与对高层的销售促动都将是一种损害。

自此之后，除了极个别、极特殊小范围的“团购”外，我们不再接洽大规模团购。

操盘成功点之二：价格策略，稳坐标杆

对于水城国际这样的资源型豪宅项目，其价格定位在参考市场价格的基础上，更多地要着眼于自身产品特性。2008 年是特殊的一年，整体经济状况不佳，东营房地产市场也陷入低谷。

根据前期沟通，项目首批房源对销售速度和回款速度没有过高要求，所以针对不同级别的产品，我们灵活采用了不同的价格策略，其中，高端产品采用“高开高走”的价格策略，中端产品采用“平开高走”的价格策略，沿街带底商的高层作为弱势产品采用“低开高走”

的价格策略。同时，特别注意不同级别产品的搭配销售，用别墅来拉升小高层、高层的价格。

1. 前期推出别墅

由于别墅产品是项目的形象展示，因此要求“高价入市、平稳上升”，以期拉动小高层和高层的价格。在资金基本回笼\财务目标达成的情况下，采用“撇脂定价法”，根据目标客户所能承受的价格上限定价，尽量赚取沉淀利润。

2. 主推小高层

对于小高层产品，应根据自身状况，在项目前期采用“平价试探、快速反应、持续走高”的基本策略。以低于预期均价的价格入市，形成局部时间段热销；在造势成功后，快速反应将价格提升至理想价位；强销期持续小幅走高，洞悉消费者“买涨不买跌”的心理，对其形成压迫感，加快销售节奏。

3. 顺带推出高层

在别墅与小高层的映衬下，形成“价格洼地”，借此将高层产品推向“豪宅中的低端客户”。

价格调整的频率和幅度要严格控制，既保证对市场变化的反应速度，又不宜频率过快、幅度过大，要配以合理的价格措施和推售计划，令客户感受到“物有所值”，甚至是“物超所值”，实现销售速度、利润和品牌塑造三者之间的最优平衡。

不出所料，水城国际项目于2008年10月30日进行了首批房源发售，与最初预计的如出一辙，购买别墅产品的客户价格敏感性较低，而在高价别墅的映衬下，小高层与高层产品的定价令客户感到非常满意。在楼市“遇冷”的大环境中，水城国际首次推盘的两天内成交总额逾1.3亿元。

自首次推盘之后，水城国际每期产品的推售价格都稳坐东营第一把交椅，同期所有主推楼盘的定价几乎都采用了“跟随策略”。从2008年至今，水城国际真正成了东营的价格标杆，令所有竞争对手难望项背。

截至当年底，水城国际叠拼别墅均价过万元（最高单套楼王成交总价逾550万元），小高层与高层的整体均价达到了6300元/平方米。

成功点中的重点：水城国际二期定价——实地考察，集体参与

2009年11月初，水城国际二期的客户积累工作正在如火如荼地进行中，截至11月6日，短短两周内，二期销售认购VIP卡的数量已经达到965张，且仍然有大量优质客户源源不断涌进接待中心要求购卡。

为迎接二期开盘，在当周的工作例会中，我们组织销售和策划骨干就二期定价问题进行了集中、深入的探讨。鉴于水城国际项目的二期产品构成非常丰富，且与一期相比出现了新的户型产品，故而我们对不同产品的定价非常慎重。

水城国际二期产品包括两梯四户的小高层、板式高层、板式小高层平层和复式、叠加别墅等。为保证定价的科学性、合理性，我们项目组的七位主要成员均**对不同产品所分布的每栋楼座进行了实地考察，用两天时间，爬了几百层楼，每个单元、每个楼层、每个户型逐一进行了审视，并把每个户型的优缺点进行了详尽的对比分析**。

在实地考察后，一份凝聚了集体智慧的科学的定价方案顺利出炉。

操盘成功点之三：蓄客得当，推盘有序

从2007年12月28日举行奠基仪式，到2008年5月底售楼处正式开放，项目现场的来客量还是非常可观的。然而，其中有大量客户在得知产品的定位后选择了“遗憾的放弃”。如何甄选出真正的优质客户，如何令客户对项目的预期进一步拔高，都是我们需要通过科学蓄客和推盘技巧去逐步解决的。

长蓄短爆的推盘策略在水城国际项目上得到了淋漓尽致的使用和体现，几次有针对性的开盘都带来了爆量成交：

（1）**2008年10月30日首推，场面火爆，解筹成交率达95%，两**

天内成交总额逾1.3亿元，水城国际首次开盘便爆撼东营；2009年1月2日加推，当日成交6000万元；至此，**水城国际短短三个月内两次推盘销售总额近2亿元**。

（2）2009年5月29日至31日，水城国际项目正式推出了第三批房源，连续两天高密度举办了排队发号和连续认购等活动，截至5月31日下午4点，水城国际三批房源认购率达93%，合同总额近1亿元。

（3）2009年9月6日，战略性推盘，奠定东营豪宅标杆（后附说明）。

（4）2009年11月22日星期天，东营黄河影剧院，水城国际二期的发售再一次让东营房地产市场见识了什么叫旺销，什么叫火爆！经过近一个月的认筹期，水城国际二期认购VIP卡总计销售1234张，与实际推售的238套房源相比，总体供需比达到了惊人的1：5.2；在进行深度分析后，更是发现部分房源的供需比甚至超过了1：10。**当日销售1.7亿元！仅隔一周，二期加推房源，2009年11月29日成交1.1亿元。**

2009年全年，水城国际单盘成交总额4.5亿元，为当年度东营销冠！

（5）2010年10月16日，水城国际项目三期开盘，整体均价已经突破6000元/平方米，单套总价均在100万元以上，当日累计成交110套，销售总额突破1.4亿元！

因为推盘产品组合得当、供需比控制有效、价格策略日趋娴熟，水城国际项目从一期开始，始终引领东营的市场走势，创造了诸多销售奇迹。**截至2011年5月，水城国际项目总销售额突破12亿元，成为当之无愧的东营市场单盘销售额、销售量、销售价格“三冠王”！**

成功点中的重点：战略性推盘，奠定东营豪宅标杆

在经过近一年的销售后，水城国际一期已进入尾声阶段。在整个一期的操盘过程中，我们先后进行了三次大批量、一次小批量的房源推售，累计取得了近 4 亿元的总销金额。

尤其是 2009 年 9 月 6 日这次小批量、纯别墅房源的发售，以其强大的感召力、影响力，完全奠定了水城国际成为东营豪宅标杆的坚实基础。

9 月 6 日，水城国际在接待中心举行了简短的纯别墅产品发售仪式。这次推出的别墅产品是整个小区中景观资源最佳的前排和二排别墅。公园湖畔的资源美墅，因极度稀缺而受到东营顶级富豪的追捧，20 多位东营最具实力的顶级富豪齐聚水城国际接待中心，甄选期待已久的顶级别墅房源。

当日即成交 10 套，成交总额逾 3000 万元，最高成交单价近 8700 元/平方米，最高成交总价近 350 万元，再创东营豪宅单价、总价双料新高！若论成交金额，这绝对是水城国际总额最低的一次推盘，但是**从全盘操作的角度去评析，这是一次战略意义远远大过实际销售意义的战略性推盘**：

（1）一期进入尾声阶段，需要一个精彩的收尾造势。

（2）二期即将发售，需要一次崭新的价值认知。

（3）在保留了近一年后，项目中最稀缺的产品需要通过销售来兑现价值。

（4）在市场大势尚不明朗的情况下，探清东营消费者的真实购买能量。

从以上的几个标准去衡量，这次推盘大获成功，起到了承上启下的作用，不仅为二期的推出做好了准备，更将水城国际整个项目的价值提升到了一个新高度。

操盘成功点之四：从“极致人居”到“公园地产”

豪宅项目对于形象塑造的要求自然不同一般，水城国际亦是如此。

在项目入市之初，借着明潭湖公园和项目同期施工的大好时机，我们在项目最初的包装上把市政公园——明潭湖公园的价值挖掘到了最大化。在反复推敲之后，一句能够体现位置、昭示价值、明确项目总体定位的核心推广语大气亮相——**“明潭湖畔，极致人居”**，辅助口号是“东营首座全湖景高尚人居社区”。

明潭湖公园的建设对于东营东城而言是一个极大的利好，因为这是城市核心区内最大规模的免费市政公园，拥有近 20 万平方米的湖面，大家都对这个公园充满了期待。结合“明潭湖畔，极致人居”的核心推广语，我们直接把项目的标准提高到了“国际级”。在对项目深度阐述的楼书文案里，我们提出了“国际级人居的六大标准”，当然每个标准都是符合水城国际项目特点的。

同时，鉴于开发商是隶属于东营市城市资产经营有限公司的**东营市城发置业**，作为拥有大量土地储备和城建项目的国营背景企业，郑振飞为城发置业提出了一句内涵丰富、气势磅礴的企业推广语——“运营城市，和谐发展”，将“城、发”二字巧妙嵌入其中。

当公园和项目都属于“期房”的时候，你可以把“梦”造得很完美，但当逐步接近现实时，总会有一定的落差，故而，水城国际项目在二期之后逐步将推广重点放到了“公园地产”上来，同时更进一步渲染和突出了地段和周边商业、教育等配套的价值。

但无论每个时期的推广重点如何演进，城发·水城国际项目作为东营市首席资源型豪宅标杆的市场地位已经牢牢树立起来。

从 2007 年 12 月 4 日新智盟签约城发，2008 年 5 月底销售团队入场，到 2011 年 5 月，三年多的时间里，水城国际销售总额突破 12 亿元；从对城发企业提出的“运营城市，和谐发展”，到对项目提出的“明潭湖畔，极致人居”，新智盟与城发置业一起筑造了东营的豪宅典范。

而这个项目最大的遗憾，就是开发时序影响了巨大收益。

整个项目分三期开发，正好对应沿湖北侧的东区、中区、西区。原本我们对于开盘顺序的建议是东区、西区、中区，东区靠近学校和售楼处，是最佳展示面，先开东区是最优选择，然后开西区，西侧是东城区的外环路，把最具价值的中区留到最后，实现最大价值。然而，因为种种外部因素影响，最具价值的中区被最早开发和推盘，这给整个项目留下了不小的遗憾。

8 济南首席商务综合体创战纪

操盘核心点

1. 产品定位得当，“小整层”大受欢迎
2. 清晰定位，舍弃“公寓”，专攻办公
3. 形象战略非常成功，济南首席商务综合体抢占了制高点
4. 造势始于招聘，“加入世界500强，服务济南首席商务综合体”

一、项目概况

中铁·汇展国际位于济南市高新区会展中心西侧，总建筑面积20万平方米，规划建设了写字楼、商务公寓、大型商业、商业内街等多种业态。

2010年5月，写字楼首开，开盘以来持续旺销，屡创济南写字楼销售奇迹，截至2015年总销金额破25亿元。

二、操盘要点

（一）瞄准市场空白点，推出700—900平方米黄金整层

项目运作前期，我们经过细致的市场研究，提出了“以核心区挤出

和区域内的自购自用客户为主，投资客户为辅”的项目客群精确定位，根据济南中高端写字楼以大客户整层或整栋成交为主的现状，提出了“压缩整层面积，写字间的单层面积控制在700—900平方米”的核心产品建议。

主要判断依据有以下几点：①目标客群企业需求面积在500平方米左右，该产品将在满足企业需要的基础上为后期发展预留出一定的办公空间；②在其他竞品项目上，700—900平方米只能是半层甚至占更少的比例，而在中铁·汇展国际就是一个整层的独立办公空间；③高新区是整个济南市高端板块的价值洼地，同等总价在其他区域只能购买不到500平方米的写字间，在中铁·汇展国际可以买到一个整层，产品吸引力更强。

（二）提出“济南首席商务综合体”的垄断性主题推广语

当时，济南先后涌现出10多个综合体项目，结合项目特性，我们提出了“济南首席商务综合体”这样一个具有垄断性、排他性、权威性的定位语及推广语，将项目形象进行了有效提升。最初我们提出的是“山东首席商务综合体”，因为甲方领导认为过于强势，于是从山东降级为济南。

“商务综合体”这个概念对产品的功能导向及物业形态也进行了清晰阐释，突出了项目特性，与同期济南其他多个城市综合体形成了有效区隔，成为项目的核心发展引擎。

我们为项目规划了三栋公寓式产品，但因为一路之隔就是丁豪广场，其公寓产品体量巨大，且具有非常大的价格优势，故而我们将公寓的功能导向直接定义为办公。全盘无住，皆为商办。

（三）弥补项目周边配套匮乏的缺陷，引进山东商业巨擘——银座商城

本着优势互补、合作双赢的原则，引进山东省顶级商业巨擘——银座商城，为入驻企业提供集购物、娱乐、健身等为一体的一站式综合商务配套，弥补项目区域内配套匮乏的缺陷，不仅成为项目的重要卖点之一，而且成为全盘的“营销启动键”。

（四）高端媒体树形象，地面渗透求实效的推广策略

在中铁·汇展国际推广期里，我们将媒体资源进行了科学、合理的整合，最终取得了极佳的反馈效果。

1. 抢占交通枢纽策略

先后在机场、高铁站等处投放长线户外广告。

2. 电台轰炸策略

项目前期，在济南音乐 88.7、济南交通 103.1 两家广播媒体高密集度地投放广告，迅速提升了项目在中高端人群中的认知度，并提升了项目形象。

3. 系列报广策略

先后创造并投放了“新 CBD 崛起系列”“产品价值解析系列”等系列报纸广告，在强势提升项目形象的基础上，也将项目信息进行了有效传达。

4. 针对性传播策略

根据以自用客户为主的客群定位，在客户来源区域密集的历城、历下、高新三区高端写字楼内，密集投放电梯门广告，同时充分利用短信、直邮等媒体形式，准确向目标客群进行信息渗透。同时，有效利用

春节期间商旅客群较多的时间节点，在《新航空》《和谐之旅》等交通媒体上进行广告投放，均取得了良好的推广效果。

5. 组建了地推团队展开外拓工作

凭借挪车牌、抽纸、防滑垫等实用性极强的各类广告物料，高峰期封堵重要路口、写字楼停车场入口，常规时间广泛扫楼，扫荡了济南2000多栋各类商务楼宇。先后在中石化、中石油等站点驻守，在消费者加油间隙进行推介、集客。

（五）价值营销，针对不同产品提出有针对性的营销策略

1. 低区散售，高区整售。

中铁·汇展国际首期推出的产品中，受部分楼座产品结构限制，面积集中在60—100平方米，不被自用客户认同且不易于组合销售。因此，我们对此类产品的投资性进行深度挖掘，提出了“价值营销”的有针对性的营销策略。

2. 期房主打性价比，准现房主打高品质。有效控制了价格走势，令价格随工程进度逐步走高。

中铁·汇展国际项目的“价值营销”主要采取了以下营销组合：产品价值、形象价值、终端价值和品牌价值。①产品价值——具有极高区域价值、规划价值、物业价值、升值价值等价值的复合体；②形象价值——20万平方米的“济南首席商务综合体”内的投资型写字间；③终端价值——样板层、样板间展示等终端价值营销手法，将此类产品的后期使用功能向客户展现；④品牌价值——项目品牌及开发公司品牌对投资价值的拉动作用。

三、操盘节点

中铁·汇展国际项目的售楼中心自2009年12月初正式启用，12月

16日与银座商城签订入驻协议；2010年3月开始推广强势预热，首次推盘始于2010年4月17日，四栋楼开始认筹（50余批客户提前守候了两天两夜排队认筹，在住宅项目的营销中司空见惯的场景，却在济南写字楼营销史上首现），5月16日开盘，开盘当日实现近3万平方米、约2.6亿元的销售成绩。这在济南写字楼营销史上确实是非常罕见的！首开大捷。

1. 中铁十局实力雄厚，工程进度支持销售

但凡做过写字楼营销的人都知道，写字楼在期房阶段是最难卖的，越接近现房、销售越顺利。其中的道理很多人都懂，但只有极少部分人能够做到，中铁十局就做到了。首次推盘时，汇展国际全部8栋楼都已同期开工，基础完成，拿到预售证的四栋楼中有三栋楼主体已经封顶。这样的工程进度是非常迅速的。

当众多项目都出现延期交房的情况时，中铁·汇展国际却已经有十足的把握可以至少提前半年交房。实力不济的开发商是绝对做不到的。

2. 产品定位合理，总价控制得当

8#楼被五位大客户分光，整层销售的6#楼在开盘当天只剩下两层，核心缘由只有一个——780平方米的整层面积非常巧妙地找到了一个市场空隙，迎合了一批对办公地段要求不高，对办公面积有要求的企业，还迎合了部分有整层独立办公追求的企业老板。600多万元的总价款，你在济南任何地方都是很难找到这种整层独立办公环境的。其实，从终端的使用心理去倒推，无论一个整层的面积多大，当一位老板带着客人走出电梯，说出“这一整层都是我们公司的”时，那种心理感受是非

常自豪和得体的。住宅讲究总价，写字楼同样讲究。

7#楼开盘当天仅发售4—10层，每层被划分为五个单位，有两个单位必须捆绑销售，所以实际销售的是四个单位。同样780平方米的整层面积，一分为四，平均每户200平方米左右，恰恰是济南东部最受欢迎的办公面积。**每家各占一个两面采光的角位**。

2011年1月18日，中铁·汇展国际西侧沿街商铺正式发售，连同售楼处在内的十间商铺售出九套，总销金额近亿元，其中，位于整个项目西南角的1108平方米的售楼处以4.3万元/平方米的单价、4700多万元的总价成为高新区单套商铺的铺王。

中铁·汇展国际项目以“济南首席商务综合体”为市场切入点，带动了整个高新板块写字楼市场的发展，今天，中铁·汇展国际——“济南首席商务综合体”已经深入人心，领航济南东部新城写字楼市场。

9　“县域王者”诞生记

“新智盟机构获得20多个县域市场年度销冠的经验总结。”

近年来，我们在山东的10多个县域城市操作过项目，先后拿到20多次“年度销冠”，比较典型的项目有三个：济南市济阳区的博纳·城市广场（综合体）、泰安市宁阳县的中海·名士豪庭和德州市夏津县的荣兆·锦宸，这三个项目都曾连续两年以上勇夺销冠，独领楼市风骚。

虽然分处三地，但这三个“县域王盘”在操盘上有很多共性，手法上有诸多共通之处，故而，我将这三个案例合并阐述。先说共性，再说个性。

一、十大共性

1. 区域价值重塑，核心推广语立势，抢夺客户心智资源

因为房地产的不可移动性，使得每个项目的价值都与区域价值紧密相关，地段价值的挖掘是项目定位中最核心的部分，新盘入市的第一步往往从重新定义地段和区域价值开始。

在这一点上，博纳·城市广场和荣兆·锦宸颇有相似之处，都处于县城北侧，都是最北边的在售项目，都需要拉升区位认知。2013 年，博纳项目花大代价引入了银座商城，银座商城在山东具有极高的影响力，所以成为全盘的策略原点，用银座拉升全盘价值。因为项目处于济阳县城相对居中的地理位置，所以我们将核心推广语定为“**市中心·银座旁·学区房**”；而荣兆项目则沾了市政规划的光，夏津将来的发展方向是往北发展，项目东侧约 2 公里处建设的夏津市民中心和项目基本处在同一水平线上，故而将荣兆·锦宸项目的 slogan 定为“**新中心·好学区·水岸洋房**”。

2. 开盘先开会，用人气创造人气

聚人气、讲价值、拢人心，产品说明会是开盘前给项目加热的最后一把火，三个项目都在首次开盘前举行了大规模、高规格的产品说明会，唯一不同的是博纳·龙域天城，将价值说明会和慈善捐助结合，取得了更佳的效果——博纳·龙域天城价值说明会暨 500 万元慈善基金捐

赠仪式。

产品说明会的核心价值就在于通过聚集人气抬升客户的心理价位，制造羊群效应。一场好的产品说明会价值 100—1000 万元。

3. 物料营销见奇效

三个项目都制作了各类物料 20 多种，均以万为数量单位制作，根据不同时间节点向消费者投放，基本做到了每个办公桌上都有我们的鼠标垫、广告笔，每辆私家车里都有我们的抽纸，每条街上都是我们的大遮阳伞（换伞行动、大伞围城），每家饭店里都有我们的烟缸+牙签筒+WiFi 牌等“酒店六件套”，每个小商超里用的都是我们的塑料袋，过年时满城贴的都是我们的福字和春联……详见《物料营销有乾坤》一文。

县域城市的物料营销，要让每个家庭至少正在使用或保有你项目的一件物料。量变引起质变。

最出彩的当属博纳·龙域天城，我们联合消防部门推出了带有公益性质的“消防提示帖”，每套包含 11 幅小画面，一个月内覆盖了济阳县各类门店 4000 多家。

4. 目标管理，赢在案场

对于营销队伍而言，目标管理是非常关键的子项，无论是年度任务、阶段任务，还是某次开盘任务，都要确定清晰的目标，并根据目标进行任务拆解，把任务拆解成每个人的小目标，以此激励团队。详见《赢在案场》一文。

定好目标后就要召开誓师大会和启动会，点燃士气。有信心不一定赢，但没信心一定会输。

这里要特别推荐一下我们的操盘标准动作——**置业顾问明星化**，即让每位销售人员代言一个卖点，自己为项目代言，并且在售楼处的展板上和楼书、单页上都要有所体现。

5. 打通内外场，坐销+行销相结合

除案场销售队伍之外，博纳和荣兆都自行组建了外拓队伍，案场团队和拓客团队紧密配合，部分客户双方共同接待，共同盯客。

根据销售目标和案场客户量大小，酌情确定拓客指标，同时制订精细的拓客方案和计划，一队人扼守客户通路，做好竞品客户截流，另一队人根据来访+成交客户地图，按图索骥，点状精细覆盖，我们称之为“拔点作战”。根据客户成交来源，以住宅小区、单位、办公楼为“点”，逐点深翻，驻点作战。以点连点，以点带面。拔点作战才是真正的精确打击。县城城区以拔点作战+商超外展为主，乡镇深耕至村，

与之相配合的是覆盖到村的大量墙体广告。

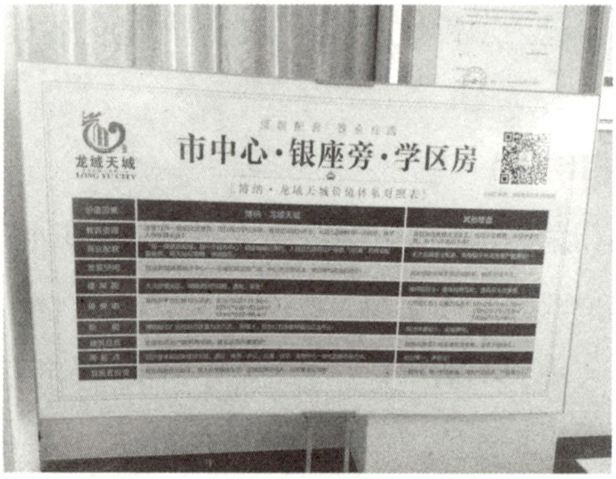

战斗力强的外拓队伍是实现业绩的保障，尤其是在淡季。无论外部渠道如何整合资源，自己的拓客队伍都是必不可少的。

6. 销售分阶实现，层层筛客+锁客

为提高接待质量和筛选绑定客户，从售楼处开放起，我们通常会分三步进行筛客+锁客，有意向、先入会，以“百元入会，千金回馈”为利益点，强力拉客户入会，如果客户连 100 块都不掏，只能说明客户意向度不够；入会之后是会员

升级，有的是直接升为认筹，有的还需过渡。入会—升级—认筹—认购，一步步锁定客户，从最低门槛的入会开始，通过降低客户的决策难度，使其放松戒备心理，逐步深入。今天的成交在眼前，明天的成交在天边，谁能先从客户包里掏出钱，谁就能先锁住客户。

在此过程中，巧妙地运用各类“购房抵用券”也发挥了巨大作用，充分利用了“沉没成本和沉没利益”心理。

7. 长蓄短爆和短蓄短爆相结合

为取得最佳影响力，制造热销口碑，这三个项目的首开都采取“开门红”战略，次次大捷，均实现高比例去化，成功达成“用火爆延续火爆”的首开目标。

在长蓄短爆取得开门红之后，迅速调整推盘策略，转向短蓄短爆的推售模式。紧盯竞品动态，三个项目都有“抢开”记录。小批量、快蓄客、快推盘，这样有两大好处，一是可以快速消化客户，避免出现竞品狙击；二是能够不断测试准确价格，让价格与销售速度得到最佳匹配，弱化“剪刀差效应”。脉冲式推盘，**小步快跑，少量多推、高频。**

8. 聚焦销冠，销冠营销

但凡是大规模开盘，这三个项目至少是阶段性销冠，只要取得销冠，一定要大力度宣传，争取后续的放大效应，用火爆延续火爆，用热销创造热销。让消费者知道你的项目品质好很难，但让消费者知道你的项目房子卖得很好不难。

9. 推广活动花样百出，一刻不停

①**小黄帽攻略**，每逢开学赠送小黄帽，以至于很多孩子丢了小黄帽，家长都会到售楼处要；②**加油站攻略**，加油站设点，利用加油时间发展客户，加油有礼；③**酒店攻略**，用“6件套”把大小酒店一网打尽，在大厅放置大幅展板和海报，每个房间放置海报、展架和小展板；④关键人行动；⑤**地面推广秀**，找几十个学生，身穿蝙蝠侠、超人等服装举牌巡游；⑥**车贴攻略**，贴车贴、送油卡，业主车辆额度翻番。

10. 打造超级现场

①包装现场的销售力：设置竞品对照展板、成交计数牌（成交客户亲手更新数字）、热销展板；②暖场活动常态化，做到周周有活动，以DIY为主，制作马克杯、相框、布偶、蜡烛以及皮艺、插花、刺绣、烘焙、剪纸、叠纸等，活动是最能聚集人气和促进成交的方法；③免费给各类儿童培训机构提供场地，欢迎他们常来使用场地；④举办工艺品展销、公益市集、亲子市集、创意市集等；⑤设置各类奖项：来访有奖、整点抽奖、认购抽奖、签约抽奖，在所有现场活动里，抽奖对客户的刺激效果是最好的，可以多准备几个转盘。

以下是三家企业运用这十大共性操盘点取得的成果：

中海·名士豪庭，2015—2018 年连续 4 年获得宁阳销冠；

博纳·城市广场，2014—2018 年连续进入三甲，并在 2017 年获得销冠，年度销售额突破 10 亿元；

荣兆·锦宸，2015—2016 年获得夏津销冠。

二、个案详解——荣兆·锦宸，信心营销

1. 操盘难点

（1）待发展区域，板块居住氛围淡；

（2）开发商新进城市，毫无口碑和影响力；

（3）项目搁置时间略久，售楼处开放已近一年；

（4）市场整体环境不佳，竞争激烈。

2. 操盘亮点

（1）讲品牌“故实”，带领客户考察经典老盘，缔造企业形象，引领市场话语权，让消费者对企业有信心；

（2）通过对片区价值的充分挖掘和释放，打消客户区域抗性，让消费者对区域前景有信心；

（3）打造一流社区入口+样板示范区，用精致的客户体验，无处不在的价值洗脑，达到对意向客户的高效转化，让消费者对项目品质有信心；

（4）强势开盘，打通内外场，销冠营销，锁定北部客群精细拓客，让消费者对自己的选择有信心。

进入 2015 年以后，因为个别开发商的崩盘事件以及多个项目价格的“高开低

走”，夏津的消费者对开发商的信任度空前低，观望情绪极其严重。截至当年7月底，夏津所有新开盘项目，无论价格高低，没有一个销量能突破百套，部分项目甚至连50套都不到。然而，就是在这样的大环境下，荣兆·锦宸从开发到营销，稳扎稳打，步步为营，用实力、产品、价值一点点打动了夏津人民。

售楼处开放半年内，为了印证企业的实力和水准，先后三次组织夏津客户赴各地参观荣兆的成功项目（这些客户即使不买房，也充分奠定了荣兆公司的优良口碑），投入巨资打造夏津最气派、最高档的社区大门和景观示范区，在夏津县市民中心举办高规格产品说明会，一点一点赢得人心。从会员办理、认筹到开盘，荣兆·锦宸迈出的每一步都会在夏津引起巨大轰动。

2015年7月25日上午，荣兆·锦宸一期迎来了开盘时刻，300多位客户挤满了双鸿酒店多功能厅，仅一个半小时，156套房源便被抢定，达到首开房源的80%！平淡的夏津楼市被荣兆·锦宸的开盘深深震撼。

自此以后，荣兆·锦宸势不可挡，工程和营销紧密配合、扎实运作，连续两年蝉联夏津销冠。

3. 操盘亮点再深挖

讲故事不如看“故实”：常规项目的入市模式都是从项目的土地价值入手，再到产品的规划价值等，其实，真正的操盘应该从开发故事入手，告诉消费者开发商为什么进入这个城市，为什么拿下这块土地。所谓的品牌导入就是亮家底、讲故事，就是先要让消费者知道这家开发商的底细，带着客户参观过往楼盘，通过了解过去判断未来。信任是信心的前提，开发商实力的展示、样板区的建设，都是为了建立并增强消费者的信心。有信心才有可能。

（1）价值的细致挖掘

施工方浙江华汇建设集团有限公司，曾经是2010年上海世博会巴基斯坦馆承建方，就此提出“荣兆 · 锦宸，世博会品质”。

（2）开盘先开会

两次产品说明会都是在市民文化中心举行的，从规格、人气到宣讲水平，都是夏津第一，总之，认筹和开盘前的每一把火都很旺。还有千人客户联谊会，举办一次，能够为项目保温 3 个月。

（3）策略清晰不摇摆

该项目采取的是低开高走的开门红战略，以快打慢的中期频推策略，强势促销的后期策略。首开之后，2015 年下半年形势出现波动，市场开始观望，走“小批量，快推盘”路线，以火力拼火力，以速度拼速度，快速蓄客，快速消化。猛打销冠牌，向消费者传递“买房选销冠，置业才安全”的信号。

销售现场和工地现场都要体现销售力，设置会员计数牌、认筹计数牌、成交计数牌，以具体的数字实现竞品对照，直接开撕，强势压制，信心展示。

地产营销，有信心不一定赢，但没信心一定会输。

10　专业市场专业做

> “只要体量不失控，专业市场是商业地产中难度相对较低的‘物种’。”

近年来，我们先后操作了物流、针织、五金建材、装饰材料等多个不同业态的专业市场，专业市场是商业地产领域相对简单的类型，只要遵循以下三大要点，基本不会出问题。

（1）必须有一定市场基础，不能凭空造“市”。专业市场分为**产地型市场、销地型市场和集散型市场三大类，要么是集聚，要么是放大。**

（2）定位先行，招商前置，以招商率促进销售率是正途。

（3）招商和销售不仅要同步，更要为全盘考虑，最佳模式是“销售式招商”，吸引经营者自购自用，自用户多了，旺销即等于旺场。

下面以曾经操作过的两个专业市场项目为例进行复盘。

一、泉胜物流——以物流业户为核心客群的整租销售

山东泉胜国际物流大市场位于济南市北外环路，总占地面积1680亩，是集货运代理、仓储装卸、停车餐饮、住宿、加油、汽修等功能于一体的综合物流大市场。

1. 项目优势

①规模大，易形成物流市场的规模经营；②紧邻北外环，交通条件好，地处物流商圈内，物流地段较佳；③停车场大，配套齐全；④规划理念先进，计划打造全物流电子商务交易平台，提供全面专业服务；⑤户型小、总价低。

2. 项目劣势

①无产权；②项目处于初建阶段，周边环境略荒芜；③长远规划和市场打造理念现时无法兑现，客户缺乏购买信心；④项目消息一出，周边物流市场“高度戒备”，并展开人际传播攻击。

经过仔细剖析发现，这个项目的目标客群非常明确，就是那些自购自用客户，且这些客户就是当时分散在周边各个物流市场的散租客户。

这些业户就关心三点：①整租是否划算，成本是否降低？②生意是否能更好？③市场承诺的条款是否能兑现？所以，**专**

业市场项目针对自购自用户，卖的是信心，卖的是前景，卖的是经营方案。

核心推广策略是“**户外长线媒体提知名度，点对点精确打击传信息**”。在推广上做到三点：

第一，针对他们提炼出项目的八大优势体系：规模优势、地缘优势、交通优势、政策优势、平台优势、配套优势、功能优势、管理团队专业优势，并形成一本“踏实”的《招商手册》。

第二，采取“针对性”原则——不求全方位，但求传播到位。放弃报纸等所有大众媒体，采用地推模式，在济南各物流市场、果品批发市场以及泺口各服装城、山大科技市场等有效客群集中处进行《招商手册》直投。选择几份专业期刊，如《南北物流联合通讯》投放项目广告，因目标客户群锁定精确，故取得了较好的反馈效果。

第三，在机场、高速公路出口、北外环重要路口等投放多块户外广告，扼守客户通路。

销售上的关键点：

第一，针对物流业户，采用“**精算式推销**”——租金对照法，用年年上涨的散租租金对比一次性投入的整租资金，只要投得起，当然是一次性投入划算。当年我们的销售总价基本是根据当时散租租金的12—15年总和推算出来的，折算到每平方米，最低的租金才0.15元/平方米/天（这是给几个龙头大户的价格）。

第二，将泉胜项目用作投资的客户也有，但比例非常低，约10%（其中一半是经营户买了两套，自用一套、出租一套），且没有任何返租、包租、回购等特殊政策。彼时，济南物流市场整体层次较低，投资客认可度更低，投资者都是跟物流具有关联性的人群。

第三，销售口号非常吸引人，一句是“机会一生一次，财富一次一生”，另一句是“新供应链经济，新财富运动”。

销售即招商，旺销即旺场。经过三个月的操作，泉胜国际物流一期A区、B区迅速清盘，销售房源400余套，完全按照预期实现目标。唯一的遗憾是，曾经提出的“泉胜国际物流港”这个案名未获通过。

二、之江商城——先招商旺场、再销售的典型案例

济南之江商城一期是一个专业的针织市场，主营内衣、袜子等纺织类产品，总占地面积117亩，规划总建筑面积约8万平方米，一期为1.6万平方米。项目处于济南泺口服装商圈的边缘地带，虽然整个区域的发展前景较好，但彼时人气略显不足。

这个项目当年的机遇较好，正赶上济南两个类似专业市场拆迁或重建，所以趁机大举招商，一期很快就招满开业了。这些商户95%都是省、市级的总代理，因为都有自己比较成熟的销售通路，且以批发为主，所以他们对地段的要求不高，更加看重的是性价比。当时亦有直接40年整租给他们的想法，但因为他们对项目的前景认可度不高，所以大部分签订的是10年的租赁合同，租金一年一交，年年递增。

招商成功之后，投资商想继续开发二期，但后续开发资金极度匮乏，仅凭初期那点回笼租金难以满足二期开发需求，这才考虑到用带租约销售的模式引投资客进场，把一期商铺的经营权（之江商城的经营权概念基本是指收益权）转让，以解决短期资金问题。但初期尝试效果不佳，因为给那些经营业户的初始租金太低，投资回报率没法计算，故而，之江商城也使用了“**N年固定返租+N年租金分成+回购**”的虚拟回报型销售模式。

对投资客来说，他们就关注两点：第一是投资的安全性问题，第二是投资的回报率问题。当时济南的商业投资种类众多，与之对比，之江

商城的优劣势分别为：

优势：

（1）唯一一个已经投入运营的商业项目；

（2）带租约发售，且投资回报率较高；

（3）处于洛口商圈。

劣势：

（1）非产权，投资安全性问题难以解决；

（2）无法办理银行按揭，一次性付款总价高，很多有产权的项目纷纷采用“低首付”模式降低投资门槛；

（3）产品形态还是“大棚式”的市场形态，是所有在售商铺中最低端的。

要搞定投资客户，需要解决几个问题：之江商城是做什么的？之江商城为什么值得投资？之江商城能给投资者带来什么？为了回答这几个问题，我们来了个“炒作四部曲”：①打消经营户顾虑；②炒作商圈价值；③炒作专业定位价值；④炒作统一管理运营的“托管价值”。

因为已经在营，所以当商铺销售的消息传出，大部分经营户非常不满，主要是担心权益受到侵犯。我们建议开发商提早举行年会，在会上给所有商户吃一颗定心丸。会后，我们立刻在济南的几个主流媒体上投放了业户品牌推广广告，此举令经营业户非常满意。

2. 炒作商圈价值

洛口商圈作为济南著名的服装集散地，经过十几年发展，已经相当成熟，它以服装为主导，经营范围涉及鞋业、箱包等业态，洛口市场还被评为“山东省市场 30 强”。于是，我们提出了中央服装商贸区（ClothingBusinessCenter，简称 CBC）概念。后续推广中有一句著名的广告语——CBC 里的钱袋子。

3. 炒作专业定位价值

当时我们推出了一个“你知道吗?”系列报广，其中效果最好的就是那篇“你知道吗? 济南 1/2 的袜子，1/3 的内衣，来自之江商城”。

4. 炒作统一管理运营的“托管价值”

其实大家都是“托管式商铺”，但我们是第一个把这个概念说出来并推向市场的。当时之江商城一期满租运营，所以，这个概念被投资客普遍接受。面对当时多个综合商场的分割型内铺，通过炒作专业和托管，让客户知道了我们的风险是最低的。

之江与泉胜最大的不同就在于客户群体和操作模式，**对于泉胜来说，招商即销售，销售即招商**，客户签署一份协议完活儿；**对于之江来说，其招商与销售完全独立，经营客群与投资客群毫无重叠**，投资客户需要签署《经营权转让协议》《委托经营管理协议》等。

经过充分的市场预热，之江商城获得了投资客户的认可，首推 70 多套一抢而空，一期 1.6 万平方米在六个月内销售率达到 95%。

通过这两个项目的操作，可以发现专业市场的共同点：①专业市场与其他商业地产项目最大的优势在于业态单一，招商定向，对整体运营管理要求不高，运营难度低，复杂性低；②泉胜、之江两个项目都是传统的独立街铺产品类型，**自生能力**很强；③应当说这两个项目都具有地缘优势，沾了商圈的光，成熟业户进场快，旺场亦快。

专业市场种类繁多，分为生产资料专业批发市场和生活资料批发市场两大类，都是依靠“**群聚效应**”和“**马太效应**”获得发展，大者愈大、强者愈强。未来，专业市场要继续丰富内涵、提升功能，进行平台化发展，向商品展示、批发+零售、电子商务、物流配送等一体化发展，**整体规划景区化、建筑形式特色化**，具有展、销、游综合功能，比如海宁皮革城已是4A景区，市场+景区的杰出代表。

11 一代名盘，巅峰时刻
——博纳· 城市广场操盘策略回忆录

“策略清晰，执行有力：推广上以火力压火力，推盘上以速度拼速度，拓客上以人海对人海。”

博纳·城市广场位于济南市济阳区，总规划面积86万平方米，产品涵盖专业市场、综合商超、住宅、写字楼、公寓、酒店、商业街，是真正意义上的城市综合体。这个项目新智盟曾先后三度合作，操盘总时长跨越六年，是新智盟操盘规模最大、业态最丰富、操盘含金量最高的项目之一。

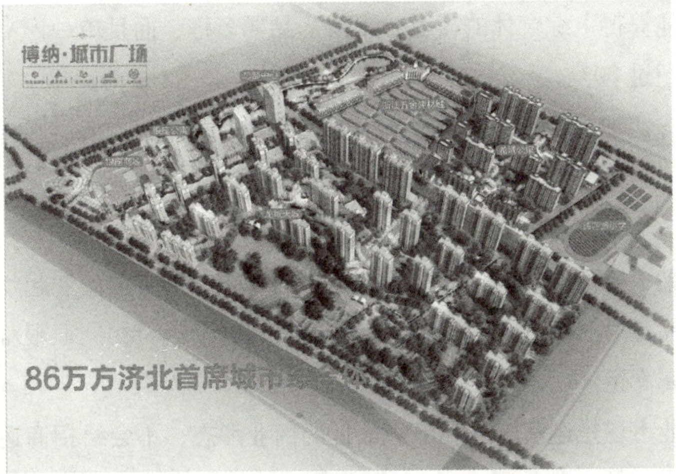

从专业市场启动，到主力店引入；从各单品入市，到年销 10 亿元，问鼎销冠……新智盟在这个项目上倾注了大量心血，亦积累了丰富经验。这六年，值得细细回看。

一、追本溯源：城市综合体，一道综合题

综合体分为**地段支撑型和资源支撑型**，博纳·城市广场属于后者。博纳·城市广场位于济阳新老城区的交接地带，处于城区的最北侧，项目入市之初周边毫无生活配套可言。

综合题向来都是做好了向上拉分，做不好向下拉分。这道大题首先也是算术题，破解之道是先把“大账”算清，在住宅、公寓、写字楼、商铺、商场、酒店这堆产品里要先分清楚，必须卖、尽量卖的是哪些，必须留、尽量留的是哪些。

一个综合体可以理解为多个不同楼盘的集合体，这些楼盘大小有别，最大的基本是住宅，这是最容易变现的产品；公寓、街铺、写字楼居中；最难处理、最容易占压资金的就是商场和酒店，恰恰这两者还代表了综合体的档次和形象。所以，**做综合体最关键的问题就是界定不同产品的体量和租售比例**，进而界定商场和酒店的档次。

如今是“伪综合体”遍地的时代，很多项目甚至只是在路口做了一栋写字楼，或是外围有一圈底商，就敢自称综合体，实在滑稽可笑。我认为能算得上综合体的楼盘，不仅产品要多样，而且单一产品占比最大不能超过 80%。

回顾博纳·城市广场的多年操盘，有几个关键节点值得回味：

（一）专业市场启动，利弊各半

博纳·城市广场的启动区受到政府的制约——必须商业起步，于是首期产品定为浙江五金建材城，专业市场启动全盘。初期很艰难，但后期看尚属幸运。

专业市场是运营难度和能级最低的商业形态，不会给招商运营带来

过大压力，而且当时济阳区并没有同业市场。同时，业态决定型态，以排铺为主的专业市场投资强度最低，具备销售条件最快，博纳·城市广场是典型的“低成本启动”。

另外，鉴于“买家不用，用家不买”的客群特性，五金建材城的市场铺也采用了“**托管固返**”的销售政策，而且是托管五年，返租的稳定和开业的准时为全盘积攒了正向口碑。

问题在于：从专业市场起步，在五金建材城招商销售接近尾声的时候，才进入后续产品的开发，初期没有对全盘进行形象塑造，直接令市场对全盘产生了极大的错误认知，令整盘形象涣散。

（二）引入银座商城，成为全盘操作的胜负手

所有综合体的难点和重点都在大商，博纳·城市广场亦不例外。项目西南角的商业盒子一直是个心病，在到底要不要引入主力店上，也曾有争论：到底是长期持有、引入大店，还是自己运营、打散销售？毕竟一个3万平方米的盒子沉淀资金很大，亏损周期很长。

开发商征询新智盟的意见时，我方的意见明确而坚定：不要犹豫，引入银座。

商业盒子一定是在统一持有之下探讨运营问题，只要销售介入其中，一切都会走样。银座商城是山东影响力最大的商业品牌，引入银座商城，将成为全盘的策略原点，是拔高全盘各类产品溢价的关键支撑。虽然银座方条件非常苛刻，但通过其他产品的溢价完全可以实现几倍的资金覆盖。

引入银座商城之后，新智盟立刻筹划了“**济阳县商业发展高峰论坛暨博纳置业与银座商城签约仪式**”，于2013年11月17日在济阳政府礼

堂成功举行。这个“高帽子”扣得漂亮，这是济阳第一次举办如此规格的商业论坛，取得了极大的轰动效应。

银座商城的引入，也成为全盘操作的胜负手，成为后期住宅、公寓和商铺产品的发力点，很长一段时间售楼处都挂着“济阳最具升值潜力楼盘”的标识。

银座价值的释放直接体现在了产品命名和住宅 slogan 上：总部中心 A 座公寓，直接改名为“**银座公寓**”；商业街命名“**银座金街**”；住宅部分龙域天城的 slogan 定为——**市中心·银座旁·学区房**，没有银座是根本不敢打“中心”的。

后期，竞争对手散播谣言说“银座不来了”，我们第一时间把银座开业倒计时牌立在路口最显眼的位置，谣言不攻自破。

银座的开业和年庆，成为项目的专属节日。

（三）全盘定名，扭转认知

一个典型的城市综合体，却被五金建材城先入为主的形象囿在其中、难以自拔，开发商和彼时的营销公司对全盘形象不重视、不理解，自己把自己“化整为零”，直接导致了后续产品陷入各自为战、全盘形象高度混乱的局面，消费者对这个项目出现了严重误读，经常以为五金建材城和后续项目不是一家开发商干的。

银座商城签约后，全盘形象的重塑已经刻不容缓，必须把全盘捏在一起，重新“化零为整”。面对当时的五大产品：五金建材城、银座商城、龙域天城（住宅）、总部中心（写字楼）、银座公寓，各有各的案名，各有各的 logo，我们把这“三城一心一寓”捆在一起，亮出了博纳·城市广场的大案名，重新统一了形象。

此后，所有的推广都以这个大案名为主推，以全盘 logo 为主标。坚持一段时间之后，市场慢慢理解和接受了这座综合体，逐渐明白了城市综合体的价值，这为后续不同产品的旺销打下了坚实的整体基础。

（四）调整业态，商办改公寓，专业市场改住宅

区县市场里写字楼的销售是最困难的，济阳区原先是个典型的农业县，写字楼客户群体非常罕见，经过几番尝试之后，最终下定决心把一栋写字楼改为公寓。

在五金建材城二期是否改住宅的问题上，也曾产生犹疑，毕竟一期已经满铺运营且经营良好，但随着 2016 年下半年住宅价格的大幅提升，天平明显向住宅倾斜，低容排铺产生的销售额完全算不过高容的住宅。于是，原先建筑面积 4 万多平方米的五金建材城二期，变身为建筑面积 20 万平方米的住宅龙域公馆。

为了规避风险或提高货值，产品形态的调整是综合体操盘中必然要面对的问题，最常见的情况有三种：盒子改街区，办公改公寓，商业改住宅。

二、巅峰时刻：2017 年销售 10 亿元，问鼎销冠

2017 年对于中国房地产行业来说，注定是不平凡的一年。

面对 2016 年下半年的形势反转，2017 年，中国房地产市场迎来了史上最严调控，百余城（部门）发布 250 余次楼市调控政策，房地产市

场正式进入“限购+限贷+限价+限售”的“四限时代”。

营销操盘可概括为“天时、地利、人和”三个基本要素，博纳·城市广场 2017 年度的业绩就是**这三个基础要素各夺高分后的乘积效应。天时**，就是“踩对点”，在外部几大核心竞品尚未放量推盘，在市场处于上升通道的情况下，毫不犹豫释放货量；**地利**，历经六年沉淀积累，2017 年博纳·城市广场综合体价值筑基稳固，龙域天城住宅交付，代建的纬四路小学招生开学，主力店银座商城开业……一系列承诺兑现，令项目自身优势达到高峰；**人和**，甲乙双方配合多年，在操盘战略上高度一致，营销团队稳健，战斗力处于峰值，团队架构及考核体系非常完善。

2017 年，博纳·城市广场一鼓作气，借势狂奔，以逾 10 亿元的总销量勇夺济阳销售额、销售套数、销售面积“三冠王”，创造县域城市单盘销售奇迹。

（一）年度推盘节奏

1. 2017 年初制订的营销计划

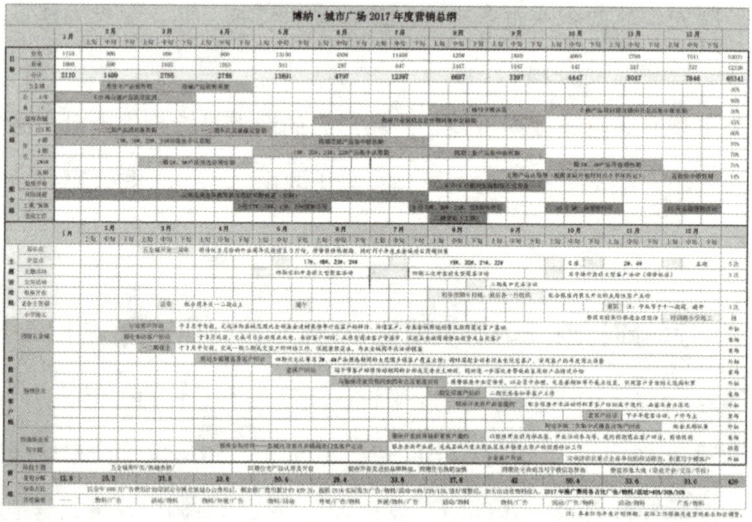
博纳·城市广场 2017 年度营销总纲

2. 2017 年实际的营销进程

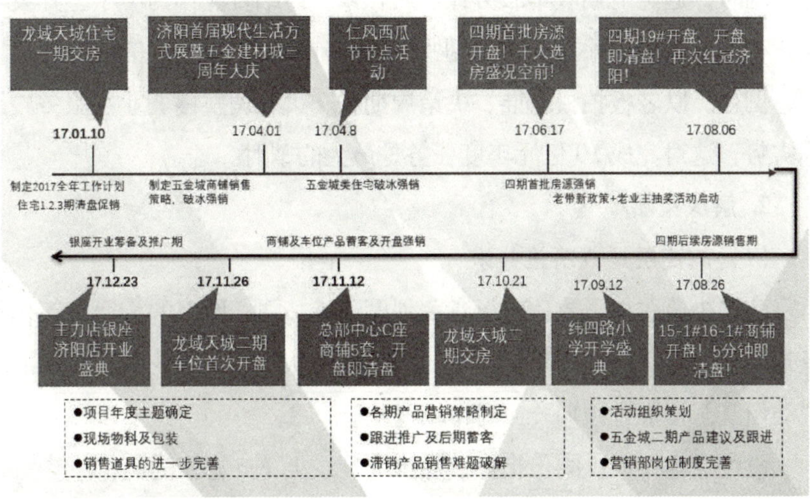

3. 2017 年营销战绩

（1）2017 年年初制定的年度销售 6.5 亿元的营销目标，提前 4 个月完成；

（2）盘点货值后，7 月份重新制定年度 10 亿元的营销目标，顺利完成；

（3）年度总货值（前期库存+年内新推）约 12 亿元，总去化约 85%。

（二）操盘难点及营销破局

操盘核心难点一：苛刻营销目标，如何创造内部条件？

1. 难点分析

2017 年度，济阳市场迎来了世茂、融创、绿城、万科、力高等品牌开发企业，大量项目集中入市，市场关注度高度分化；市场原有在售项目集中爆量开工，年内同期推盘。项目在此环境下，销售额任务量从 2016 年的 4.6 亿元提高到 6.5 亿元，直至 10 亿元。这无论对济阳市场还是开发企业来说，都是一个全新的挑战。

同时，通过前期数年服务经验的积累，博纳置业作为中小型开发企业，在有着传统中小型开发企业发展优势的同时，也存在种种被动因素，例如，以老板拍板为准、决策周期长、策略调整慢、业主服务较差等劣势，这对完成10亿元年度任务是最大的掣肘。

2. 解决策略

（1）与高层达成决策共识

营销决策职权下放：市场竞争烈度逐步加强，原有的沟通决策体系亟须调整，高层从计划趋从市场，到市场驱从计划，以快速、灵活的营销动作及工程推进预期，应对市场变化。

最终达成共识：固化指标、加快决策、上下齐心聚力。

2. 与团队达成业绩共识

团队从在执行中抗拒，到在理解后执行，执行有力。

最终达成共识：结果导向、团队架构调整。

以年度营销目标为最终考核标准；团队分组竞争，同时提供优越竞争奖励；非核心节点营销团队自主决策，让听见枪声的人拍板；以销定产，根据营销节奏及需求，产品供应全力配合。

2017年销冠目标就是靠着这支信念超强，时刻聚焦指标，凝聚力和作战能力皆备的营销铁军完成的。

3. 全盘优化共识

深度维护老业主：要让老业主产生尊贵感，项目历经六年操盘，积累了大量业主，须以业主作为种子客户，以优质服务口碑，重塑项目影响力。

年度项目主题：2017 年以“城熟年”创造客户“服务年”。

成立客服部，建立置业顾问业主群，以客户沟通为核心基础，同时启动深度“老带新”政策。

操盘核心难点二：六年周期老盘，新品迭出市场，如何抢占心智？

1. 难点分析

本案前期历经 2012—2017 年六年推售周期，因为涉及多维产品分案名推售，客户对项目 86 万平方米的规模优势、综合体优势认知度仍然较低。2017 年度，既要完成 10 亿元营销目标，还要完成前期剩余多类产品尾货的清盘扫尾。

既要重塑全盘形象，又要完成重度任务。

2. 解决策略

（1）重塑整盘形象与案名

项目整体重新命名为博纳·城市广场，统领全盘，依托户外媒介、微信公众号转移、售楼处内外部重新包装等方式，实现项目形象的重塑，经历约 2—3 个月阵痛后，博纳·城市广场重获新生。

（2）推广物料刊头化、系列化

在分产品清盘、蓄客、推售过程中，坚持推广物料的刊头化，推广物料“大一统”，实现整盘形象与阶段产品的兼顾传播。

（3）阶段产品统一名称

打破原有组团产品壁垒与区隔，紧贴核心卖点重新整合产品推广诉求。以商铺为例，阶段内存在五金城商铺、银座商城外铺、龙域天城二期商铺、总部中心底商等多类产品，为便于阶段诉求的整合，以主力店为核心卖点，不管何种商铺，对外统一为银座金街。

（4）年度“城熟年”的主推广概念引领

2017 年度是博纳·城市广场历经六年施工建设后，多种类型物业全部释放，并行推进，前期产品逐步呈现的关键年。年内面对龙域天城住宅产品的两次交付、纬四路小学的首次开学、主力店银座商城开业等，加之四期中央景观组团，年内须抢占竞品推售节点，强推开盘。以“六载城熟、品质蝶变”为主题概念的推广诉求，推进了博纳·城市广场整盘成熟感的提升与放大。

操盘核心难点三：爆量推售、短周期去化下的客户增量，如何实现？

1. 难点分析

2017 年度不但调控政策不断加码，济阳市场也迎来了品牌房企的集中进入年。阶段内购房客户多存在观望及等待心理，决策周期长、认筹意向低等情况极为突出。同时，博纳·城市广场迎来了住宅四期产品的全面施工，以及年内整体推售的爆量供应期，四期房源是项目历年来集中推盘总量最大的批次。同时，随着年度价格的上涨，也面临着阶段意向客户资源被掏空，前期积累客户购买力不足的现状。

2. 解决策略

（1）重启“老带新”政策

“老带新”政策作为项目营销操盘的常规动作之一，其作用及功效自无须多言。但受限于前期管理决策问题，本案“老带新”政策停滞较久。同时，本案相较于其他品牌开发企业最为强大的资源优势即六年持续开发以及建设过程中积累的数千批老业主资源，启动“老带新”，以老业主为纽带，拉近新客户距离，将直接促进新客户成交转定，同时也有助于实现客户增量。

2017 年，“老带新”政策重启，进行大范围客户回馈及邀约，年内累计实现“老带新”邀约到访 3000 余批次。

（2）聚客活动“上山下乡”

博纳·城市广场项目历经多年，已形成了常态化的“**周周有暖场、月月有促销**”活动串联。但要在年内实现客户几何增量，必须进一步拓宽渠道，深入客户活动区域、圈层等，实现客户资源的快速积累。一系列活动逐次展开：赞助济阳县干部职工乒乓球比赛、曲山艺海进社区、定制矿泉水为济阳送清凉、重点乡镇活动……

（3）分产品举办主题活动，累加资源

针对阶段推售产品特性，分产品构建主题活动串联。以规划化、主题化、资源化、聚客化四大要求，实现客户资源的集中导入；以促销等销售政策配合，实现客户的最终落位。

依托年内两次住宅交房活动，开展**“济阳首届现代生活方式展暨五金城周年庆”**，实现五金城经营推广的同时，也引导外围品牌商家进驻，配合专业市场商铺尾盘促销。此活动共计接待15000人次，成交各类商品订单2300份，成交金额突破3000万元；同期本案成交业绩实现济阳月度销冠。

银座购物广场的开业，在实现项目价值全面提升的同时，为项目整盘营销操盘提供了长效的影响力。同时，配合银座开业，营销中心启动了全方位引流、导客、促销、推盘策略。开业期间，共计引流到访客户2000余批次，单周成交各类产品100余套。

操盘核心难点四：快节奏推盘，高烈度内外部竞争，如何实现精准锁客？

1. 难点分析

2017 年，博纳·城市广场三类产品累计开盘 5 次，另有大型节点促销及加推共计 5 次，基本实现“月月有开盘”的营销节奏。紧凑的营销节奏，推售产品的不断转换，对阶段客户积累和客户关注点的转化，提出了更苛刻的要求。

2. 解决策略

（1）重点产品集中爆破

多类型产品交叉推售，同期内客户可选择类型较多，操盘中采取聚焦策略，单月聚焦单类产品，阶段团队考核单类产品。尤其是四期住宅产品首次集中推售期间，两个月集中拓客、锁客，阶段共计积累认筹客户 800 余组。实现四期首次推售 400 余套住宅产品，90%+去化率，当天实现销售额 3.3 亿元，圆满完成阶段任务。

2017 年 6 月 17 日，博纳·城市广场——龙域天城四期住宅首次开盘现场，1500 余人进场选房，创造济阳历史上单次规模最大选房纪录；当日成交 390 余套，成交总额 3.3 亿元，刷新济阳史上单日成交纪录。此后，年内数次产品加推，去化率均趋近 100%。

（2）客户认筹权益互通，不分产品全部邀约

为妥善解决各类产品推售周期及节奏问题，同时逼定客户认筹，打通客户分产品认筹壁垒，多类产品促销互动时，全方位邀约全部认筹客户。同时，**推出多种类型的重复购买政策，活动参与积分政策**等，年内实现投资住宅客户转投商铺，购买住宅客户增购公寓等百余组。

操盘核心难点五：难点产品破局之路——县域城市公寓项目如何做？

1. 难点分析

总部中心作为博纳·城市广场公建组团部分，公寓产品占比较大。作为县域城市乃至济南房地产市场的小众产品，市场容量相对有限，客户认可度相对较低，操盘难度极大。受限于 2016 年度推盘进度安排，2016 年进行了公寓强推，成绩相对较差，成交量极低。2017 年度，在原有尾货公寓的基础上，将新推 B 座、C 座新品，为完成阶段营销目标，应采取何种有效措施，促进县域城市公寓产品销售？

2. 解决策略

（1）明确附加产品政策

依托总部中心扶植政策，落实项目公寓产品可上学，民用水电等独有优势，推出“全能公寓”产品概念，以多元化产品卖点，实现客户圈扩大，坚定投资客户购买信心。

银座公寓在城区主打投资客，在乡镇主打学区房。

（2）优化销售政策，饥饿营销

售前返租模式、客户租金抵首付，直接拉低投资门槛、扩大客户半径。同时通过每周一加推一层、层层加价模式，制造客户追投饥饿感。

（3）标签化推广，“美队”覆盖济阳

塑造银座公寓产品——“**财富保镖 IP**”，以标签化推广，迅速抢占市场眼球。同时，配合阶段内观影节等主题活动聚拢客户。

其他部分操盘手法与技巧，参加本书《县域王者塑造记》一文。

销冠结语：

形势好，频推盘；赢口碑，稳业主；竞争烈，做行销。

面对竞品：推广上以火力压火力，推盘上以速度拼速度，拓客上以人海对人海；销售现场，用人气制造人气，用热销延续热销。

面对推售频度高、产品类型杂、推售货值大、营销强度高的问题，博纳·城市广场项目策略清晰、执行有力，2017 年度在济阳市场，乃至山东县域市场脱颖而出，最终成功实现了年度 10 亿元的营销目标。延续 2017 年的销冠势头，博纳·城市广场 2018 年取得了 7.6 亿元的销售业绩。

回顾六年多的操盘历程，依然有诸多遗憾：①操盘战略多变，没有从一开始就把综合体价值做足。②做住宅项目找一家专业乙方、一个营销公司足矣，但做综合体还需要另一种专业乙方——商业策划和运营伙伴，商业部分跟销售代理属于完全不同的两个专业领域。③规划存在问题，银座的人流没有充分共享，银座盒子与商业街缺乏互联和贯通，银座室外广场的价值没有发挥到位。④商业街的打造存在问题，定位策略出现摇摆，最终造成全街过直，宽度过大，车行和人行皆不利；南端有银座，但北端缺乏一个对应的集中商业，没有产生首尾皆聚客的功效。⑤在银座公寓打开局面之后，没有快速把写字楼转变功能，决策迟滞导致销售迟滞。⑥住宅产品不够精细，品质感不足，在与周边项目，特别是与品牌房企比拼中落于下风……

博纳·城市广场，终将是济阳房地产历史上的一代标杆名盘。

城市综合体是一个融合了多种物业功能、多种产品业态，互相作用、互为依托的建筑群落，正是基于空间依存和价值互补方能互为价值链，同时由于城市综合体的紧凑布局和多样化的功能组合，它能够较多地节约每一个人的生活成本和时间成本。开发城市综合体，在老城区可称为城市更新；在新城区可称为创造中心。

在城市综合体中，路网是骨架，**商业是心脏，商街是血脉，住宅是“肉”**。综合体既有短期变现收益，又有长期持有收益，多种业态组合到位，能产生“1+1+1>3”的互加效果，并彼此赋能，组合不好或是某项失败，则是互减效果。

综合体，对于投资开发者、经营者来说，都如同当年考卷中那道最考验人综合能力，做好了能拿高分的综合题一样，虽费心思却值得努力。

注：本文与新智盟机构策划总监徐振军共同完成。

12　历山吉第，老盘重启

案例要点

1. 新 slogan“历下区 · 解二小 · 学区现房”具有一箭穿心的力量，牢牢占据了客户心智制高点，改写了全盘认知

2. 团队自拓+渠道合作+老业主深耕，三管齐下，为项目源源不断地提供稳定客流

3. 全面导入新智盟现场包装和销售管控体系，以强大案场确保高转化率，项目成交转化率始终保持在区域最高水平

一、项目概况

1. 项目基础信息

冠华·历山吉第项目总建筑面积是22.5万平方米，规划了15栋高层住宅和1栋商务楼宇。2004年拿地，2012年入市销售，已开发建设约18万平方米。

项目位于济南市北园大街与车站北街交汇处东南，行政区划属于历下区。南侧紧邻胶济铁路线，北侧靠近北园高架桥，东西两侧均为待改造城中村及厂房等。

2. 项目优劣势对照

（1）行政区划。 项目虽然属于历下区，但基本被天桥区包围，犹如一块历下区的“飞地”，在项目启动初期，历下区政府还曾特意派人前来“核实”区划属性真伪。在行政区划方面，客户认知度整体较低，不到场的客户大多认为本案属于天桥区管辖范围。

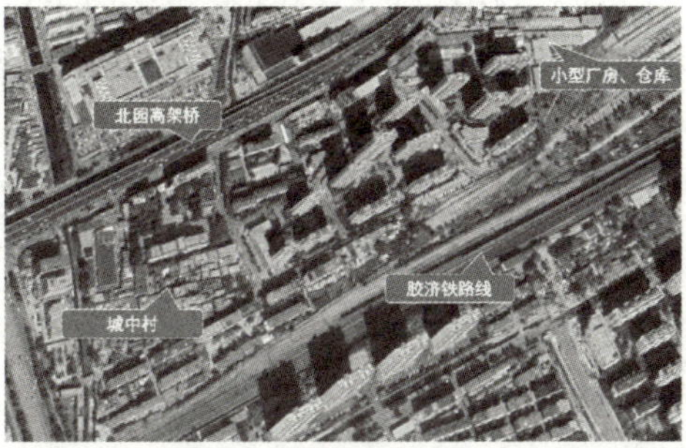

（2）学区配套。 冠华·历山吉第在老城区内，周边商业、医疗、教育、休闲娱乐等生活配套相对完善。同时，本案依托历下区行政优势，通过开发商长期努力，小区业主子女可以上解放路第二小学及济南市第五中学，这都是济南很好的学校。但因解放路第二小学容纳量有限，小学三年级之前，业主子女只能在项目现场的教学点就学。另外，开发商投资建设的幼儿园也是历下区公办幼儿园，业主子女可以免费入园。

（3）产权年限。历山吉第是济南比较少见的 50 年产权住宅用地，2004 年取得土地，2018 年我们接手，剩余土地年限仅 36 年。虽然续期政策已经明晰，但客户心理抗性依然巨大。

（4）错误认知。项目先后受到延期、入学、抵押等多种负面因素影响，停盘多年，导致营销完全停滞，外界对项目认知度极低，要么认为项目已经售罄，要么认为项目已经开发运作 10 多年，当前剩余的产品一定存在问题。

（5）噪音影响。项目北侧靠近北园高架路，南侧紧邻胶济铁路线，虽然项目已有较好的隔音设计，但购买 120 平方米以上户型的客户对此依然抗性极大。

（6）户型设计。因项目为 10 多年前设计的，户型设计理念陈旧，结构相对较差，例如 96 平方米的两室两厅，只能通过改造为三室户型才能销售，而且户型跨度极大，从 58 平方米到 140 多平方米，客群高度分散。

（7）实景现房。园林绿化全部到位，物业正常运转，所见即所得，即买即住即办证，这是项目的一个关键利好。

（8）交通问题。大交通便利，小交通掣肘。项目外围虽然临近北园大街、历山路，但门前支路均指向北园大街，而且只能东行，西行需掉头，而东行方向又恰好错过北园高架路最近的上桥口，交通状况有点儿小尴尬。

3. 营销现状

项目在 2017 年下半年再次启动，重新入市，待售房源近 300 套。开发商曾采用自销+渠道的模式销售，因为没有进行全盘再造，故而销售缓慢，月均销售量为个位数。我们就是在这样的情况下接手项目的。

三、项目审视

一个老盘再次入市，关键是要找准营销“启动键”，找准目标客户，并在目标客户的基础上提出具有穿透力的 USP。

1. 市场扫描

因项目的地理位置非常独特，周边竞品均在天桥区、历城区辖内，直径 3 公里范围内有位置更为成熟，处在洪楼商圈的华夏福地，也有荣盛时代国际、路劲东城、恒大滨河左岸等具有较大市场影响力的楼盘，各项目价格都比较接近，成熟开发商的新盘产品通常更为优质。

北园路是济南家居建材商场一条街，商业氛围比较浓厚，但整体居住环境质量偏低，沿线楼盘均为中低端定位。项目西侧的历山路是贯穿济南城区南北的核心主路之一，由于南部环境好、人群素质高，济南房地产市场素来有“住南不住北”的消费传统，历山路沿线的楼盘从南向北档次逐渐走低，我们的位置处在历山路北端。

板块价值决定项目定位，**刚需客户是当前历山吉第所处市场板块的成交主力。**在限购政策影响下，济南中高端改善客户的关注度严重向东部和南部等高热度片区倾斜，大户型产品总价高，此部分客户的选择面较广、决策周期长，路劲东城等项目的大户型产品均有极大的促销优惠。

2. 客户定位

在客户锁定上，越是成熟的区域越容易遵循“**同心圆+放射线**”的规律，所谓同心圆，是以项目为圆心逐层外扩的区域；所谓放射线，是项目周边的主干道沿线，道路两侧的单位、住区、写字楼、市场等。同心圆与放射线理论有交集，放射线旁的每一个点都是一个小同心圆的圆心。

经过对前期成交客户的分析及周边环境的审视，我们把客户分为三类：核心客户（地缘属性较强的刚需首置或首改客户）、重要客户（主要是城区溢出客户）、偶得客户（异地客户）。成交客户基本分为三类：周边长住、周边工作和学区导入，还有极少部分投资客户。

四、三个“重启”创造佳绩

1. 形象重启

消费者购买房屋，往往遵循“**认可一个区域—认可一个项目—认可某套房源**”的认知路径，区域价值是项目的第一重价值，任何项目的成功操盘，第一步都是对区域价值的深挖、升华、再造。

在济南，历下区被公认为最好的区，无论是市政配套、城区环境，还是教育资源都是济南最好的，天桥区和历下区根本无法相提并论。只是在济南人的印象里，一提起车站北街，毫无疑问都直接指向天桥区。在此前的营销过程中，历山吉第也把历下区作为一个卖点，但始终没有提到战略和定位的高度，直接导致虽然项目操作了多年，但市场始终对项目具体的行政区划存疑。

项目在最初入市时即命名为历山吉第，后期曾经使用推广名“紫御台”，先后主打中式园林大宅、主城一号新贵社区等推广概念。但如果客户不率先认可这个片区，自然不会认可项目的某种特性，至于“主城一号新贵社区”等纯虚的概念，客户自然“无感”。

我们接手项目之后，第一件事就是把项目的区域价值提到全盘的战略高度，打一场区域价值更新战，猛打历下区，要让历山吉第再次成功

入市，首先要让市场知道这是“历下区的项目”。

结合项目其他主要卖点，我们直接把“**历下区·解二小·学区现房**”作为项目的核心定位语和主导性广告语，每次推广都用大字报的形式把这句话打出去。

形象定位是抢占客户的心智资源，在客户的心智中建立认知优势的起点，也称为占位。经过不懈努力，历山吉第项目“无房老盘”的形象已经得到极大扭转，“历下区·解二小·学区现房”的新形象正在快速普及。新概念的提出，迎合并改写了历山吉第消费者心中的“鄙视链”——你们住在天桥区，而“我住历下区”。

在 slogan 之外，针对项目纯现房的优势，我们在重要节点上都会用“**拒绝欺房**”作为节点推广语，夯实现房优势，打击期房竞品。近年来，房地产市场维权问题层出不穷，每次交房都有风波，我们**用“欺房”直指期房，放大客户的痛点、撕裂隐忧**，取得了很好的效果。

AIDMA 理论是最基本的广告法则，只有先引起注意（Attention），才能提起兴趣（Interest），进而激起欲望（Desire），并且增强记忆（Memory），最终采取行动（Action）。宣传的本质就是坚持简单和重复，简单的话反复说，客户慢慢就被“洗脑”，错误的认知、不良的认知都

是这样慢慢被扭转的。

2. 渠道重启

渠道重启分为三个阶段：织网、撒网、收网。

历山吉第采用由营销公司承担一切推广费用的电商模式，在外围推广上，采用团队自拓+渠道合作的拓客模式。

（1）团队自拓。包括地推队伍和电开队伍。

接手项目之后，我们立刻组建了一支拓客队伍，负责地面推广、拓客，根据“同心圆+放射线”拓客原理和成交客户地图，制订了精细的拓客方案和系统计划，以住宅小区、单位、办公楼、市场为“点”，点状精细覆盖，逐点深翻，我们称之为“**拔点作战**”。在此基础上，酌情进行竞品拦截和通路导客。

辅以物料营销，针对不同人群海量派赠鼠标垫、抽纸、扇子等各类广告物料，打破常规拓客模式，在上下班高峰期、午饭时间、晚间休闲时段（夜拓）展开各种拓客工作。

发起多波次的“海报大战”，海量张贴，重点是拆迁区域。

项目启动之初，我们组建了 30 人的电 Call 团队+3 部语音设备，进行海量 call 客，但不考核成交，主要是进行项目基础信息传递，烘托市场氛围。

（2）以二手门店为核心的渠道伙伴整合。

抽调精干渠道经理，建立强大的联动整合体系，累计签约二手门店近600家。

全面贯彻新智盟分销渠道管控体系：

- 每时更新房源去化：及时发布销控，让所有渠道伙伴随时掌握房源情况，并施加压力；
- 每天反馈客户情况：携手分销商共同做好客户的跟踪工作，从“一对多”到“多对一”；

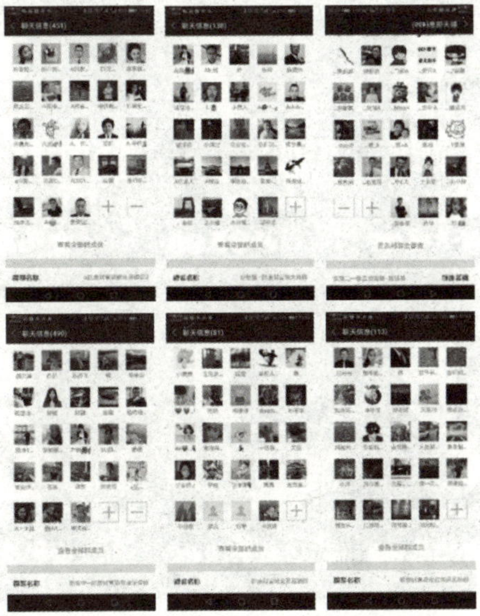

- 每天梳理客户卖点：组建多个分销商微信群，使培训实时化，不断强化卖点、巩固产品信息；

• 每周开展暖场活动：为分销商邀约客户提供噱头，提升销售氛围；

• 每月发放带客奖励：在渠道佣金之外，单独设立带客奖金，以提高分销商上客量，根据客户上访奖励制度及时奖励。

筹备阶段是织网，铺开阶段是撒网，见效阶段是收网。随着自拓团队的成熟和渠道伙伴的巩固，历山吉第的客户数量和质量始终保持稳定。

3. 案场重启

（1）对营销中心进行内外部重新包装、通路覆盖、完善节点导视等，营造销售氛围；

（2）全面导入新智盟销售管控体系，针对项目问题进一步强化置业顾问说辞、提升卖点传递能力及竞品分析能力（详情请阅读《赢在案场》）；

（3）**深挖老业主与老带新客户。**

历山吉第项目老带新总成交占比不到20%，但成交占比始终稳定，且成交率稳居第一。我们采取了以下方法：

- 转发有礼、集赞有礼、成交赠物业费等活动，充分利用老业主朋友圈，传递项目信息；
- 自建老业主群，频繁发红包+互动活动，现场发放小家电等小礼品，巩固老业主关系；
- 树立老带新典型，建立标杆；深度挖掘老带新资源，形成老业主重复购买及老带新传播；

五、结语

销售中，我们也曾面对很多困难，特别是120平方米以上大户型的销售，对此，我们在推盘上采取了“**四大偏重**”措施：

第一，**内部考核向大户型产品偏重**。在内部销售和拓客团队中进行户型去化比例考核，提高奖惩额度，以大户型为奖励重点，同时对部分小户型产品进行销控；

第二，**渠道政策向大户型产品进一步偏重**。将大户型产品的外围渠道佣金提高至3～5万元/套，此举极大地提高了合作终结门店的积极性；

第三，**推广拓客向大户型产品偏重**。不仅资料重点突出大户型产品，而且地推团队和电 Call 团队也全面以大户型为打击重点，全力挖掘中高端客户，同时，针对大户型，还推出了特殊的**“来访奖”“下定奖”**等促销政策。

第四，销售政策向大户型产品倾斜。大户型产品可以进行“首付分期”，以降低购房门槛，以“庆五一”为噱头，部分 120 平方米、140 平方米户型的地下室半价，或一次性付款送地下室。

经过一年多的精心运作，这个已停售四年的老楼盘芳华再现，从月均销售个位数到月均销售不低于 20 套，成为片区内的标杆项目。

从整体操盘角度看，历山吉第的“三个重启”均取得了成功：

第一，认知重启，形象力重塑。心理价值是项目价值不可或缺的一部分，也是客户的重要购买理由之一。“历下区·解二小·学区现房”概念的提出给项目贴上了完美的标签，直接跳出了周边“天桥区、历城区”竞品的包围圈，不仅扭转了区域认知障碍，而且充分再造了消费者心中的“鄙视链”，赢得了客户青睐。故而，形象力重塑是筑基，心理价值填充是补缺。

第二，渠道重启，集客力强悍。因为合作模式的限定，在广告推广上仅仅使用了微信定投、今日头条等大数据模式投放，将其余精力都投入到渠道上，凭借自拓团队的苦干、渠道合作伙伴的勤勉以及海量实用物料的地面渗透，将目标客户进行了深度“淘洗”，为楼盘实现了最大的“拉力”。无渠道，不营销。

第三，案场重启，销售力夯实。渠道带客，现场转化。完善的销售管理体系、系统的培训考核机制、细致统一的对外推介说辞、筹备充分的现场销售道具；实战经验丰富的销售人员（抽调了两名具有近 20 年销售经验的“杀手级”老员工），打通内外场，置业顾问与拓客团队的紧密配合；价格策略的充分运用，释放了多重价格烟幕弹，不同楼座、相同楼座的不同单元、相同单元的不同楼层，彼此掩护……这一切让历山吉第赢在案场。

第四章　代理观

白银时代，坐井观天者败，墨守成规者输，画地为牢者垮；

拥抱变化者赢，拥抱趋势者胜，拥抱同侪者丰。

顺境如烈火，逆境似寒冰，唯有平境是佳境。

1 佣金的属性

> **代理佣金有时是溢价的剩余价值，有时是财务成本结余。**

这里所谈的代理佣金，主要是指代理公司实现销售后从开发商那里提取的销售佣金，当然亦涵盖各类策划、顾问等营销取费。既然代理公司赚的就是这份钱，那首先得明白这份钱的性质，而且也只有搞清楚了**佣金的属性**之后，才更加便于跟开发商谈合作。

在以前的“黄金时代”，包括我们在内的大部分代理公司跟开发商谈营销代理业务时，无论是否有**溢价分成**的条款，我们都会跟开发商说：“我赚的不是你的钱，是从市场上赚取的‘溢价价值’。”然后进一步举例，比如均价 10000 元的项目，我卖到均价 11000 元，收取 2%的佣金，也没有从你包里掏一毛钱。

当市场处于上升通道时，房子不难卖、不愁卖，虽然开发商对开发周期也有计划和要求，但对“**单位利润**”的追求决然排在首位，也就是每平方米能多卖多少钱，都力争卖高价。哪怕卖得慢一些，但只要房价在往上走，那么越到最后，单位利润越高、赚得越多。有的项目最后 1 万平方米的利润比最初 10 万平方米的利润还高，甚至出现了最后 10%的房源赚取了全盘 50%以上利润的奇迹。在那个大家一起求利润、做高价的时代，代理佣金的核心属性可以被认定为“市场溢价”。

自“黄金时代”中后期开始，随着代理协议中溢价分成条款的逐步消失和**开发商财务成本的大幅度提高**，大部分开发商都产生了从谋求单位利润到谋求全盘利润的思想转变。这时，因为融资很难且融资成本极高，大部分开发商都把提高销售速度（惯称“**跑量**”）提到了首位，把对单位利润的追求放到了次位，“跑量”背后的潜台词就是降低财务成本、提高资金周转率，一年卖2亿元和卖5亿元对开发商而言绝对是质的差别。

“黄金时代”是快周转时代，谁的资金周转率高谁才是高手，才能继续发展和做大规模，很多初涉开发的小开发商干到最后一算账没赚钱，说白了就是没看清形势，盲目追求单位利润，最后给金主们打了工。

借此，代理商跟开发商沟通的角度也发生了剧变——我不能给你卖多贵，但我能争取给你卖多快。此时，代理佣金的核心属性就从“溢价价值”变成了“财务成本”，更准确地说是“**财务成本节余**”。我一年多给你卖两三亿元，省下的财务成本就足以抵扣相当额度的销售佣金了。

当下，除去极个别**尖端项目、精品小盘**依然以单位利润为核心操盘和追求盈利外，绝大部分常规项目都是如此。

代理佣金的属性要明晰，这不仅对代理公司很重要，对开发商更重要。搞开发在某种程度上就是个“算清大账”的过程，那些倒下和跑路的开发商其实都是资金链出了问题，没有算清大账，没有做好资金安排和财务策划。**这一点对于那些依赖外部资金较多、融资成本高昂的开发商尤其重要！**

一个项目操盘的成功，说到底是财务策划和市场操盘的双重成功，前者是后者的基础，如同我在《**站在营销角度建言开发进度**》中表达的观点。

开发商必须得算清楚自己的大账，不要光用陈旧思路把代理佣金之类的营销费用列入成本开支，要先仔细盘算清楚代理商能够给你快销到什么程度，在找到最佳平衡点之后，也许不少开发商还会“偷着乐”——原来省下了这么多财务成本！以前是代理公司帮开发商多赚点儿，如今是帮开发商多省点儿。代理佣金如此，自销开发商的营销费用也如此。

行情剧变，明白了代理佣金的属性，开发商和代理公司才好谈……

2 代理公司，匆匆那年

> 代理公司在人力资源方面存在着巨大的隐形成本。

2004 年至今，我做代理公司已经 16 年了，遇到的有关招人、用人、留人的问题可谓成百上千，最难的不是如何招人，而是如何留人。

但凡一个企业想留下的，要么是骨干，要么是潜质好的未来骨干，每当有骨干离开，纵使你当时的人力资源再充沛，心里也会难舍、难受。

代理公司人难招、才难留的状况由来已久，无论大小、无论正规是否、无论是否上市，这恐怕是每个代理公司在运营中都存在的问题，结合这 16 年做企业的切实感受，坦陈些观点与大家分享、分担。

第一，天疾篇——“项目服务型”公司普遍存在人力资源难题。

和所有的项目服务型公司一样，代理公司运营中最大的难题在于项目的及时与良好衔接问题，以及由此衍生出的人力资源调配难题。

代理公司和很多行业严重不同，比如运营一家商场，商场一开基本是“静态经营”，只要经营得当，可以在一个固定的地方做好多年，但代理公司是典型的“**动态经营**”，这个项目清盘或做完之后，你就得转战他处，突出表现就是人力资源需要根据项目情况进行重组和重新调配。

对于代理公司来说，能否实现长期、稳定的利润，关键点不在于同期操作多少个项目，而在于要不间断地操作项目，并且不同项目之间的衔接在时间上要恰到好处。也就是说，一个项目操作结束，立刻有另一个项目随即上手！这一点对于代理公司来说，是影响到团队稳定性的核心问题，如果项目之间衔接迅速、首尾相连，团队则相对稳定，否则的话，已结案的项目组注定出现大量人员变动和流失，不是自己跑，就是被人挖。

项目衔接的速度和顺利与否是评判一个代理公司运营水平的重要指标。

代理公司的运营和发展确实存在较大的机会性、偶然性因素，而整个行业的机会型发展直接导致了大部分从业人员的“**项目型就业导向**”，大部分从业者可归为“功利型员工”，他们选择一家代理公司时最看重的不是企业本身，而是即将被派往的项目，越是有经验的老手越是如此。面试时，越来越多的人会问是往哪里派驻、做什么项目。

回顾新智盟的发展历程，我发现能够坚持在公司做多年的员工，要么是项目长期运作顺利、稳定的，要么是不断有新项目接上、没断流的，比如东营的水城国际项目，新智盟与开发商合作周期长达 8 年，该项目在职最久的员工就在公司工作了将近 8 年。在那些离开企业的人当中，有十多位甚至是和我私人关系非常好的同人，他们都是在老盘运作停滞、新盘衔接断档时坚持不住，选择去了那些立刻有新盘、好盘、大盘能做的开发企业和代理公司。

代理公司若想有高度稳定的团队，必须在接盘上绵延不断，唯有“以战养战”才能稳定住团队。这正是代理公司与生俱来的、骨子里的“病”。

天疾难自医。

第二，痼疾篇——项目差异导致的巨大收入差问题。

每个代理公司内部都会出现巨大的收入差，同样的岗位，有的年收入几十万元，有的年收入才几万元。

员工在一个公司干的时间长短，至少从物质角度看无非是这样：干得长是因为收入很稳定、长期有钱赚，干的短则是因为找到了更好的机会。无论一个企业有怎样好的领导、怎样和谐的“文化”，但每个人都是有一定利益刺激的底线的，当别人开出的条件远远超越其利益底线时，极少有人能够把持得住。

囿于代理公司运作模式的特殊性，往往会有那么一批员工在一段时间内只能得到基本工资，佣金收入极少。只拿工资、没有佣金的日子，对于营销人员来说是非常难熬的，但没有办法，任何一个代理公司都会有一批员工因为遇到“不良项目”赚不到钱。

比如，在进场初期至开盘前、清盘扫尾期、项目运作出现问题导致推进停滞、与甲方的佣金结算出现纠纷等，这些情况非常普遍，几乎所有代理公司都碰上过。在这样的阶段，因为收入确实很低，营销团队的流失率是最高的。**即使一个很正常的项目进入操作阶段，首尾两头守盘期的员工流失率依然是最高的**。

有的项目进场两、三个月就能开盘、结佣，非常顺利，月月佣金到手，团队自然越干越起劲；有的项目在进场后才发现问题重重，要么拖沓许久，要么销售滞缓，严重者甚至必须撤场，这对团队造成了心理和现实层面的双重打击。

新智盟曾经有几位运气很差的骨干员工，连续碰上了好几个出问题的项目，故而在遇到好的机会之后离开公司。直到现在，每当和这些老弟兄们聚会喝酒时，大家提起当年都会唏嘘感叹。

作为一个代理公司的经营者，为让大家尽可能拿到相对公平的薪酬，只能在项目的团队组建上努力找平衡，比如，今年员工 A 做的项目不顺利、没赚钱，明年新盘上手之后就优先派遣 A 过去。另外，如果企业的整体收益尚好，那就可以通过不断健全企业内部的二次分配体系来调整收入差距，比如，给运气不好的项目组发高额补助或者多发年终奖。恐怕也只能做到这一步了。

第三，顽疾篇——开发商分流代理公司人才是永恒的现实。

在代理圈有这样一种趣谈，管那些从代理公司去了开发商的举动叫“上岸”，与此相呼应的就是“苦海”了。

亚当·斯密把市场经济中的人都假设为“经济人”，哪儿挣钱多就往哪儿跑，这是人性与现实使然。对比代理公司与开发商的营销队伍薪酬现状可以发现几个现象：①整体来看，开发商支付的薪酬福利与代理公司相比确实比较高，代理公司和开发公司的营销队伍薪酬已经形成了明显的剪刀差；②因为代理公司佣金拖欠问题普遍存在，在同等甚至略低的条件下，销售人员仍然会选择开发商，这也是不得已而为之，开发商拖欠代理商的，代理商肯定会拖欠员工的；③为了控制成本，很多操盘经验丰富、成熟的大开发商做的优质项目往往会选择自销，大企业、好项目，这对优秀营销人才的吸引是致命的。

要么项目好，要么条件高，否则代理公司凭什么和开发商争抢人才?!

第四，流弊篇——跨区域经营与员工本地化的困局。

跨区域、跨地域运营是导致代理公司人力资源流失的一个突出问题，**异地长期派驻的抗性因素超大**。客观说，跨地域拓张的业务模式最容易引发人才危机，这对人力资源数量与质量的要求是双高的，不仅具有稀释性，而且具有**破坏性**。早年，一些外地项目连基层置业顾问都是从济南招募后派遣驻场的，如今，别说是不同城市的异地操作，即使是同一城市的不同项目轮转，都会带来人员的流失和变动。

当年新智盟以80后为代表的第一批中层骨干（那十多位好同志被称为智盟时代的“黄金一代”），如今要么在济南买房安家，要么回到了原籍安家发展，且都已拖家带口，需要相对稳定的时间来照顾家庭，工作地点与生活自然产生了巨大矛盾。目前，仍然在新智盟留守的寥寥无几，但留下的都已是高层、合伙人级别。

另外一个非常现实的感受是，从85后那批员工开始，一方面是因为项目放量、就业机会多了，另一方面是生存压力似乎远比85前小多了，即使在同一城市，项目离家远了都不愿意干。

当初我也曾想尽办法留住最多的员工，但后来发现太不现实，除非一家代理公司有非常稳定的业务区域长期发展，否则再好的员工也会因为家庭的地域归属问题而离开。在这一点上，女员工更难以抵挡，新智盟成立以来，女员工正常离职的最大因素就是婚育问题。

扯句闲话，我自己有了孩子之后，很明显得感受到养育孩子的压力：**在有孩子的年轻夫妻的家庭生活中，自己的职业发展和养育子女是存在矛盾的**，可供选择的解决方案无非两个：要么家里有老人帮忙带孩子，或是请保姆；要么就是夫妻中有一方辞掉工作来照顾孩子，这一方往往是女方。假如有一方选择辞职，那么另一方的经济压力和赚钱动力都会剧增，我常说："家里有健康长辈能帮忙带孩子的小家庭是非常幸福和幸运的。"

任何一家代理公司接到新项目，都是采用"**抽调老人+招纳新人**"的混合方式组成一支新的队伍。早在10年前，当新智盟开始做济南以外的项目时，基层员工本地化的情况便已非常明显，甚至一个案场里除了经理和主管是公司调派外，其他员工都是就地招募的。这是一条利弊共存的出路，虽然当地员工普遍稳定，但他们往往只会"稳定地留在当地"，当地有盘便继续，当地没盘了极少数会跟随你转战别处。

最后提一句，当下90后员工开始登上职业舞台，这个群体的生存危机感、就业压力感普遍不强，远远比不上80后，所以很多时候不是招不到人，而是招不到合格的人。

说了天疾、痼疾、顽疾、流弊一大堆问题，那代理公司该怎么办呢？凭什么招到员工、留住人才？

我不知道别的代理公司准备怎么应对，新智盟的路子就四条：

第一，控制发展边界，少而精接盘，少接盘、接好盘，确保项目质量高、合作空间好、商务条件有保障，每年做好5—10个项目就足够了，这样才能具备招到人才的基本条件，确保团队的阶段性薪酬达到当地的一流水准。在目前的市场行情下，接盘越多越难控，难控的结果就是难受。

第二，针对高级人才，继续把“合伙人制度”用好，这是代理公司最关键的顶层设计。新智盟可能是山东省内最早采用合伙人模式的代理公司，从 2010 年就开始尝试，发展到现在的 2.0 版本，今后会继续优化，并大力发扬。

第三，让员工**要么“得到”、要么“学到”**，如果不能让跟着你干的所有员工都赚到理想的钱，那就一定要不断加强员工的就业竞争力，当有好机会到来时，他们能够把握住，甚至有好机会时要主动把员工“推出去”。

第四，**动态化的人力资源储备**。有不少老员工在离职时会说：“郑总，有合适的项目别忘了我”，面对这样真诚的老伙计我会很感动，与离职的老员工保持良好沟通，有了好项目优先在他们当中选择。目前，新智盟公司里有多位“**二进宫**”的骨干，甚至还有“三进宫”的。只要感情在，随时可重来，这也是小公司的一种生存之道。

年华匆匆，步履匆匆。铁打的老板流水的兵，没有一个公司能够在所有时间、凝聚所有的人，进出离合、分逢聚散在所难免，只要大家一起同行过、努力过、拼搏过、分担过，就会离开有时、聚合有时，分别有时、重逢有时。

3 代理公司如医院

“全国型大代理公司是‘三甲医院’，区域型小代理公司是‘名医’。”

代理公司和医院在生存模式、取费模式等方面具有极高的相似度。

一、三甲医院与名医

中国的医院分为三级，每级医院分为甲、乙、丙三等，最高水准的三级医院增设特等，共十级。医院等级是根据医院的病床数量、科室门类、设备条件、科研能力等综合评定出来的。

医院和代理公司对应分级：①一级医院：病床数在 100 张以内，是直接向有一定人口的社区提供预防、医疗、康复服务的基层医院、卫生院；对应：在二线及以下城市诞生并存在，以当地及附属区县为核心作业区域的代理公司为主，同期操盘数量在 1—10 个。②二级医院：病床数在 101—500 张，是向多个社区提供综合医疗卫生服务和承担一定教学、科研任务的地区性医院；对应：在一线及部分二线城市诞生，业务以省级区域为主的代理公司，同期操盘数量在 10—30 个。③三级医院：病床数在 501 张以上，是向几个地区提供高水平医疗卫生服务和执行高等教育、科研任务的区域性以上的医院；对应：业务辐射全国（三级特等）或多个省份的大型代理公司（三级甲等），同期操盘数量分别在 100 个以上和 30 个以上。

全门类的大型综合医院（大部分为三甲医院），科室齐全，综合实力强，但其中存在两个问题：①即使三级特等医院也不是每个科室都强大，部分科室甚至还不如有名医、学科带头人的二级乙等医院；②医院的级别越高越是门庭若市，不管是大病小病，病人都习惯性地去大医院，一个大夫一天的坐诊量惊人，查房也极其“高效”，实在太忙了。

当前代理行业的现状也如医疗行业一样，每个层级都有各自的生存空间，每个层级都有一批公司存在和发展。因为近年来全国性大开发商的市场份额急剧扩大，其对应选择的全国性大代理公司的市场份额也同步增长，“大开”和“大代”的市场集中度齐头并进。

多年前我曾写过一篇文章《做大规模靠体系，若求高分靠高人》，主要表达的意思就是**企业做平台、建体系就是为了摆脱对人的依赖**，特别是世联一直宣扬的"平台不败"，没错，**平台体系的完善、流程的严密可以帮助企业快速复制，并把规模做大，每个项目的平均分相对稳定，但若要得高分，依然无法摆脱对操盘高手的依赖**。

项目的操盘手如同医生，都是对人的主观能动性高度依赖的角儿，并不是这个医院的体系多么完善和强大就能包治百病、药到病除。如果真的靠所谓的体系和流程就能摆脱人的因素，那医院可以开掉80%的医生。

决定一个小医院是否有生存空间和发展前景的，不是如何扩大规模和提高等级，而是知名科室和知名医生。这也正是大代理公司和小代理公司的发展路径差异所在：大公司不懈努力地做平台、建体系，摆脱对人的依赖，不断扩大规模、服务大开发商；小公司则继续巩固操盘成功率，用个案得高分的方式塑造明星操盘手，用操盘手的个人能力对抗大公司的平台和体系。同时，服务的深度亦如医院的查房制度，大医院的大夫一个半天可能要巡查100个住院病人，小医院的大夫只要仔细查看三五个就够，服务深度自然不同。

当然，行业发展至今，在制度、流程、知识库等体系方面，大小代理公司之间的差异已经愈来愈小了，**拼到最后就是拼人，拼操盘手**。

二、代理公司的"诊费""药费""治疗费"

医院的收入构成有三部分：诊费、药费、治疗费。

首先是诊费，虽然数额不大，却是"刚性"收费，谁去医院都得先挂号交门诊费，而且诊费还清晰地被分为普通门诊、专家门诊和急诊三种，病人可以根据自身情况自行选择。其次是药费，对于很多医院来说，药费是主要收入来源，这也是为什么很多医生喜欢给病人开好药、贵药，甚至为了多开药，在问诊环节就会刻意引导。通常问题不大的病到拿药环节就中止了，回家吃药，自行康复。最后是诊疗费，治疗费其实是与诊费非常相像的收费内容，诊费是看出病因、看清病况，治疗费是把病治好，这是病人必须请医生解决的问题，治疗费是常规医院的第二大收入来源。

代理公司和医院在本质上非常相像，只是在诊费、药费、治疗费这三个取费方面有不同的侧重点，异同点如下：

第一，**医院的诊费相当于代理公司的前期策划费、营销诊断费**。若把所有开发商都比作病人，那么能在那些“普通病人”面前收到“诊费”的代理公司基本没有（“普通病人”意指那些项目挺正常、问题不大的开发商），这个环节是代理公司和医院最大的差异所在：一方面，医生不需要证明自己专业，只要在医院坐等病人主动上门即可，病人在医生面前基本是言听计从的小白；但代理公司的“大夫们”别说是坐在家里等病人上门，只要病人一个电话，就得分文不取、自垫路费、主动登门看病，而且大家为了争抢“病人”，都在问诊环节拼命展示自己的专业性，恨不得使尽浑身解数让客户认同自己。另一方面，代理公司面对“普通病人”如此，那么面对那些“疑似重症患者”也收不到门诊费吗？答案是也不好收。因为病人到了重症的程度，他们已经害怕再出问题，即使很清楚地知道医生的诊断是正确的，他们也不会立即付费，而是要求医生直接治疗到底，付不付费看疗效。

代理公司和医院在问诊环节亦有相似之处，那就是因为代理公司和医院的大头收入都在后面，所以，很多代理公司在这个环节会夸大自身医术、夸大患者病情，以图大头“治疗费”。

第二，医院的药费相当于代理公司的策划费。在目前的市场情况下，能够收到药费的代理公司已经不多了，往往都是那些“疑似重症患者”主动找到“名医”的时候发生的。“疑似重症患者”分几种：一是那些操作难度较大或前期定位工作至关重要的项目；二是刚进入开发行当，第一次做项目的开发商；三是项目出了大问题，甚至已经找了很多“三甲医院”都找不到“良方”、碰不到“名医”的开发商，名医大多是指那些在行业里知名度和影响力都很高的代理公司。

在药费方面，代理公司和大部分医院正好相反，除了极个别专门靠“开药方”赚钱的顾问咨询公司之外，绝大部分代理公司基本不靠药费赚钱，代理公司赚钱的大头是“治疗费”，甚至为了赚后面的大头，会主动舍弃或抵扣前面的诊费、药费。

第三，医院的治疗费相当于代理公司的全程顾问费或代理费。再进一步细分，全程顾问费如同保健医生的收费，代理费则完全等同于治疗费。这绝对是代理公司最想收，也最为仰仗的关键性收费。真正的好医生都会本着能不手术就不手术的原则看病，但代理公司却本着能代理就代理的方式谈客户。医院赚钱靠卖药，代理赚钱靠治疗。

相对于病人，医院是强势的，医院的套路非常稳定，三步收费一步一步来，大头在中间；相对于房地产行业，代理公司却只有在整个行业都病了的时候才多少能强势一点，要么为了最后面的大头舍弃前面的两个小头，要么就是能赚到哪一部分就赚哪一部分。

从经营状态角度看，三级医院真是门庭若市、病人如蚁，而水平一般、没有特长、规模又小的医院，则是门庭冷落、运营艰难。代理公司和医院一样，也是靠口碑和影响力吃饭，只是在没有行业级别划分标准的情况下，代理公司更靠口碑。特别是当“一次性开发商”越来越少的时候，有口碑和影响力的代理公司不会缺项目。

从收费角度去衡量，一流代理公司要么是能够把诊费、药费、治疗费收全的公司，要么就是能够按照自己的想法、想收哪块钱就收哪块钱的公司。

今后的代理公司，没有绝活难存活，没有“名医”难发展。操盘如行医，不在医院大小，而在于是否有“知名老大夫”。

4 代理公司必然走合伙人之路

> **“合伙人模式是代理公司的终极出路。别无他途。”**

从广告策划公司、营销策划公司，到房地产代理公司，我们能够很轻易地发现，大量新企业的涌现都来自老企业的裂变。这些裂变有的是股东级别的分裂，有的是核心人物（非股东级别）的出走。

当年龙固新出走世联，陈劲松喊出的是“平台不败”。做知识平台、管理平台是大公司的玩法，小公司怎么玩？只有走合伙人之路。

“国产”智慧型企业为什么会那么轻易就发生裂变呢？**根源就在体制**。项目服务型企业最大的发展瓶颈是业务模式，以及**由业务模式所导引出的内部利益分配机制**。

智慧型企业都是**“人合”重于“资合”**，因为服务内容是智力性的，故而对“人力资本”的依附性极强，包括技术型、人脉型等，这里又分两种情况：

第一，股东层面。矛盾产生的根源其实就在于，依据当年境况划分的股份比例在经过一段时间的发展之后，与各股东实际在公司中责权利的作用格局不相匹配了，原来股份多的如今有心无力，原来股份少的现在变成中流砥柱了。

这种情况是非常多见的，因为在企业发展中，每个股东能够起到的作用和个人的实力增长是有很大关系的，如果大家都能够同步前行，那还有继续合作的可能，当其中的某个人走得太快，或某个人落得太远时，**差距会产生矛盾**。

差距大了就会有人竭力去打破原有的利益格局，如果不能调整改变，有人就会自行离开，裂变就此产生。

第二，高管层面。这种情况往往比上一种情况还常见。越是大公司、知名公司的总监级人物或项目经理、区域经理级别的员工，越容易在掌握了具体业务资源后，脱离原有组织自行创业。最浮躁的时候，销售经理、策划师级别的选手都在想着自己接盘干代理。

地产营销这个行当因为机会性和偶然性很大，“凭一盘崛起”的传说很多，中国又有“宁做鸡头不做凤尾”的老说法，所以整体上非常浮躁，大部分人和企业都是寻求机会型发展的，在面对可以掌握的独立赚钱机会时，太多的人都难以把持。没股份的比有股份的创造的效益都高，那光靠高薪高佣自然留不住人了，必须得改变模式。

地产营销绝大部分时间都是一个人才输入型行业，缺老手和高手，但凡出众的人才都存在被很多人挖走的可能，如何能够让他们保持稳定，远远不是只靠升职、加薪、高佣就能解决的，责、权、利必须进行深度捆绑，从普通的团队变成更牢固的“利益共同体”“事业共同体”，乃至“命运共同体”，大家共担风雨、同舟共济。

这时，我发现了合伙人模式。国外那些大的**会计师事务所、律师事务所和咨询公司基本都有合伙人制度**，可见，凡是对人的因素依赖极大的行业与企业都在采用合伙人制度。

合伙人制度比固定股份的公司形式更科学的地方有两点：一是对合伙人而言，你的收益不像股份比例那样完全固定，要看你一定时期内对企业的实际贡献，即使同为合伙人，谁的贡献更大，收益自然就更高；二是对优秀员工而言，只要业绩突出就能很快改变身份，凭借你的技术和能力，从打工者摇身成为企业的主人。

合伙人制度就是这样，**业绩卓越的员工可以成为合伙人，其权益分享也由各合伙人按照各自的能力及贡献度来确定**，并非仅仅以出资额或你是不是创始者来衡量。

我们从 2010 年开始借鉴合伙人制度进行转变，无论是针对原有的老股东，还是公司里成长起来的新骨干，想要多赚钱、多分红，不看股份看实干，从原有的“按股份比例分配”改为“按付出分配、按创收分配”。

公司章程上的股份比例从此只是一个数字，谁想多赚钱，谁就得为公司多接项目、多负责项目、多参与项目。如果大家都光想着躺在公司章程上坐地分红，或是靠着资历倚老卖老，“私营企业国营化”只会把一个公司很快做死。

那一场剧变之后，新智盟的面貌确实焕然一新。2010 年之后操作的项目有 2/3 左右都是采用“项目合伙制”，即项目接下之后，先确定好谁参与、谁不参与，各项目独立建账，谁参与谁就一起共负盈亏；然后，根据整体分工确定投入和分成比例，各项目合伙人的分成比例从20%~50%，投多少钱、分多少钱都按既定比例来，甚至有极个别项目采用了“大包”模式，我占小头，承包项目的股东或高管合伙人占大头。

对于收益的约定很简单，每个项目的收益在扣除成本以后，由企业或总部与合伙人共同分红。关键在于风险与管控，总部负责重大项目的关键节点决策，例如项目定位、推盘策略、开盘定价等，其他非关键节点的决策工作、执行管控工作、执行管控工作都基本放到项目合伙人层面。

经过尝试之后，不同组合、相对稳定的合伙人们注册了多个公司，对外统称“新智盟”，但签订代理合同的公司各异，这样既共享了一个平台，又避免了法律和财务上的风险。

内部合作之后，我们还尝试了外部合伙人模式，就是和其他代理公司共同操盘，一般都是和有优质项目源、销售执行力比较强的同行合作。我们负责整体操盘、高层沟通以及策划方面的工作，合作方主要负责销售。

2010年之后我们的路线是**合伙人模式、联盟式发展**，截至目前，共有9位合伙人层级的伙伴。

但世上无完美，天底下更没有完美的模式，项目合伙人制度也存在各种各样的大小问题。

从大的方面看，公司整体利益和大团队概念弱化，部分项目合伙人自踞山头、拥兵一方，形成了团队割据，小团队现象屡屡出现。此类合伙人往往以把自己负责或参与的项目干好为最高宗旨，对公司平台建设、团队文化凝聚、项目间的人力资源共享和分享等都呈弃置状态。

从小的方面看：①当上“项目老板”后，因为具备了较大的自主权，沟通状况立刻滑坡，以前及时沟通各类情况的好习惯消失；②各合伙人之间交流极少，各顾各、各忙各，谁都不知道谁在干什么；③因为决策权的下放，各项目的操盘水准、管控程度、客户及员工的满意度都出现了很大的差异。

世无完美，问题永存，一个人或一个组织存在的价值就是发现问题、解决问题。因为没有范例，我们只能继续探索。从新智盟这些年的尝试来看，合伙人模式利远远大于弊！

按照新智盟目前的发展状态，它的未来很有可能成为一个操盘手联盟。

跋　从来平境是佳境

当我们都认为房地产市场已经进入“白银时代”的时候，2016—2018年却进入了出乎所有人意料的“钻石三年”，这量与价一起飞升的三年，使房地产市场成为一个无法预测的市场，彻底打破了一切市场规律，连已经基本成型的“行业小周期论”也被掀翻马下。

这三年是我从业近20年最纠结的三年，2015年批评过的开发商都活了过来，而且恰恰房源多的活得更滋润，2016年之后的一切，颠覆了我对市场的认知，无从判断一切。

以前开盘，开发商会要求多卖，尽大比例去化，而这三年，开发商要求慢慢卖，卖得好、赚得少，卖得慢、钱满贯。尤其是定价，几乎变成了一件不看市场、看胆量的事情，拼的不是产品力，而是想象力。这一切，颠覆了我的操盘观，令我怀疑自己的专业能力和从业价值，因为你的一切专业都是没用的，不需要调研、不需要定位、不需要精研产品、不需要推广……怎么卖都好卖，只要能接到项目就能赚钱。

这三年是行情大于能力的三年。但从2018年下半年开始，形势再一次出现转变——高位盘整、高位分化，大部分城市出现滞涨。

货币化安置退场，成为很多城市全局性攻防转换的开始，“房住不炒、因城施策、平稳发展”是政策的主基调。经过“钻石三年”的癫狂，2019年成为真正的“白银时代”的开端。

当市场中的专业人士都在谈论政策、货币、通胀、预期，没有人谈供需、产品的时候，市场一定是病了。购买力透支、供应量过剩，这两大严峻的现实预示着营销重回C位。

面对高度分化的市场环境，任何企业都已经没有永恒的优势，只有阶段性优势；没有全面的优势，只有比较优势。不论什么行业，平均水平是生死线——线上生、线下死。只有不懈努力，用心精研，做出比所有竞争对手更“准”的产品，才能赢得自己的位置；只有不断思考，将心注入，做出比所有竞争对手更具“诚意”的营销，才能赢得消费者的青睐。

2019年开始回归，2020年初一场疫情把市场打回原形，此前，大家都是“向周期要利润”；此后，大家唯有“向认知要利润”。前策决定产品，营销改写认知。

市场迫使我们行业中人回归平实，产品回归价值，营销回归诚意。坚持、坚守、坚定，沉下心来，做精手头事，才有长未来。初心决定成败。

“白银时代”，坐井观天者败，墨守成规者输，画地为牢者垮；拥抱变化者赢，拥抱趋势者胜，拥抱同侪者丰。

顺如烈火，逆境似寒冰，唯有平境是佳境。2020年之后再无烈火，平境之上，营销重回C位。

没有沉淀就没有成长，没有总结就没有未来。大浪淘沙，如果你希望在这个行业坚守，那就不要成为被淘汰的人。

用这本书给自己一个交代，与诸君共勉、共前行。